# はじめに

今から、この本をプレゼンしますね。

本の〝なんとなく〟を知らなきゃ、買うのにも勇気がいりますよね。だから、わざわざこの本を手に取ってくれた優しいあなたに、まずは本の概要《がいよう》をお伝えします。

「いや、もう ゃってるのよ」という素敵《すてき》なあなた。本当にありがとうございます。紙幅《しふく》に制 れば、「ありがとうございます」の後ろに「！」を延々《えんえん》と書き続け 感謝《しゃ》しております。

購入して ても、とにかくこの本にたどり着いたあなたに感謝しながら、さっ っていきましょう。

ひと は歴史の解説本です。「え、かたそう…」と怯《ひる》んでしまった方がい 恋愛小説に切り替えましょう。と、いうことも難しいので、まあいった てください（乱れてないでしょうが）。

この本はね、ずっとこのままです。

この語り口で解説しながらオール現代語訳で突っ走り、かんで、くだいて、歴史をストーリーでお届けする解説本。下は小学生、上は生きてる限り誰でも読める、「房野さんの文章はホントにわかりやすくて頭に入ってくるわぁ」と誰かが言っていた、とにかくとっつきやすい、そんな本。入門書of入門書ですね。

で、そんなくだけた歴史本で取り上げるのが、

**15人の徳川将軍**、です。

では、ここであなたに質問です。将軍言えるかな？

少しポケモン感が出てしまいましたが、いかがですか？　何人の徳川将軍をご存じでしょう？　本に落とした目線を上に向け、少し考えてみてください。

7人以上浮かんだ方。すごい。すでに江戸時代博士です。0人だった方。ようこそ本書へ。この本はあなたのためにあります。15人すべてを答えた方。「はじめに」で、この本を卒業していいかもしれません（でも読んでほしい）。

おそらく、多くの方が1〜6人だったんじゃないでしょうか。そしてたぶん、家康《いえやす》、家光《いえみつ》、綱吉《つなよし》、吉宗《よしむね》、慶喜《よしのぶ》あたりの名前が浮かんだという人、多いと思います。

これはね、必然です。教科書には太字で登場するし、メディアで取り上げられる回数が多いのもこの5将軍。たしかに彼らの話はおもしろく、たとえ歴史に興味がなくとも、印象に残りやすい5人なんですよね。

それじゃあ、あとの将軍たち、つまり〝有名じゃない将軍〟の話はつまんないのか

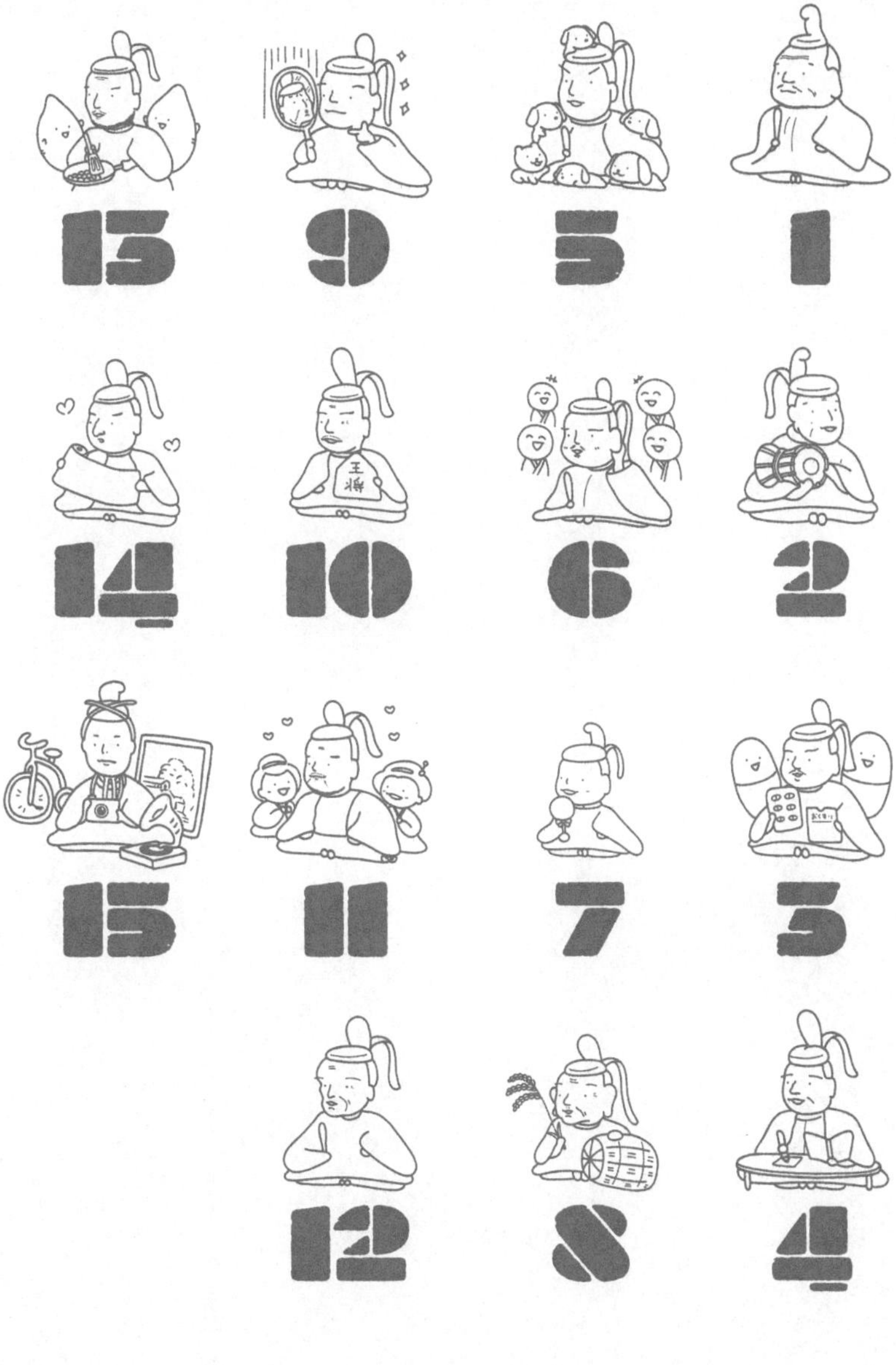
13
9
5
1
14
10
6
2
15
11
7
3
12
8
4

読んだらきっと推したくなる！

# がんばった15人の徳川将軍

房野史典

絵——すぐる画伯

日本実業出版社

というと、これがね、

**おもしろいんです**。のけぞるくらい。

江戸時代は「平和な時代だった」と言われますが、これは「戦争がなかった」という意味で、「問題がなかった」ということじゃありません。むしろ平和になればなるほど社会が発達し、財政《ざいせい》、経済《けいざい》、資源《しげん》、貿易《ぼうえき》、貧困《ひんこん》、災害対策《さいがいたいさく》などなど、解決しなきゃいけない問題が爆発的に増えていくわけです。そこにですよ……

家臣《かしん》との人間関係、後継者《こうけいしゃ》争い、恋愛事情なんかが絡《から》んできて、つねに何かしらの大ピンチを抱えていたのが、徳川将軍たち。プラスα……

幼くして就任した将軍、身体に悩みを抱えた将軍、能力は高いのに周囲からとことん嫌われた将軍、など。15人が15人とも、本人特有《とくゆう》の難問《なんもん》と格闘していて、全将軍、見応《みごた》えしかないんです。さらに……

新井白石《あらいはくせき》、田沼意次《たぬまおきつぐ》、井伊直弼《いいなおすけ》、などなど。一般知名度が低い将軍のときには、**キャラの濃い有名な家臣が必ず登場**するので、江戸時代に盛り下がる時期はありません。

江戸には捨てるところがないんです。あんこうです。

というわけで、本書はひと言で言うと歴史解説本だけど、もう少し詳しく言うと、

**〝15人の徳川将軍を通して、江戸時代の流れがわかりやすく頭に入ってくる本〟**

ってことになります。いかがでしょう。なんとなく伝わりましたか?

歴史は苦手だ、という方。同じような名前、見慣れない用語。あなたが歴史を遠ざける理由は、いろいろあると思います。

でもね、細かいとこはすっ飛ばして大丈夫。歴史ってのは、言い換えれば〝人間の物語〟です。映画、ドラマ、アニメ、漫画など、ストーリーのあるエンタメにハマったことがある人なら、誰でも楽しむことができる。それが歴史だと思うんですね。歴史の大きなストーリーを味わう喜び、どうかこの本で体験してみてください。

歴史が好きだ、という方。家康はホントに忍耐《にんたい》強くて、棚ぼた的に天下を取ったのか? 綱吉が生類憐《しょうるいあわれ》みの令を出したホントの目的とは? 慶喜はなぜ大政奉還《たいせいほうかん》したのか? あなたが知っている答えと、まるで違う話が出てくるかもしれません。まもなく始まる本編で、どうぞ確認してみてください。

経済に関心がある、という方。江戸時代を語るうえで、切っても切り離せないのが経済です。例えば、当時のインフレ・デフレに、将軍と家臣がどう挑んでいったのか? そのあたりにも注目してみてください。

歴史に詳しい、という方。若輩者《じゃくはいもの》ではございますが、歴史学者・研究者の先生や、偉大な先人の肩に登り、本書を執筆しました。まだ彼方《かなた》は見渡せておりませんが、「こんな本を書くやつがいるんだ」と、記憶に留めていただければ幸いです。

子どもたちへ。「ムズかしいなぁ…」というところがあったら、お家《うち》の人や、近くの大人の人に質問してみてください。「おもしろい！」と思う将軍やお話を見つけたら、友達でも家族でもいいので、誰かに教えてあげてください。

そんなことを繰り返しているとね、自然と本の内容が頭に入ってきます。すると……ちょっと長くなりそうだから、続きは「おわりに」で。最後まで読んでみてね（中身をすっ飛ばして「おわりに」だけを読むのは……ま、ありです）。

では、お届けしましょう。がんばった15人の徳川将軍を。彼らが何をがんばり、どこに心が折れ、時代をどう作っていったのか。読んだらきっと、推《お》したくなります。

読んだらきっと推したくなる! がんばった15人の徳川将軍◉目次

CONTENTS

## 第4章 徳川家綱

## 第5章 徳川綱吉

## 第6章 徳川家宣

## 第7章 徳川家継

## 第8章 徳川吉宗

## 第9章 徳川家重

## 第10章 徳川家治

CONTENTS

装幀／辻中浩一（ウフ）
絵／すぐる画伯
校正／槇　一八
本文ＤＴＰ／一企画

# 第1章

## SHOGUN PROFILE

| | |
|---|---|
| 何代目？ | 初代将軍 |
| おなまえ | 徳川家康《とくがわいえやす》 |
| あだ名は？ | 狸親父《たぬきおやじ》 |
| ゆかりの地は？ | 岡崎城、浜松城、江戸城、駿府城 |
| 生きた年は？ | 1542（天文《てんぶん》11）年～1616（元和《げんな》2）年 |

にがおえ

**趣味は？**

鷹狩り
読書

**特技は？**

剣術
馬術
砲術

**起こったことor行ったこと**

関ヶ原の戦い
大坂冬の陣・夏の陣

**自分を四字熟語で表すと？**

一新紀元

**頼れる人は？**

石川数正
酒井忠次
本多忠勝
榊原康政
井伊直政

**恋愛＆結婚**

側室の数
20人以上

**みんなにひと言！**

戦国の真っただ中に生まれ、江戸時代の礎を築いた私の人生を読んでください。

# 何度も降りかかるピンチに「もうダメ！」と言いながら、すべてをクリアした初代将軍

伝説《でんせつ》はここから始まった——。

かなりRPG感の強いセリフでごめんなさい。だけど、この本で綴《つづ》る将軍《しょうぐん》の物語《ものがたり》のすべては、徳川家康《いえやす》がいたからこそ完成したストーリーです。
「ネタバレやめろ」と怒られるのを覚悟《かくご》で書きますが、彼はのちに天下《てんか》を取ります。しかも『将軍』ってのになって『江戸幕府《えどばくふ》』（もしくは徳川幕府）ってのを築いて、そのあと260年以上も続く『江戸時代』をぶち上げちゃう。
長く続いた戦国《せんごく》時代の覇者《はしゃ》。完全無欠《むけつ》の創業者《そうぎょうしゃ》。たぬき。それが徳川家康です。

しかし、戦国チャンピオンになった家康ですが、子どものころの環境《かんきょう》は決して……。それじゃ、ちょっと彼のルーツから聞いてくださいませ。

## シャワーのように不幸を浴びる子ども

１５４２（天文《てんぶん》11）年、三河国《みかわのくに》（愛知県《あいちけん》の東の方）の**『岡崎城《おかざきじょう》』**というところで誕生《たんじょう》した家康。彼の実家は**『松平《まつだいら》』**を名乗った、三河国岡崎の**『国衆《くにしゅう》』**でした（国衆？）。

ざっくりと言えば……三河国などの〝国〟ってのは、今で言う「○○県」みたいなエリア分けのことで、そこをガバッと支配《しはい》していたのが『戦国大名《だいみょう》』。それに対して、今で言う○○市や○○町くらいの規模《きぼ》を支配していたのが『国衆』と呼ばれる存在だったんですね。

家康のご先祖《せんぞ》が本拠地《ほんきょち》としたのは、今の愛知県安城市《あんじょうし》あたり。しかし、家康のおじいちゃん・**清康《きよやす》**の時代になって隣町の岡崎に移動したことから、**岡崎城がホームの国衆・松平氏**が誕生したんです。

さて、じいちゃん（清康）が家臣《かしん》に殺されます（ショック）。

跡《あと》を継《つ》いだのは清康の子・**松平広忠《ひろただ》**。なんだけど、広忠がまだ10歳なのをいいことに、彼の**大叔父《おおおじ》**（じいちゃんの弟）と、大叔父と手を組んだ尾張《おわり》の**織田信秀《おだのぶひで》**（信長《のぶなが》のパパ）によって、広忠は岡崎城を追い出されてしまうんですね（ショック再び）。

やがて、大叔父が亡くなり城には戻れたけど……「広忠はまだ若いから補佐《ほさ》するよ！」と家を仕切りだしたのが、**叔父**（↑広忠のね）。なんか……油断《ゆだん》できない身内ばっかり……。

でも、もっと油断できないのが織田信秀です。「仲良しの大叔父がいないなら松平を攻めちゃお♪」と、松平サイドの城・安城城を攻撃《こうげき》してきやがったんですね。

「え、やば」となった家仕切り叔父は考えます。

「このままじゃ織田信秀にやられちまう……よし、織田と親類《しんるい》関係にある**水野《みずの》さん**（国衆）と同盟《どうめい》を組んで、信秀と仲良くなろう！」

こうして、松平と水野が同盟を結《むす》び、水野さんの娘・**於大《おだい》**と広忠が結婚。

まもなく2人の間に男の子が生まれますが、幼名《ようみょう》（幼いころの名前）を**竹千代《たけちよ》**といったこの子こそ、のちの徳川家康その人です。

「これで水野や織田と仲良くはなった。だけど……もしまた織田と関係がやばくなったら……」と考えた叔父は、駿河《するが》・遠江《とおとうみ》の大名・**今川義元**《いまがわよしもと》にも近づいていくのですが……

「おい叔父！　家仕切りすぎで幅きかせすぎだ叔父！」となった広忠と家臣《かしん》たちは、なんと**叔父を追放**《ついほう》しちゃうんですね。すると、叔父のおかげで同盟を組んだ水野とも仲が悪くなり、

**水野**「もう松平との同盟は終わりだ！　帰ってこい於大！」

となって、於大と広忠は離婚。竹千代、このときたった3歳。岡崎生まれバッドラック育ちの幕《まく》が開《あ》いた瞬間《しゅんかん》です《年齢は基本的《きほんてき》に数え年です。なので竹千代、実際《じっさい》（満年齢）は2歳。誕生日を迎《むか》えてなければ1歳と数か月。悲しすぎ》。

そこから広忠たちは、新たに**戸田**《とだ》**さん**という国衆と同盟を結ぶんだけど……

戸田さんはね、**今川義元と対立しちゃってるの**。さらに、広忠たちとバッチバチになった叔父＆一部の家臣《かしん》が、織田信秀や今川義元とつながって反抗《はんこう》して来たもんだから……

**織田・今川・水野・叔父＆一部の家臣が、みーんな敵になっちゃった（最《さい》＆悪《あく》）**。で、今川と織田が連携《れんけい》して、三河に攻《せ》め込《こ》んできちゃった（絶体《ぜったい》＆絶命《ぜつめい》）。んで、織田に岡崎城を攻略《こうりゃく》され、広忠は信秀に降伏《こうふく》し……

**広忠**「ごめんけど、人質《ひとじち》な」
**竹千代**「マジで⁉」

竹千代、6歳で織田の人質に出されちゃって不幸《ふこう》パート2です。んでも、三河をめぐって今川と織田が対立を始めると、**広忠は今川に従《したが》い**、織田についた叔父と戦って勝つ！ で、**翌《よく》年、広忠死んじゃう！** 竹千代8歳！ 不幸！さぁしかし、パニクったのは松平の家臣たちです。突然の当主不在《とうしゅふざい》もさることながら、広忠には竹千代の他に男子がいません。でも、その竹千代は織田のもとで人質ライフ真っ最中《まさい》。こうなったら……

「竹千代様を取り戻してください！」と、家臣たちは今川義元に助けを求めます。すると、義元の側近《そっきん》・太原雪斎《たいげんせっさい》（お坊《ぼう》さん）が、見事に竹千代を救い出してくれて「やったー！」と思いきや……竹千代、今度は**今川の人質へGO**。

そこから19歳までずぅ――っと、駿河に滞在《たいざい》することとなったのでした。

いかがでしょう。今のとこ家康の人生、**不運と不幸に愛されすぎています**。

ただ、「ずっと今川の人質だった」という点には語弊《ごへい》がありまして。ちょっと19歳までの出来事を見ていただけますでしょうか。

- 元服《げんぷく》（成人《せいじん》）した竹千代は、義元から「元」の字をもらい「**元信**《もとのぶ》」と名乗り、のちに祖父の「清康」から「康」をとり、「**元康**《もとやす》」と名乗る。
- 今川家御一家衆《ごいっかしゅう》（今川の一族）・関口氏純《せきぐちうじずみ》の娘、**築山殿**《つきやまどの》と結婚し、**『親類衆**《しんるいしゅう》**』**（親戚《しんせき》グループ）となる。2人の間に最初の子ども、**竹千代**（おんなじ名前つけた。のちの**松平信康**《のぶやす》）が生まれる。
- 地元・岡崎の経営《けいえい》は、元康と松平家重臣《じゅうしん》（超偉《えら》い家臣）に任されていた。

というように、義元にとって元康（家康）は、人質ってより大切な家臣。「親戚でもある子会社の社長」って感じだったんですね。

しかし、そんな元康の状況《じょうきょう》を一変《いっぺん》させる、超特大《とくだい》イベントが起こります。

**義元**「尾張の鳴海《なるみ》・大高《おおだか》を確保《かくほ》するよー！」

みずから2万（諸説《しょせつ》あり）の兵を率《ひき》いて、尾張へと攻め込むことにした義元。

対戦相手は信秀の跡を継いでいた、あの、**織田信長**です。

が、このときの織田軍の兵力は約2千（諸説あり）。うん、楽勝っす。

元康には「尾張にある今川方《がた》の城（大高城）に兵糧《ひょうろう》（戦争のときの食糧《しょくりょう》）を届けろ」というミッションが課《か》されたんですが、敵を蹴散《けち》らし見事にクリア。そのあとも織田方の「丸根砦《まるねとりで》」を攻め落とし、あとはのんびり茶でもすすって今川の勝利を……というところに、驚愕《きょうがく》の知らせが届くんです。

**家臣**「も、も、もも、もとますかま！　いぃ、いぃ、いまかまこもこもたまが！　とけはなまみめ、このぶたばらにすたびらいざ——!!」

**元康**「最初から最後までわからん」

**家臣**「も、も、もも、元康様！　いぃ、いぃ、今川義元様が！　桶狭間《おけはざま》にて、織田信長に討《う》たれました——!!」

**元康**「え……………うそだろ！！？」

ホントなの。なんと義元、**『桶狭間の戦い』**で亡くなってしまうんですね。驚きすぎて、全部の歯が抜けた元康（ウソです）。しかし、こうしちゃいられないと岡崎城に帰り、迫《せま》り来る織田の勢力《せいりょく》と戦いを始めるのですが……。

**元康**「氏真《うじざね》様（義元の息子）！　三河を守るために早く出陣《しゅつじん》……あれ、氏真様？」

頼りにしている今川が三河に来ない――。

今川は以前から、**甲斐《かい》の武田信玄《たけだしんげん》**や**相模《さがみ》の北条氏康《ほうじょううじやす》**と同盟を組んでいましてね。このとき、**越後《えちご》の上杉謙信《うえすぎけんしん》**が関東に攻めてきて、【上杉VS北条】という戦いが勃発《ぼっぱつ》。そこで、武田も**今川氏真《うじざね》**も、北条に援軍《えんぐん》を出しており、今川は三河に時間を割《さ》けなかったんですね。

でも、そうなると、「あれ？　今川はもうオレたちを守ってくれないわけ？」となりますよね元康的には。そんなところへですよ、

**信長**「和睦《わぼく》（仲直り）しない？」

おいマジか。敵だった信長からまさかの誘《さそ》い。もぉ迷わずにはいられません。すでに妻（築山殿）と長女（亀姫《かめひめ》）は岡崎にいるけど、竹千代はまだ駿府。もし今川を裏切れば……。やはり今川か？　しかしこのままでは…………決めた！

岡崎を守るためにも元康は、**織田信長と和睦し、のちに同盟を結んだ**のでした（竹千代はのちほど救出できたのでご安心を）。

**今川氏真**「裏切《うらぎ》りやがったなぁぁ!!」

完っ全に今川と手を切った元康は、三河国で今川グループと大戦争。義元からもらった「元」の字もビュン！　と遠投《えんとう》し、名前を**『家康』**と改《あらた》めるんですね。

しかし、戦いは長期化《ちょうきか》し、途中《とちゅう》には**『家康の三大危機《きき》』**の1つ**『三河一《いっ》向一揆《こういっき》』**ってのが起こって大ピンチ《『一向宗《しゅう》』（浄土真宗《じょうどしんしゅう》、特に本願寺派《ほんがんじは》）の信者《しんじゃ》が「家康を倒せぇぇ！」って一揆を起こしたの》。

ほんでも、どうにか敵を倒したり従わせたり、家臣を「三河の東・西担当」に分け

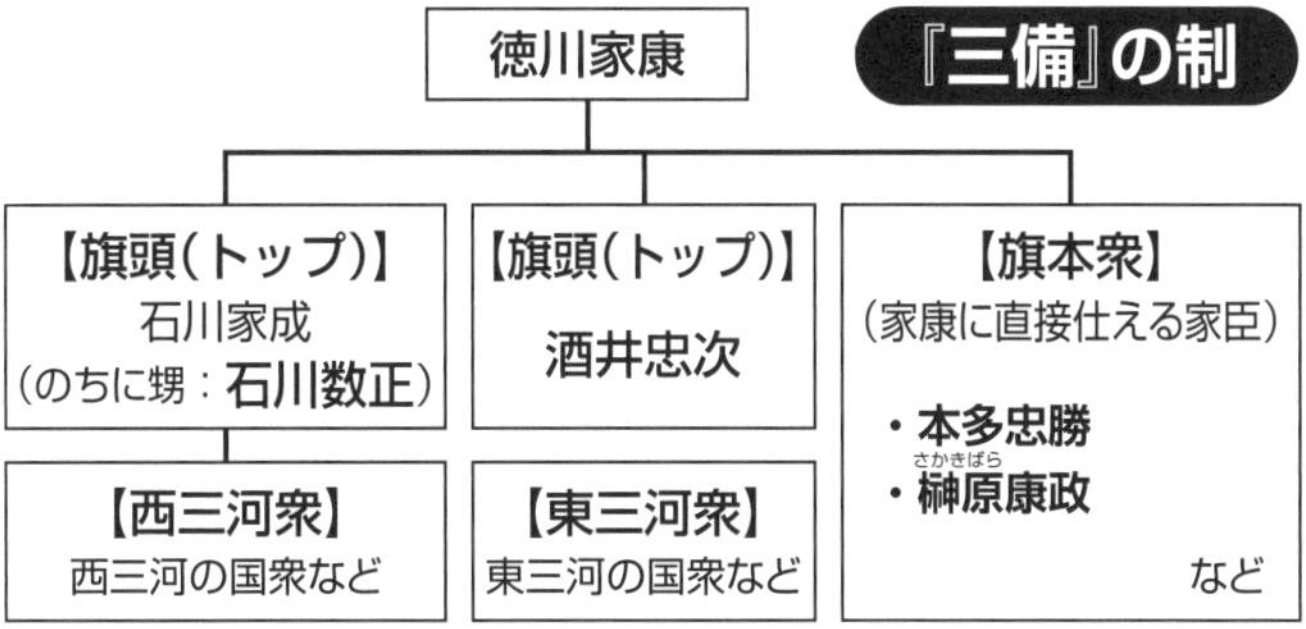


ちなみに、**酒井忠次**、**本多忠勝**、**榊原康政**、さらにこのあと家康に仕える**井伊直政**の４人は、『**徳川四天王**』と呼ばれていて、とてもカッコいい（個人の感想）。家臣の中には、自分の代から家康に仕え始めた者もいれば、何代にもわたって松平家に仕えている者もいます。そういった、代々同じ主家（主人の家）に仕える家臣を『**譜代**《ふだい》』と言うんですが、このあともメチャ登場する単語なのでぜひ食べてください（食べてください？）。

て支配体制《しはいたいせい》を整えたり（上の図を見て！）、とにかくがんばって、

**家康**「三河を統一したぞぉぉお――!!」

ついに家康、三河国を平定《へいてい》（おめでとう！）。そこからすぐ、『朝廷《ちょうてい》』から公式マークをもらうため『**三河守**《みかわのかみ》』って『官位《かんい》』のゲットを目指すんですね（何それ？）。

**『朝廷』**とは**「天皇と天皇に仕《つか》える貴族《きぞく》（公家《くげ》）たちの政府」**のことで、**『官位』**とは

**《官職《かんしょく》＝国家公務員の職》**と**《位階《いかい》＝身分のランク》**を合わせた呼び名です。昔の日本では、朝廷から官位をもらうことで権威《けんい》を得ることができたんですね。

でね、家康は官位ゲットのため、話せば長ぁくなる理由とプロセスがあって、『松平』から**『徳川』**へとネームチェンジするんですよ。

そうして『従五位下三河守《じゅごいのげみかわのかみ》』を授かった家康。ここにようやく、三河の正式な王、**戦国大名・徳川家康が誕生**したのでした。

次の年、竹千代（信康）と**信長の娘・徳姫《とくひめ》**が婚約（or 結婚。ともに9歳）。大名にもなった。織田家との仲も深まった。やっと家康の人生に光が差し込んできてすぐ、

**三大危機、やってきます**。

## ピンチに次ぐピンチに次ぐピンチ

家康にスーパーピンチ第2弾を運んで来たのは、**武田信玄**。でもね……。

実は信玄、今川と手を切り、信長と同盟を組んでるんです。そして家康との間にも

**信玄**「家康くん、今川の持つ駿河・遠江を同時に攻めないか？　私が駿河、君が遠江。そうして手に入れた土地をそれぞれのものにする。どうだ？」

**家康**「いいすね！　やりましょう！」

なんて密約《みつやく》（秘密の約束）を交わしたらしく、関係は良好《りょうこう》。実際2人は同タイミングで今川領に攻め入ってるんですね。

ところが、領地の分割《ぶんかつ》に関して、認識《にんしき》のズレがありまして……。「領地を分ける境《きょう》界線《かいせん》は大井川《おおいがわ》のはずだ！」「いや天竜川《てんりゅうがわ》でしょ？　というか川なんてただの目安だよ」

と、争いの内容には諸説《しょせつ》あるんですが、とにかくもめて、このあと**ゴリッゴリに仲が悪くなるんですよ、この2人。**

やがて、家康にブチ切れ、その家康を野放《のばな》しにしている信長にもキレた信玄は、2人の領地に攻め込んでいきます。家康は遠江国を手に入れていたのですが、その3分の2を失うほど武田軍の猛攻《もうこう》がえげつない。信玄、激強《げきつよ》。

**家康**「絶対に守り抜けぇぇぇぇぇ――――!!!」

このころ、ホームを岡崎城から**『浜松城《はままつじょう》』**に移していた家康。そこで信玄を待ちかまえていたのですが、なんやかんやで『三方ヶ原《みかたがはら》』という台地《だいち》で戦うことになり、ほんで、**ボッコボコ**にされます。それはそれは綺麗《きれい》な大惨敗《だいざんぱい》。

家臣たちが死《し》に物狂《ものぐる》いで家康を逃し、なんとか命だけは助かったというこれが、**『三方ヶ原の戦い』**。なんですが、

**信玄の脅威《きょうい》は終わらない**（ずっと怖い）。大坂本願寺《おおさかほんがんじ》、越前《えちぜん》の朝倉義景《あさくらよしかげ》、近江《おうみ》の浅井長政《あざいながまさ》、将軍・足利義昭《あしかがよしあき》といった、**「信長大嫌い勢力」**と手を組んだ信玄は、ついに三河に侵攻《しんこう》してきて病気が重くなって**亡くなります。**……え？　……信玄が？　ガチで？　みたいなセリフを1回は口にしたでしょう家康も。

しかし、武田軍の動きがピタァ！　っと止まったことで、信玄死去の噂《うわさ》が本当だと確信した家康と信長。「なんたる幸運だぁ――！」とみなぎる力で、反信長勢力を次々と打ち破《やぶ》っていくんですね。……んが、そんな2人の前に立ちはだかったのが、

またしても武田（ドカーン！）。

信玄の跡を継いだ息子の**武田勝頼《かつより》**。彼がまた手強《てごわ》い。相変わらず家康はバキバキに苦しめられる、け・ど・も。

**ちょっとここで、ダークな話題を……。**

武田との争いが続く1579（天正7）年。家康は、正室・築山殿を殺害し、長男・信康を切腹させています。この事件、はっきりしたことがわかっていません。かつては「信康・築山殿と不仲だった徳姫が、『信康の悪行、築山殿と武田との内通』などを父・信長に訴え、信長が家康に“信康の切腹”を命じた」というものが定説でした。

しかし最近は、「長期化する武田との戦争をやめるべきだ」と主張した信康＆その家臣団＆築山殿と、あくまで戦いを続ける家康たちとの対立が原因だった、などの説が出てきています。いずれにせよ、2人の死は信長の命令ではなく、家康の意志だったというのが主流なんです。

**これが本当なら家康の中には、どんな感情が生まれていたんでしょう。**

鉄砲をいっぱい使ったことでおなじみ**『長篠《ながしの》の戦い』**で、織田・徳川連合軍が大勝利。ここから、家康と信長の最強タッグが、戦国の世を席巻《せっけん》していきます。

では、『長篠の戦い』からブワッ！　と7年間ほど時間を進め、「武田が滅んだよ《天正10（1582）年3月》」というところから話を聞いてください。

とうとう東日本のラスボスを倒した信長と家康。信長から駿河国をプレゼントされた家康は、「駿河のお礼に行こう！」ってことで、信長の城**『安土《あづち》**

**城**《じょう》**』**（滋賀県《しが》）を訪ねます。んでパーティー（みたいなもん）をやっていたら。

信長のもとに「毛利《もうり》本隊が出てきたので来てください！」といった内容のお手紙が届くんですね。差出人《さしだしにん》は、西日本のラスボス・**毛利氏**《もうりし》と戦っていた、信長の家臣、

**羽柴秀吉**《はしばひでよし》**（豊臣秀吉**《とよとみ》**）**です。

**信長**「よし！　毛利を倒しに備中《びっちゅう》（岡山県《おかやま》）に行くぞ！　家康さんはせっかくだから堺《さかい》を見物していきなさい！」

家康は大阪・堺へ。信長は備中、の途中に京都《きょうと》に寄って、**三大危機です。**

**本多忠勝**《ほんだただかつ》「と、殿！！！　信長様が京都の『本能寺』にて、家臣・明智光秀《あけちみつひで》に討たれました！！！！」

**家康**「ほ、**本能寺**《ほんのうじ》**の変**！！？」

とは言ってないけど、大ピンチ確定。京都周辺《しゅうへん》には家康の命も狙《ねら》う1万数千の明智軍。対して家康のお供は30数名。これはもう……「切腹？」「ダメ！」「戦う？」「ムリ！」と悩みに悩んだすえ、導き出した答えは**とにかく逃げる**。

甲賀《こうが》・伊賀《いが》の山を越え、伊勢《いせ》から船に乗り三河へ帰り、帰ったらすぐさま明智をぶっ倒す！　ということが決定し、逃げて逃げて逃げまくります。逃げて逃げて、地元の国衆を味方につけながら、落《お》ち武者狩《むしゃが》りを蹴《け》散らしながら、徳川四天王《してんのう》を筆頭に家臣たちと力を合わせ、逃げて逃げて逃げて逃げて――

**家康たち**「う………海だぁぁぁ――――!!」

伊勢の海に到達。**『伊賀越《いがご》え』**と呼ばれる大逃走のすえ、家康たちは三河に帰ることができたのでした（通ったルートは諸説あり）。

**家康**「帰って来たらこっちのもんよ！　待ってろよ明智ぃぃぃ！！！」

**秀吉**「あ、明智なら倒しましたけど」

**家康**「え、うそだよ！！？」

なんと、岡山県にいたはずの秀吉がスーパーリターン。そのまま明智光秀を倒しちゃって、家康はもげます（何かが）。でも、それならそれでやることがある。

信長が死に、織田の支配力が弱まった旧武田領《きゅうたけだりょう》《甲斐（山梨県《やまなし》）、信濃《しなの》（長野県《ながの》）、上野《こうずけ》（群馬県《ぐんま》）》。この地を手に入れるべく家康は、**関東の北条氏政《ほうじょううじまさ》・氏直《うじなお》**父子《ふし》や、**越後の上杉景勝《かげかつ》**と、三《み》つ巴《どもえ》の戦いを開始するんです（**『天正壬午《てんしょうじんご》の乱《らん》』**）。

はしょります。終了。

家康は、ガッツリ争った北条と仲直りし、同盟を結びます。

国も仲良く分けて、甲斐国と信濃国（川中島四郡《かわなかじまよんぐん》を除く）をゲット。これで家康、三河、遠江、駿河、甲斐、信濃の5か国を持つ大大名になったわけですから超すごい。

**が、秀吉はもっとすごい。『賤《しず》ヶ《が》岳《たけ》の戦い』**で、織田の筆頭家老《ひっとうかろう》・**柴田勝家《しばたかついえ》**に勝利し、同じ年から**『大坂城』**というドえらい城を築き始めた秀吉。誰の目にも、「信長のあとの天下人は秀吉だな」と映っていたんですね。

ちょ、うざ。と家康は思ったでしょう。が、一番納得いってないのが、信長の次男・**織田信雄《のぶかつ》**です。

**織田信雄**「秀吉のヤロー、いつのまにやら自分が天下人《てんかびと》として振《ふ》る舞《ま》うようになりやがって……。お前は織田家の家臣だってこと忘れんなよ！　もうさ、秀吉と対決していくからさ、協力してくんない？」

**家康**「やってやりましょう（ニヤリ）」

信雄の誘いにゴーを出した家康。こうして、大怪獣・家康と大怪獣・秀吉がドカンとぶつかった、**『小牧《こまき》・長久手《ながくて》の戦い』**が開幕します。

兵力で言えば圧倒的に羽柴軍の方が優勢《ゆうせい》。にもかかわらず、『長久手の戦い』では羽柴軍をベコスコに叩きのめすんだから、徳川軍たら超強い。

しかし、上手《うわて》だったのは秀吉です。信雄をガンガン攻撃し、彼がヘロヘロになったところで和睦。それを知った家康は「え！」です。信雄が戦いをやめたら、そう、家康には戦う理由がなくなっちゃう……。なので、信雄は領地と人質を、家康も次男・

**義伊《ぎい》（のちの結城秀康《ゆうきひでやす》）**を人質として秀吉に差し出し、戦争終了。

これで、秀吉が織田家の上に立つことになり、『小牧・長久手の戦い』は、秀吉の大勝利で幕を閉じたのでした。

次の年、まさかの**『関白《かんぱく》』**（貴族のトップ）になっちまった秀吉。**四国の長宗我部《ちょうそかべ》**も従え、彼の勢いは止まりません。だからこそ、秀吉は思います。「家康さん、そろそろ従いなよ」と。

一方、家康は思います。「秀吉さん、嫌なのよ」と。

ただ、このころ家康の重臣《じゅうしん》・石川数正《いしかわかずまさ》や、家康に従っていた国衆たち（真田昌幸《さなだまさゆき》など）が、次々と秀吉に寝返って徳川はもうボロボロ。特に、石川数正は徳川のど真ん中にいた家臣ですから、機密事項が全部秀吉にバレちゃったわけなんですね。

マジで死んだ……と思っていたら、「従わねぇなら家康を攻める！」と秀吉が言い出し、緊急サイレンが爆音で鳴り響きます。今、攻めてこられたら、徳川は一巻の終わり……。

ところが、そんなタイミングで**『天正地震《てんしょうじしん》』**という天災が起こり、秀吉の領地が大ダメージを受けるんですね。とても戦なんてできる状況じゃなくなってしまう。

これで2人とも、「むぅー……」となります。

「もう従わないとやばいかも」という家康。

「戦いはやめて穏《おだ》やかにいくか」となった秀吉。その結果……

**秀吉**「よく来たね！　大儀《たいぎ》である！」

**家康**「ははぁっ！」

家康は上洛《じょうらく》（京都へ上《のぼ》ること）し、ついに秀吉に従ったのでした。

その後秀吉は、**九州の島津《しまづ》**を従わせ、**奥州《おうしゅう》の伊達《だて》**も取り込み、関東の北条を倒します。仕上げに奥州の武将たちを倒したり従わせたりして、すべての戦いが終了。こうして、**豊臣秀吉が全国を統一**したのでした。

で、先に言っちゃうと、このあと家康が全国を統一するよ！

## 圧倒的支配者、家康

秀吉に従った家康は、〝関東〟を守る豊臣家の優秀な家臣でした。関東？　三河とか駿河じゃなかった？　と思った方。この本に前のめりになってもらって、作者嬉しいです。実は、秀吉が関東の北条を倒したあとね……

**秀吉**「家康さん、北条が持ってた関東に移ってよ。東日本を頼むね」

**家康**「（な！　苦労して治めてきた領地を離れろと言うのか⁉　しかし、関東の広大な領地には魅力も……。どちらにせよ命令に逆らうことはできん！　受け入れて笑え！　微笑《ほほえ》んでお答えするんだ家康……！）……うまく笑えてますか？」

**秀吉**「何の話？」

と、こんなことがあり（会話はともかく）、家康は**『江戸城』**にお引越ししていたんですね。

## 五大老石高ランキング

| | | |
|---|---|---|
| 1位 | 徳川家康 …… | 約255万石 |
| 2位 | 毛利輝元 …… | 約120万石 |
| 3位 | 上杉景勝 …… | 約120万石 |
| 4位 | 前田利家 …… | 約 83万石 |
| 5位 | 宇喜多秀家 …… | 約 57万石 |

『**石高**』ってのは、**その土地の生産力**です。『石』は米の量を表す単位なので、米の収穫高はもちろん、畑の生産力なんかも米に換算して、**土地の価値をすべて米で表した**のが『石高』なんですね。

※1598（慶長3）年時点

さて、全国統一を果たした秀吉は、日本だけじゃ飽《あ》き足《た》らず朝鮮《ちょうせん》に兵を送ります（**『文禄《ぶんろく》・慶長《けいちょう》の役《えき》』**）。「で、その途中で亡くなったよ」ってとこから、お話をリスタートさせましょう。

秀吉の跡を継いだのは息子の**豊臣秀《ひで》頼《より》**。ですが、この子はまだ6歳なので、**『五大老《ごたいろう》』**という力のある大名と、**『五奉行《ごぶぎょう》』**という豊臣家の家臣が集まり、10人で政治を進めていってたんですね。

んで、この中でぶっちぎりに力があったのは、家康です（上の『五大老石《こく》高《だか》ランキング』の通り）。

言ってみれば、収入が一番多いのが家康だし、駆《か》り出せる兵力も家康がトップってこと。単独で彼に勝てる大名なんてどこにもいませんん。だからなのかな？

家康は、秀吉が生前《せいぜん》に決めたルールを思いっきり破っていきます。

「大名家同士の勝手な婚姻《こんいん》は禁止」となっていたんですが、蜂須賀《はちすか》、福島《ふくしま》、伊達、黒《くろ》田《だ》といった大名の子どもと、自分の子ども（養子《ようし》含む）との結婚をゴリゴリに進めていくんですね。

これには家康以外の四大老・五奉行全員がブチギレ。中でもキレ倒したのが、

**石田三成《いしだみつなり》**「ちょっとちょっとちょっとちょっとぉ!!」

豊臣家にビッグラブを捧《ささ》げる、五奉行・**石田三成**です。三成たち奉行は、ソロバンを弾《はじ》いて政治を運営していくのがお仕事。そんな三成（&四奉行）たちに対して、**加藤清正《かとうきよまさ》**、**黒田長政《ながまさ》**、**福島正則《まさのり》**、**藤堂高虎《とうどうたかとら》**、**細川忠興《ほそかわただおき》**などの戦闘《せんとう》タイプは、「なんで槍働《やりばたら》きのないお前らが豊臣家でデカい顔してんだよ！（怒）」と不満を爆発させていたので、そうです、三成もキレ倒される側だったんです。

三成たちのことを嫌う戦闘タイプは家康を支持《しじ》し、家康の力はますます大きくなっていきます。だからなのかな？

他に力を持った大名に対して家康は……

「私の暗殺《あんさつ》を計画したそうですね、前田利長《まえだとしなが》さん（前田利家《としいえ》の息子）。違うと言うなら人質をよこしなさい」

「最近、武器を集めたりしてるんですって？　上杉景勝《かげかつ》さん（五大老）。豊臣家に謀反《むほん》を起こす気ですか？　違うと言うなら上洛して説明しなさい」

と、ほぼ言いがかりじゃない？　といったようなことをぶつけて、彼らの力をけずっていったんですね（そのうえ大坂城に入り、さらに権力を増大させる家康）。

しかし、上杉は、「謀反も考えてねぇし、上洛もしねぇよ！」という手紙《**『直江状《なおえじょう》』**（ホントにあったかは諸説あり）》を家康に送りつけ、真正面から反抗。これにブチギレた家康は、

「よしわかった。じゃあ上杉を討ってやらぁぁ!!」と、大軍を引き連れ、上杉のいる会津へ向かいます（**『会津征伐《あいづせいばつ》』**）。すると、家康が京・大坂を離れたスキに

「今がチャンスだ！　家康を討ってやらぁぁ!!」と、石田三成が挙兵《きょへい》。

家康は『会津征伐』をストップさせ、息子の**徳川秀忠《ひでただ》**や戦闘タイプの武将たちに指示を出しながら、江戸城に戻って待機《たいき》。で、機が熟《じゅく》すと

**家康**「じゃあ、三成を討ってやらぁぁぁぁぁ――――！！！！」

と、決戦の場に向かったのでした。総大将《そうだいしょう》・**徳川家康率いる『東軍《とうぐん》』**VS**石田三成率いる『西軍《せいぐん》』**（総大将は毛利輝元《てるもと》）による世紀の大決戦、**『関ヶ原《せきがはら》の戦い』**が始まります。で、**家康が勝ちます**（2時間で決着がついたかも？　詳しくは、拙著《せっちょ》『13歳のきみと、戦国時代の「戦」の話をしよう。』でご確認ください。宣伝です）。

そして、関ヶ原の戦いから3年後の、１６０３（慶長《けいちょう》8）年。

家康は、全国の武士の頂点に立つ**『征夷大将軍《せいいたいしょうぐん》』**となり、徳川氏による武家《ぶけ》政権《せいけん》（武士の政府）、**『江戸幕府』**が誕生したのでした。

すごい話ですよね。あんなに可愛かった竹千代が（知らんけど可愛かったでしょう）、やがて老練《ろうれん》な政治家となって、全国を統一してしまったんですから。

しかし、話はこれで終わりじゃありません。

『関ヶ原の戦い』のあと、家康は武将の領地をイジりまくります。

『西軍』メンバーの領地を減らしたり取り上げたり。逆に味方についてくれた『東軍』メンバーの領地を**加増**《かぞう》**（領地アップ）**したり。全国に家康の思い通りに配置された大名家が誕生し、彼らが支配したエリア&組織は**『藩**《はん》**』**と言われるようになります（当時は『藩』と呼ばず、そこの国の名前や大名の姓《せい》で呼んでます）。

**『藩主**《はんしゅ》**』**や**『諸侯**《しょこう》**』**とも呼ばれた大名が各地を支配し、その大名（藩）をまとめる幕府がいる。この幕府&藩で日本を治めるシステムを、**『幕藩体制**《ばくはんたいせい》**』**と言ったんですね。

でね。そんな大名たちは、将軍との関係性によって、**『親藩**《しんぱん》**』『譜代**《ふだい》**』『外様**《とざま》**』**という3種類に分けられたんです。P45の図を要チェックして！

こんな感じで〝大名パズル〟を完成させた家康ですが、自分のパワーアップも忘れ

## 親藩

家康の男系男子の子孫が初代の藩主となった大名家（「一門大名」とも）。

将軍家と親類で、親しいよ！ってとこです。中でも、家康の九男（義直《よしなお》）・十男（頼宣《よりのぶ》）・十一男（頼房《よりふさ》）が藩主となった、**尾張・紀伊・水戸**は**『御三家《ごさんけ》』**と呼ばれ、将軍家に次ぐ家格（家のランク）を持つトップオブ親藩。御三家の何がすごいって、**「将軍に跡継ぎがいないときは、御三家の中から将軍を出すこと」**になっていたんです。

## 譜代

P27の図で説明した『譜代』が藩主となった藩（江戸時代の途中からは例外も）。

徳川がまだ一大名だったころから、徳川家の政治をがんばってきたのは家康と譜代。これ、幕府ができても変わりません。つまり、幕政（幕府の政治）を動かす**『老中《ろうじゅう》』&『若年寄《わかどしより》』（のち登場）になれるのは譜代大名だけ**。親藩や外様は、幕政に関われなかったんです。

## 外様

『関ヶ原の戦い』の前後で家康に従った大名家。

親族でもなけりゃ、元からの家臣でもないお家。もちろん「最初っから東軍の家」と「西軍から東軍に寝返った家」と「負けて従った家（毛利、島津など）」とでは、幕府との親しさに差はあります。ただ、江戸・京・大坂のまわり、東海道などの要衝《ようしょう》（重要な場所）が親藩・譜代で固められたのに対し、中四国や九州などの遠隔地へ移動させられ、つねに幕府から警戒されていたのが外様です。

ていません。主要都市&金山・銀山をおさえたうえで、幕府の直轄領《ちょっかつりょう》（直接支配する地）は、約255万石→**約400万石**にアップ。これはもう権力のバケモノ。

さらに、**将軍の座を約2年で息子の徳川秀忠に譲《ゆず》り、「これからもずっと、将軍を務めるのは徳川の人間だ」**ということを世間に知らしめながら……**『駿府城《すんぷじょう》』**に移って**『大御所《おおごしょ》』**となり、実権は握り続けるんだから権力のスーパーロボです。

家康がいかにやる気満々だったかは、彼のブレーンを見れば一目瞭然《いちもくりょうぜん》。**本多正純《ほんだまさずみ》**（家康・秀忠のブレーン本多正信の子）、僧侶《そうりょ》の**南光坊天海《なんこうぼうてんかい》**、**金地院崇伝《こんちいんすうでん》**、儒学者《じゅがくしゃ》の**林羅山《はやしらざん》**（この人の子孫《しそん》、このあとチョコチョコ出てきます）、外交顧問《がいこうこもん》の**ヤン・ヨーステン**、**ウィリアム・アダムス**と、なんかもう江戸のアベンジャーズ。

この面々をそろえ、江戸城や駿府城のリフォームを諸大名にやらせ（**『天下普請《てんかぶしん》』**）、東南アジア諸国との貿易《ぼうえき》を進め（**『朱印船貿易《しゅいんせんぼうえき》』**）、

**家康**「貿易はいいけど、キリスト教はトラブルが多いからダメ！　スペインやポルトガルは布教《ふきょう》のあとに軍隊を送り込んでくるって噂もあるし……**禁止だな!!**」

教会の破壊《はかい》と布教の禁止を命じた**『禁教令《きんきょうれい》』**（キリスト教禁止令）を出したりと、

新たな政策を次々と打ち出していったんですね。

こうして、徳川の世は安泰《あんたい》となっ……**いやまだ豊臣がいる。**

『関ヶ原の戦い』ってのは、豊臣家内の派閥争いです。家康が勝とうが三成が勝とうが、武士のトップは変わらず豊臣秀頼くんだったんですね。

ただ、実質的に力を持っていたのは家康で、天下はほぼ徳川のものになっていた、というのがこのときの状態。家康的には「そろそろ従ってくんねぇかな豊臣さん?」って感じだけど、秀頼のママ・**淀殿**《よどどの》(秀吉の側室)はずっと反抗的だし、豊臣の家臣だった大名は、今も秀頼のことを大切に思っています。

んー……どうにかしなけりゃなぁと考えていた、そんなある日。

豊臣家が再建《さいけん》していた「方広寺《ほうこうじ》」という寺の鐘《かね》に、**「国家安康《こっかあんこう》　君臣豊楽《くんしんほうらく》」**の文字が見つかり、徳川と豊臣の対立が決定的となります(**『方広寺　鐘銘事件《しょうめいじけん》』**)。

**家康**「『国家安康　君臣豊楽』か。やってくれましたね、豊臣さん」

**豊臣家**「やってくれた?『国家が平和で、君主《くんしゅ》も家臣も豊かに楽しく過ごす』。これの何がやっちゃってるんですか?」

**家康**「だまらっしゃい！『国家安康』で〝家〟と〝康〟の字が切り離され、『君臣豊楽』に〝豊〟と〝臣〟の字が入っている。つまりだ、『家康が斬《き》られ、豊臣家が繁栄《はんえい》すれば超ハッピー』という、私に対する呪《のろ》いの言葉でしょうがこれは‼」

**豊臣家**「ちょちょちょちょちょ！　ちょ、違いますよぉ‼」

豊臣を潰《つぶ》すための、見事な〝言いがかり〟に乾杯《かんぱい》。しかし、このクレーム。昔は「家康の全力のいちゃもん」と言われていたんですが、実は豊臣もかなりミスってるんですね。

当時、本名は『諱《いみな》』と言って、他人が気軽に呼んだり書いたりするのはタブーとされていました。ましてや上の立場の人の『諱』を軽々しく扱《あつか》うなんてもってのほか。絶対的大アウトです（この本じゃわかりやすく「家康さん」なんて書いてますが、本当は「三河守殿《みかわのかみどの》」や「内府殿《だいふどの》」など、そのときの官職《かんしょく》や通称《つうしょう》で呼ばれていました）。

しかも、この文言《もんごん》を考えたお坊さん（清韓《せいかん》）は、「お祝いのために、さりげなくお名前を入れました」と言っているので、「家康」の字を入れたのも切り離したのも、わざとやったこと。家康に「おい！」とつつかれても仕方ないことをやらかしてるんですね。

これがきっかけとなって、**『大坂の陣《じん》（冬の陣・夏の陣）』**という徳川と豊臣の大戦争が起こります。

そして、最後は豊臣秀頼と淀殿が自害《じがい》し、豊臣家は滅亡することとなったのでした。

『大坂夏の陣』が終わってすぐ、家康は**『一国一城令《いっこくいちじょうれい》』**を発令（詳しくは次パートで）。

そして、大名を統制《とうせい》するための法**『武家諸法度《ぶけしょはっと》』**、朝廷や公家を統制するための法**『禁中並公家諸法度《きんちゅうならびにくげしょはっと》』**を発布《はっぷ》し、徳川幕府の力をさらにさらに強いものにします。

「いやぁマジでやることやったわー」といった感満載《まんさい》の家康は、翌年の１６１６（元和《げんな》２）年に75歳でこの世を去ります。

本人の遺言《ゆいごん》によって久能山《くのうざん》（静岡県）に葬《ほうむ》られた家康は、一周忌《いっしゅうき》を経て日光《にっこう》（栃木《とちぎ》県）に祀《まつ》られたのち、**『東照大権現《とうしょうだいごんげん》』**の神号《しんごう》（神としての称号）を贈られ、神となったのでした。

以上、初代・家康の紹介でした。

**「鳴かぬなら　鳴くまで待とう　時鳥《ほととぎす》」**という、家康の性格を表した句がありますが、これが誤解のもとだと思ってます。

個人的には、家康に「忍耐強《にんたいづよ》く、虎視眈々《こしたんたん》と天下を狙っていた」なんてイメージはまったくありません。ご覧《らん》いただいた通り、次々と襲《おそ》いかかる課題のクリアに、つねに一生懸命《いっしょうけんめい》だったのが家康です。

とにかく動いたからこそ、失敗も挫折《ざせつ》も乗り越えることができた。「家康から受け取った学びは待つことです」なんて言った日には、家康もあの世でずっこけるに違いありません。

# 第2章

## SHOGUN PROFILE

何代目？　２代将軍

おなまえ　徳川秀忠《とくがわひでただ》

あだ名は？　恐妻家《きょうさいか》

ゆかりの地は？　浜松城、江戸城

生きた年は？　1579（天正《てんしょう》7）年～1632（寛永《かんえい》9）年

にがおえ

**趣味は？**
小鼓

**特技は？**
剣術
馬術
漢籍の知識がある

**起こったことor行ったこと**
武家諸法度
一国一城令
など

**自分を四字熟語で表すと？**
冷静沈着

**頼れる人は？**
本多正純
土井利勝
酒井忠世
安藤重信

**恋愛＆結婚**
恐妻家
（こっそり浮気）

**みんなにひと言！**

江戸時代の土台を固めた私の政策のことをぜひ知ってください！

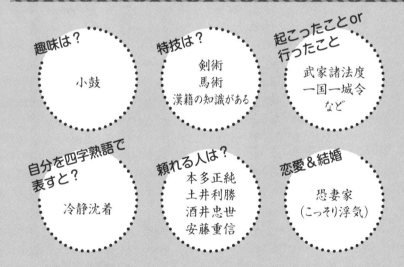

# 関ヶ原の失敗で評価がガタ落ち？ 徳川政権を磐石にした偉大な2代目

徳川秀忠《ひでただ》？　将軍……だよね？　最初の将軍が家康《いえやす》で江戸幕府を創《つく》って、たしか3代目が家光《いえみつ》でいろんな政策を打ち出して……あ、2代目の将軍なんだ秀忠って。なるほど……で、

**何やった人？**　↑歴史に興味がなければ、秀忠への一番素直な反応がこれかも。

さらに、たとえ秀忠のことを知っている人の中でも、**〝ある大きな失敗〟**の印象が強すぎて、彼の人物像《ぞう》がそこで固《かた》まっちゃってるんじゃないでしょうか。

でもね、実はここ最近の秀忠、すごいんです。大きな失敗でビタッ！　と貼《は》られたレッテルがうそだったかのように、評価《ひょうか》が急上昇。「秀忠がいなかったら江戸幕府はこんなに続いていなかったんじゃないのか……」とまで言われるようになったんですね。

さて、いったい何がどう転んで秀忠の評価が変化したのか？　そもそも〝大きな失敗〟って何のこと？　では、そろそろいってみましょう。

## 「秀」の一字は恐妻家《きょうさいか》への入り口

徳川秀忠は家康の三男として誕生しました。母親は側室《そくしつ》・西郷局《さいごうのつぼね》。幼名《ようみょう》を**長丸《ちょうまる》**といって、生まれたときから徳川家の跡継《あとつ》ぎとされていたんですね。

「ん？　側室の子で三男が跡継ぎ？　ふつう正室の生んだ長男が跡を継ぐんじゃないの？」と、違和感《いわかん》を覚えられた方。目の付け所がクールです。

たしかに、日本には昔から「長幼《ちょうよう》の序《じょ》」ってもんがございます。こちらカンタンに言うと、〝年上と年下の間の正しい秩序《ちつじょ》〟といった考え方ですから、年長者が跡継ぎになるのが正しい筋道《すじみち》とされてきたわけですね。

んが。それはあくまで「基本的にはね」の話。秀忠が生まれた戦国時代では、母親の身分、本人の能力、父親との関係性、その他もろもろの事情がミックスされ、必ずしも〝正室の長男が跡を継ぐ〟ってわけじゃなかったんです。

徳川さん家の場合も、長男・信康《のぶやす》は切腹《せっぷく》させられていますし（P32）、次男・秀康《ひでやす》も家康から〝諸説あり〟で避けられていたうえ、豊臣秀吉や結城《ゆうき》家というお家の養子となったので、後継者《こうけいしゃ》レースから脱落《だつらく》しております。

なので、三男といえど、秀忠が後継者とされていたんですね。

だから見てください。〝秀忠〟の名前には、後継者の証《あかし》として「家」の字が……入ってねぇじゃねぇか。

〝家〟もねぇ。〝康〟もねぇ。ラジオもねぇ。おまけに何でか「秀」の字が。

これじゃまるで豊臣**秀**吉から字をもらったみたい……と、感じた方。大正解。ホントに秀吉からなんです。そうですね。まずは、秀忠の人生にかかすことのできない、〝秀忠と秀吉との関係性〟について聞いてください。


パパ家康は、秀吉と一度だけ戦争をしましたが、そのあと秀吉に従うことにしました（P36～38）。

そこから数年後に秀吉は、

「ちょっと大名たちー！　あなたたちの奥さんと子どもを京都によこして！」

と、諸《しょ》大名が豊臣家に背《そむ》くことのないよう、彼らの妻と子どもを人質にとる命令を出しているんですね。

そこで、家康が秀吉に送ろうとしたのが、長丸（秀忠）くん11歳です。

ところが、「まだ子どもなんだから、長旅はしんどいでしょ」と、秀吉から優しさあふれるストップがかかり、長丸御一行《ごいっこう》は途中でステイすることに。すると、

**家康**「お言葉に甘えてんじゃねぇぞコルァー!!」

家康がバチギレます（なんで?）。

実はこの時期、秀吉は天下統一の大詰め、〝北条氏《ほうじょうし》〟との決戦に挑もうとしていたんですが、都合《つごう》の悪いことに**徳川と北条は同盟関係**（P35）。だから家康は、〝大事な跡継ぎ長丸くん〟を秀吉に送り、「僕は北条ではなく豊臣につきます！　忠誠《ちゅうせい》を誓《ちか》います！」という意思を表そうとしていたんですね。

そ・れ・な・の・に、長丸と家臣一同は秀吉に言われるがままひと休み。家康は、

**家康**「秀吉さんの厚意《こうい》をそのまま受け入れたんじゃ、忠誠を誓ってるアピールにならねぇだろバカタレが!!　早く京都に向かえ！！！」

と、キレたのでした。このとき、どんな気持ちだったんでしょう長丸。僕なら「先に言ってよ」の感情と恐怖《きょうふ》が入り混じって号泣《ごうきゅう》です。

しかし、家康の考えはやっぱり正しかったみたいで……

**秀吉**「よく来たねぇ！　ええ!!」

秀吉は大喜び。家康から送られた後継者《こうけいしゃ》（長丸）に、「ついにあの家康が完全に従ってくれたでおい！」と、激高テンションが止まりません。

長丸が到着すると、秀吉の母・大政所《おおまんどころ》が髪《かみ》を結《ゆ》ってくれ、秀吉も長丸の頭に櫛《くし》を入れて調《ととの》えてあげるほどの大歓迎《だいかんげい》ぶり。着物も新しいものを着させてあげ、長丸に付《つ》き添《そ》ってきた井伊直政《いいなおまさ》らに秀吉は言ったそうです。

**秀吉**「いやー家康さんはホントにいい子を持った！　オシャレに仕上げてあげたから　さ、家康さんもこの子の帰りを待ってるだろうし急いで帰った方がいいね！」

**井伊直政**「あ、え……帰ってよろしいのですか？」

**秀吉**「おん、いいよ！　あ、そうだ。この流れで、長丸くんと小姫《おひめ》を結婚させよう！」

**直政**「そんな流れある⁉」

なんと秀吉、自分の養女《ようじょ》・小姫6歳と、長丸12歳の祝言《しゅうげん》をあげると宣言《せんげん》。

幼い2人ですから本当の結婚はまだ先なのですが、それにしても長丸の愛されるまでのスピードがマッハ（これには「最重要大名である徳川家との結びつきを強めておこう」という秀吉の政治的判断もあったんですが）。

とにもかくにも、秀吉の特大お気にとなった長丸は、その後、秀吉から「秀」の字をもらい、ここに**徳川秀忠が誕生**することになったのでした。

しかし、もう少しで完成しそうだった徳川と豊臣の架《か》け橋《はし》に、大きなヒビが……。小姫の実のパパ・織田信雄《のぶかつ》（P36）が、秀吉をブチギレさせるという事件が起こったうえに、小姫自身が若くしてこの世を去ったので、秀忠と小姫の婚約《こんやく》がなくなってしまったんですね。というわけで、これにて秀忠と秀吉の関係は終…

**秀吉**「よし秀忠くん！　お江《ごう》と結婚しなさい！」

終わりません。架け橋、ソッコー修復《しゅうふく》。

またもや秀吉のブッチぎりの意向のもと、**お江**と結婚することになった秀忠。織田信長の妹・お市《いち》と、浅井長政《あざいながまさ》（P31）との間に生まれた、通称《つうしょう》『浅井三姉妹《あざいさんしまい》』の三女がこちらのお江さんです。この方ってばね……。

父・長政&浅井家が、伯父・信長によって滅ぼされ、ママが再婚した柴田勝家も、秀吉に敗れて自害《じがい》。そのときママ・お市も一緒に自害……という、人生ハードモードを爆進中な娘さん。

のちに三姉妹の長女・茶々《ちゃちゃ》は、秀吉の側室・**淀殿**《よどどの》となるのですが、お江の結婚相手も〝すべて〟秀吉によって選ばれていたんですね。

〝すべて〟、ってことは……そう、お江の結婚は秀忠で3度目（1度目は婚約しかしてない説も）。今回も秀吉に言われるがまま嫁《とつ》ぐこととなり、お江23歳と秀忠17歳のマリアージュが決定したのでした。

現代なら「17歳の僕の彼女はバツ2で新卒社会人」ってタイトルのラノベになりそうですが（ならないと思いますが）、最初の結婚が形だけのものだった秀忠にとってみりゃ、これはかなりの緊張案件《きんちょうあんけん》。

タフな人生経験、2度の結婚履歴、年上。しかもパパの上司の縁者《えんじゃ》とくりゃ、〝驚くほど気をつかう〟の一択しかありません。

おまけにお江さん、かなりのヤキモチ焼きだったらしく、タフ+結婚経験+年上+上司関連娘+ジェラシーで、**〝圧倒的恐妻家〟**《あっとうてききょうさいか》の完成でございます。

でもね、その後の夫婦仲は良かったんですよ。

秀忠はこの時代には珍しく側室をつくらず、お江との間に7人の子ども（2男5女）

をもうけるというラブラブっぷり（お江が怖かった説もありますが）。この子たちの中に、次のパートの主人公・**徳川家光《いえみつ》**もいるんですね。

ただ、堂々《どうどう》と側室をつくらない代わりに、秀忠、浮気《うわき》はします（押忍《おす》！）。

よく、家光が秀忠の長男だと勘違《かんちが》いされるのですが、違うんです。

長男は「長丸（秀忠と同じ幼名）」と言って、お江とは別の女性との間にできた子なんですね。

女性は長丸を生んですぐ江戸城を出されたらしく、名前もわかっていません。お江がキレにキレて女性を追放した、とも言われているのですが……これが本当なら、バキュームカーで根こそぎいかれたくらい血の気がひいたんじゃないでしょうか秀忠。

しかし、それでも秀忠はめげません（めげろよ）。また何年かの後、「お静《しず》」という名の女性と関係を持ちます。そして、

**お静**「あの、子どもができました」

**秀忠**「え　　　……やば――――!!」

秀忠は1回爆発《ばくはつ》します（してないんですが）。

女性と関係を持つ→妊娠《にんしん》が発覚→そこで初めてうろたえる。危機管理能力《ききかんりのうりょく》をドブに捨てていたんでしょうね。

ご、江にだけは知られてはならん！　となったのか、お静は人に預けられコッソリと出産。生まれた男子は**「幸松丸《こうまつまる》」**と名づけられ、やがて信濃高遠藩主《しなのたかとおはんしゅ》の子として育てられることになります。

でも、この子がのちに、徳川幕府にとってなくてはならない存在に……というのは、またあとでお話しすることにしましょう。

いかがですか？　徳川秀忠という人物。

今のところ目立った活躍《かつやく》はありませんし、やったことと言えば、妻を恐れながら浮気をしているくらい。

なんだか少し情けない雰囲気《ふんいき》の秀忠ですが、お遊びはここまで！　ここからが**本当に〝情けない姿〟の始まりです。**

## 大遅刻からの大変貌《だいへんぼう》

事件は長丸や家光がまだ生まれる前、『関ヶ原の戦い』にて起こります。

この未曾有《みぞう》の大合戦に秀忠は、なんと**大遅刻《だいちこく》**。

いや、遅刻どころか戦いに間に合ってないんだから笑けます。なぜそんなことになったかと言うと……。

家康は、石田三成《いしだみつなり》との決戦に向かう際、軍勢《ぐんぜい》を2つに分けました。自分は東海道《とうかいどう》、秀忠には宇都宮《うつのみや》から中山道《なかせんどう》のルートを辿《たど》らせ、万石以上の領地を持つ家臣多数と、3万以上の兵を秀忠軍につけてやったんです。つまり、**徳川軍のメイン（主力）は秀忠の方**だったんですね。

彼の請《う》け負《お》った任務《にんむ》は、中山道筋《すじ》の大名を東軍《とうぐん》（家康たち）に従わせること。中でも態度をはっきりさせない真田昌幸《さなだまさゆき》・信繁《のぶしげ》（幸村《ゆきむら》）親子。こいつらを従わせなきゃなんねぇってことで、「白黒ハッキリつけろ！」と威圧《いあつ》したところ、

**昌幸**「みんなで話し合うので少し時間をいただけますか？」

との返答《へんとう》があり、真に受けて待機《たいき》してみれば、

**昌幸**「おかげで戦闘の準備が整いました。ありがとうございます」

と、バッチリ手玉にとられ、〝ファーストやらかし〟を犯《おか》す秀忠。

しかし、江戸を出発することになった家康から、「もうそっちはいいから急いで来い！」と手紙が送られ、秀忠もその場をあとに……するはずだったんです。

ところが、手紙を持った使者《ししゃ》が、大雨による川の増水《ぞうすい》というアクシデントに見舞《みま》われ立ち往生《おうじょう》。遅れに遅れた手紙が秀忠のもとに届いたのは、9月9日のこと。

家康は、9月1日に江戸を出発し、9日には愛知県（岡崎）まで到達していました。これ、あとほんの少しで三成たちと戦える距離です。

おそらく秀忠、人生で一番の「やば……」が漏《も》れたでしょう。

**秀忠「いそげぇぇぇ――――!!」**

昼も夜も休みなく先を急ぐ秀忠軍。しかし、木曽路《きそじ》は険《けわ》しいうえに、長雨のせいで通行が困難《こんなん》。そこを3万以上の人間が通ろうと言うんだから、スピードが出ない出ない。「せめて自分だけでも！」と、秀忠はまわりの部隊を引き連れてどうにかこうにか美濃《みの》の赤坂《あかさか》に到着したのですが……時すでに遅し。彼が現場に着いたときには『関ヶ原の戦い』から4日が経《た》っていたのでした。

**秀忠**「お願いだ！　父上に会わせてくれ！」
**家臣**「無理です。キレすぎて青白い炎《ほのお》を放っているので」

炎は放ってなかったでしょうが、家康は面会を願い出た秀忠に3日間会わなかったそう。まさにこの大遅刻こそ、秀忠のポンコツイメージを作り上げた〝**ある大きな失敗**〟の正体《しょうたい》だったんですね。

ただ……家康が本当に怒ったのは〝**遅刻したこと**〟についてじゃなかったんです。

**家康**「今回の戦い、勝ったからよかったものの、もし万が一負けていたらお前が弔《とむら》い合戦をしなきゃダメだったんだぞ！　それを**軍勢《ぐんせい》をバラバラにして上ってくるなんて**……何考えてんだ‼」

戦闘に備えるというビジョンはなかったのか！　自分が合戦に遅れたくないからと、軍勢を置き去りにしてくるなんて大将失格だ！　これが家康の怒った理由です。

どんな気持ちだったんでしょう秀忠。僕なら「そんなのわかるかよ」の気持ちと不《ふ》甲斐《がい》なさがジレンマを起こして、大号泣です。

しかし、秀忠が怒られる日もここまで。なんてったって彼、**将軍**になるんですから。

でも、うん、**実権《じっけん》は家康にある**んですよね……。『武家諸法度《ぶけしょはっと》』や『禁中並公家《きんちゅうならびにくげ》諸法度《しょはっと》』などは、「将軍・秀忠の命令」という形で発布《はっぷ》されています。が、これらの法のデザイナーは家康で、政策の最終決定権を持っているのも大御所様《おおごしょさま》です。

ただ、家康もね。武士のトップの大事なお仕事、『領知宛行状《りょうちあてがいじょう》』（「この土地をあなたに与えるよ」と認めた文書）を出す権利を秀忠に与えるなど、将軍の地位を高めようとはしてるんです。でも、ま、うん、それでも。権力を握ってるのは家康です。

戦いに遅刻するわ妻に頭が上がらねぇわ、親父の言いなりだわ。いったいこのフニャフニャボーイは何をがんばったって言うのさ。と思ったそこのあなた！　と、その後ろのあなた（って言われると何か怖いよね）。

お待たせしました。秀忠、**変わります**。

家康が亡くなり、名実《めいじつ》ともに幕府の最高権力者となった秀忠。「変わった」というより、これまで培《つちか》ってきた政治の経験を存分《ぞんぶん》に発揮《はっき》し始めるんですね。

これをちょっとご覧ください。

**《年寄制《としよりせい》の整備》《松平忠輝《まつだいらただてる》・改易《かいえき》》《外国船の入港地《にゅうこうち》（貿易地）の限定》**

これらは、家康が死んでから、秀忠がすぐに取りかかった政策です。内容にはのちほど触《ふ》れますが、驚きポイントが2つ。

1　どれもが今後の**幕府の方向性を決定づけた重要な政策**ばかり。

2　それを数か月で実行している。

これがホントにあの尻《しり》敷かれ遅刻ボーイなの？　と疑《うたが》ってしまうほどの有能《ゆうのう》さ。

とにかく、どんなことをやったのか見てみましょう。

まず1つめ。**《年寄制の整備》**。**『年寄』**ってのは、かたく言うと「政務《せいむ》に参与《さんよ》し幕政《ばくせい》（幕府の政治）の中心的役割を果たした重臣《じゅうしん》」のことで、やわらかく言うと、

「将軍の近くで政治を動かした偉《えら》い人」です。

家康が亡くなると、「家康グループ」「秀忠グループ」と分かれていた家臣が、秀忠

のもとに集合してドッキング。秀忠は、**本多正純**《ほんだまさずみ》（家康のとこにいたね）、**土井利**《どいとし》**勝**《かつ》、**酒井忠世**《さかいただよ》、安藤重信《あんどうしげのぶ》といった家臣を年寄にして、彼らの行う政治にもアレンジを加えていったんですね。どういうことかと言うと、

《家康時代（後半）：本多正純が単独で大名たちに指示を出す》から
《秀忠時代：4人の年寄の署名《しょめい》した文書で指示を出す》にチェンジしまして、政治に〝集団《しゅうだん》〟というキーワードを追加し、年寄に〝会議《かいぎ》〟で政治をやらせていったんです。

のちの幕府では、年寄→**『老中《ろうじゅう》』**って名前に変わり、「重要事項《じこう》は老中が話し合いで決める」というシステムが定着するのですが、その原型をこしらえたのは秀忠だったんです。

じゃ、時系列は前後しますが、先に2つめ**《外国船の入港地（貿易地）の限定》**に参りましょう。

家康は『禁教令《きんきょうれい》』（キリシタン禁令）を出しましたが、秀忠はそれをさらに厳しいものにしていきます。

**秀忠**「どんな事情があろうと、大名領内に1人でもキリシタンがいちゃダメ！」

そうなってくると、どこからでも外国船ウェルカムの状態はよろしくありません。なので、キリスト教に関係のない中国船等以外の入港地（貿易地）を、**ポルトガルは長崎、オランダ・イギリスは平戸《ひらど》**と限定したんです（まだこのときは「キリスト教の国とは貿易をしない」とは言ってないのでご注意を）。さらに秀忠は、「宣教師《せんきょうし》をすべて死罪《しざい》にする」というメタクソに怖い命令を出し、その4年後には、キリスト教徒55名が火刑《かけい》と斬首《ざんしゅ》によって処刑された**『元和大殉教《げんなだいじゅんきょう》』**という事件が起こります。

このあと幕府によるキリスト教の弾圧《だんあつ》はさらに強化されていき、のちに**『鎖国《さこく》』**と呼ばれるシステムへとつながっていくのですが、その始まりは秀忠が創り出していたんですね。

すっかりたくましくなった秀忠。ですが、なんか怖ぇ……。

でも、彼の恐ろしさは、こんなもんじゃありません。

## 改易が得意技の強き御政務

ではラスト。『改易《かいえき》』についてお話ししましょう。『改易』とは、**領地を没収《ぼっしゅう》し、身分を剥奪《はくだつ》すること**です。土地、屋敷、身分などのすべてを奪《うば》い、恐ろしくスモールスケールな大名・旗本《はたもと》に転落させ、最悪の場合は**家を取り潰《つぶ》す**、というメガトン級の刑罰《けいばつ》なんですね。

数々の大名家に改易や**減封《げんぽう》（所領を減らすこと）**を食らわしてきた家康ですが、息子さんも負けてません。

徳川の世になったとはいえ、力を持った大名はわんさかいます。各地の藩主にプレッシャーをかけるため、幕府の力を強めるため、秀忠は改易をぶっ放していくんです。

まず最初は、なんと〝自分の弟〟に対して。

家康や秀忠の命令に反抗的な態度をとった越後高田藩主《えちごたかだはんしゅ》・**松平忠輝《ただてる》**（家康六男）を、「これは父さんの御遺命《ごいめい》だ」と、伊勢国朝熊《いせのくにあさま》へ追放してしまうんですね。

大名たちはたまげます。「身内にも容赦《ようしゃ》ねぇの!?」と。もしかして2代目って、かなり厳しめな人なんじゃ……と思ってたところへ、改易砲第2弾が放たれます。

**安芸広島藩主《あきひろしまはんしゅ》・福島正則《ふくしままさのり》、改易。**

**諸大名**「ふ、ふふ、ふくふく、ふくぶく！　ぶくしま（福島）さんがぁ⁉」

諸大名が噛《か》み倒すほどの戦慄《せんりつ》が走ります。

福島正則は幼いころから秀吉に仕《つか》えた武将です。が、関ヶ原の戦いでは家康に味方し、結果、東軍で一番活躍《かつやく》した人なんですね。家康的には感謝の気持ちがありましたから、いくら正則が豊臣寄りな態度をとっても目をつむっていたんです。

しかし、秀忠は違いました。

家康パートの最後の方に**『一国一城令《いっこくいちじょうれい》』**ってのが出てきましたよね。読んで字の如《ごと》く「国ごと（もしくは各大名ごと）に城は1つまでね！」という法令です。

豊臣家を滅《ほろ》ぼした徳川親子は、「メインの城（本城《ほんじょう》）を除《のぞ》くサブの城（支城《しじょう》）はすべて壊《こわ》せ！」と諸大名に命じて、その直後に出された武家諸法度《ぶけしょはっと》の中でも、「城を修理するときは絶対言ってこいよ（幕府の許可をとれよ）！　言うまでもなく新しく城を築くのは禁止だかんな！」と、厳しい城ルールを設けて、大名の軍事力をけずろうとしたんですね。もうおわかりの通り、福島正則はこのルールを破り、幕府に無断《むだん》で城の修理を行ったんです。

**秀忠**「改易だコノヤロぉぉ――!!」

怒った秀忠は正則を改易しようとします。が、

**本多正純**「改易はごもっとも！　なれど、福島さんを改易にしちゃったら、元・豊臣家臣だった大名たちが反発して、ストライキを起こすかもしれません」

と、正純からのあいやしばらくが入り、

**秀忠**「それもそっか……じゃあ……〔正則に向かって〕本丸《ほんまる》以外を壊したら、許すよ」

**福島正則**「わかりました！」

正則のこれまでの功績《こうせき》もあるので、条件つきで許すことにしたんです（〝本丸以外〟とは「二の丸、三の丸、惣構《そうがま》え」を全部壊《こわ》せってことです。二の丸や三の丸はネットで調べてみておくれ！）。ところが……

**秀忠**「どう広島城（正則の城）は？　本丸以外壊した感じ？」

**家臣**「いえ、二の丸も三の丸もそのまま。逆に本丸をチョコチョコっと、ホントにも

うチョコチョコ〜っと壊しただけのようです」

**秀忠**「あ、そう。じゃ改めて言うね……改易だコノヤロぉぉぉ――!!」

と、このような流れで正則は広島を没収《ぼっしゅう》されたのでした（安芸《あき》・備後《びんご》49万8000石から越後《えちご》魚沼郡《うおぬまぐん》・信濃《しなの》川中島《かわなかじま》4万5000石への大減封です）。

その他にも秀忠は、なんと年寄・本多正純を改易し、出羽国《でわのくに》の大大名・最上《もがみ》家や、秀忠の甥《おい》・**松平忠直**《ただなお》（結城秀康の長男）を次々と改易しています。ホントにまぁ改易の神様もさぞ喜ばれたことでしょう（いたとしたら）。

ただ、これは現代の会社でもそうですが、大きな組織にとって〝政権《せいけん》交代のタイミング〟というのはなかなかのピンチです。先代がカリスマであればあるほど「次のトップは大丈夫なのか……」と値踏《ねぶ》みされ、ナメられたら最後、裏切りや反乱まで起こりかねません。

しかも秀忠の親父、**家康**ですからね。戦乱の世を終わらせた圧倒的カリスマ。跡を継ぐって観点《かんてん》からいけば、親父《おやじ》史上一番厄介《やっかい》な親父です。

だから秀忠は、周囲を黙《だま》らせるためにも厳しい態度をとらざるを得なかった。というのも大きな理由の1つと言われています。

以上、2代将軍秀忠のご紹介でした。

戦闘《せんとう》での武功《ぶこう》（戦であげた手柄《てがら》）はありませんでしたが、政治においては新たな道をどんどん作り、またそれを確実に実行していった〝非凡《ひぼん》な2代目〟。

ここから長く続く幕府の強さは、秀忠によって作られていたんですね。

剣術《けんじゅつ》や馬術に励《はげ》み、漢籍《かんせき》（漢文で書かれた書物）の専門的な知識も持っていたという徳川秀忠。文武《ぶんぶ》に熱心に取り組んだ彼の趣味《しゅみ》は、小鼓《こつづみ》だったと言います。

しかし、家康が亡くなると、趣味にも手を出さなくなりました。家臣の土井利勝《どいとしかつ》が「暇なときは小鼓を打てば、少しは心も晴れるんじゃないでしょうか？」と言ったところ、

**秀忠**「私も打ちたいとは思うんだ。しかし今、自分が天下の主として鼓を打てば、下々の者がそれをまねて、みな小鼓を打つようになるだろう」

と答えたという逸話《いつわ》があります。

諸大名を震え上がらせたその厳しさは、誰よりも自分に向けられていたのかもしれません。彼でなくては、徳川将軍の2代目は務まらなかったんじゃないでしょうか。

# 第3章

## SHOGUN PROFILE

何代目？　３代将軍

おなまえ　徳川家光《とくがわいえみつ》

あだ名は？　生まれながらの将軍

ゆかりの地は？　喜多院《きたいん》、日光東照宮

生きた年は？　1604（慶長《けいちょう》9）年～1651（慶安《けいあん》4）年

にがおえ

**趣味は？**
戦話をする
夜遊び

**特技は？**
病に打ち勝つ

**起こったことor行ったこと**
参勤交代
鎖国

**自分を四字熟語で表すと？**
才子多病

**頼れる人は？**
春日局
松平信綱
阿部忠秋
堀田正盛

**恋愛＆結婚**
男色好き
嫉妬深い

みんなにひと言！

病気に振り回されながらも、ドシドシ政策を進めました！

# 生まれながらの将軍、爆誕。徳川幕府の基礎を築いた病弱で陰キャな男子

徳川家光《いえみつ》と聞いて、まっさきに思い浮かぶのはこの逸話《いつわ》です。

将軍として実権を握った家光は、大名たちを召集《しょうしゅう》し、

**家光**「祖父（家康）は天下を平定《へいてい》するにあたり、諸侯《しょこう》（大名たち）の力を持ってこれを成《な》し遂《と》げた。また、父も昔はあなたがたの仲間だった。しかし、余《よ》は**生まれながらの将軍**であり、今までの2代の格式とは異なる。よって、これよりおの方の扱《あつか》いは、家臣《かしん》同様である」

と言ったとかで、それを聞いた大名たちも家光の権力と威厳《いげん》に「ははぁぁ～～～！」とひれ伏したとか（ホントにあった話かどうかは置いといて）。

この話を教科書で目にしたとき、小学生の房野は思いました。

「なんて偉そうなんだ」

と。それと同時に、戦国大好きっ子だった僕は、

「なかなか活きのいいルーキーが出てきたじゃないか」

と、なぜか上から目線の評価を将軍に向けてしまったことを覚えています（だから何だ、の話です）。


家光と言えば、『鎖国《さこく》』や『参勤交代《さんきんこうたい》』といった、江戸時代を象徴《しょうちょう》する制度《せいど》を確立《かくりつ》したことで有名。小学生の房野が感じた通り、大物で超有名人となった家光ですが、一般的な彼の印象にはどんなものがあるでしょう？

徳川幕府の政権《せいけん》を確固《かっこ》たるものにした強い将軍。良くも悪くも堂々。ボンボン。堂々ボンボン堂ボンボン（なにこれ）。しかし、何となくこんなイメージを抱いているあなたにまずお伝えしたいのですが、家光は、

**病弱**です。

それに、思ったよりも苦労人（フィジカルにおいてもメンタルにおいても）。

なんだか教科書で見た家光とはギャップがありそうなので、まずは彼の幼少期からのぞいてみましょう。

# スーパーグランパ家康と乳人・春日局

徳川家康が征夷大将軍《せいいたいしょうぐん》となった翌年《1604（慶長《けいちょう》9）年》。秀忠とお江《ごう》の間に待望《たいぼう》の男子が生まれます。

**家康**「生まれた⁉　っしゃ――‼　名前は〝竹千代《たけちよ》〟で！」

大喜びのおじいちゃんは、自分の幼名《ようみょう》・**竹千代**を孫に授けます。

秀忠の次男として生まれた竹千代。ですが、長男はすでに他界していたので、竹千代は生まれた時点で嫡男《ちゃくなん》決定。この子がのちの徳川家光です（基本は「正室《せいしつ》の生んだ男子の中で最年長」を嫡男と言いますが、要《よう》は跡継ぎっすね）。

こうして、徳川家の後継者《こうけいしゃ》として生まれた竹千代は、何不自由なくスクスク育ち……ません。なんと竹千代、3歳のときに医者もギブアップするほどの大きな病気にかかってしまうんです。このままでは竹千代さまが危ない。どうか幼いこの子の命を助けてやってください。と、みんなが神や仏に祈ったところ、のちに〝神になるあの男〟が現れます。

**家康**「竹千代！　薬作ってきたからコレ飲め！」
**家臣**「い、いやあの……（大御所みずからが調合《ちょうごう》した薬……ご自分が飲む分にはいいけど、子どもにそんなもん飲ませて大丈夫か……⁉）」
**竹千代**「（ゴクッ）」
**家康**「治った？」
**竹千代**「治った！」
**家臣**「治った⁉」

治ったそうです（ホントかしら）。

家康の趣味が「オリジナルの薬作り」だったことは有名ですが、まさか医者もお手上げだった病気を治すなんて、とにかくすごい（ホントかしら？）。おじいちゃんのおかげですっかり元気になった竹千代。でもね、今度はメンタルの方が……。

竹千代が大病《たいびょう》を患《わずら》った年、秀忠とお江の間に、**国松**《くにまつ》という名の男の子が誕生します。兄弟ができることは喜ばしい。けど、竹千代はだんだん複雑《ふくざつ》な感情を抱くようになり

ます。なぜなら、

両親の愛情が、弟・国松ばかりに注がれたから。

考えられる要因は1つ。いや、2つ、いや3つ。まずは〝乳人《めのと》〟の存在です。

身分の高い家に生まれた子どもは、母親ではなく乳人と呼ばれる女性に育てられる慣習《かんしゅう》がありました。当然、竹千代も乳人に育てられたのですが、弟の国松はママ・お江のもとで育てられたんですね。

このアドバンテージに加えて2人の性格の違い。竹千代は口数が少なく何を考えているかわからない子だったのに対し、国松は利発《りはつ》で愛くるしさ抜群《ばつぐん》だったと言います。元から陰《いん》キャのポテンシャルを持っていたのか、母親の愛情に飢《う》えて暗い子になったのか。どちらが先かはわかりませんが、お江の愛情はどんどん国松に傾いていき、パパもママに引っ張られて国松のことを可愛がるように。しまいには、「お世継《よつ》ぎを国松に替えようとしていた」と言いますから、これがホントなら一大事。

両親がどこまで竹千代を邪険《じゃけん》に扱《あつか》ったか、本当のところは定かじゃありません。でも、火のないところにスモークサーモンは完成しないと言います（言いますっけ？）

しかし、そんな彼を救ってくれたのが、スーパーグランパ・家康と、**竹千代の乳人・**

**斎藤福**《さいとうふく》**（のちの春日局**《かすがのつぼね》**）**の存在だったんですね。

**お福**「大御所様《おおごしょさま》！　かくかくしかじか！」
**家康**「なに！　秀忠と江が国松ばかりを可愛がり、跡継ぎを国松にしようとしている⁉　よし、江戸に行くぞ！〔駿府《すんぷ》→江戸〕着いたー！　おー、孫じゃないか、元気にしていたか孫。さ、竹千代殿は私の近くへいらっしゃい。……ってコラ、国っ！　国まで一緒に来てどうする！　お前が座るのは下段だ！　あ、ほら、お菓子《かし》がきたぞー。どうぞお食……コラ、国っ！　兄上と一緒に食べようとするんじゃない！　先に竹千代殿が食べて、そのあとに国だ！」
**秀忠**「（父さん、そういうことなんですね……跡継ぎは竹千代で決まりだ！）」

竹千代のことを不憫《ふびん》に思ったお福が、駿府まで行き家康に訴《うった》え、それを聞き入れた家康が「竹千代が後継者だ」ということを態度《たいど》で示し、そのことを知った秀忠が「父さんの言う通りにします」となって、竹千代を跡継ぎにした。これが一番ベタなストーリー。ですが、「竹千代お世継ぎ物語」には諸説《しょせつ》あって……お福が絡《から》んでない話や、家康が直接「竹千代を3代将軍にする！」とか「わしの子として将軍にする！」と言ったとか、もしくは遺言《ゆいごん》として残したものなどいろんなパターンがあるんですね。

真相《しんそう》は定かじゃありません。がしかし、どうやら家康とお福という恩人がいたからこそ、**3代将軍・徳川家光が誕生**した、というのは確かなようです。

さて、家光が将軍になったのは20歳のときです。

「20歳っておい。若ぇのに大丈夫か？」と、誰もが青年会《せいねんかい》を見守る町内会長のような気分になると思いますが、このときはまだ秀忠が健在《けんざい》。パパもおじぃと同じように大《おお》御所《ごしょ》政治を展開《てんかい》したので、家光が主導《しゅどう》する政治が始まるのはもう少し先です。

しかし、仮にも家光は将軍。何もしてないわけじゃありません。ちゃんとやってるんです、**病気**を。

家光は26歳のときに「疱瘡《ほうそう》」を患《わずら》い、生死の境《さかい》をさまようことになるんですね。

WHO（世界保健機関）が1980年に痘瘡《とうそう》（天然痘《てんねんとう》）根絶宣言《こんぜつせんげん》をしていますが、江戸時代にはバリバリ猛威《もうい》をふるっていたこの感染症《かんせん》。またもや病気による大ピンチです。

しかし、この窮地《きゅうち》を救ったのも、

**春日局**「どうか！　どうか上様《うえさま》をお救いくださいませ……！」

やはり、**春日局（お福）**でした。

春日は家光のために祈りを捧《ささ》げ、

**春日局**「なにとぞ上様を……そのかわり、私は生涯《しょうがい》、薬を飲みません！」

「え、いいの？」と神様も聞き返しそうな誓《ちか》いを立てます。そしてもう1人立ち上がったというか、〝枕元に立った〟のが……

**家康**「大丈夫？　どんな感じ？」

**家光**「あ、じいちゃん」

亡くなった家康です。家光が夢に登場したおじいちゃんを拝《おが》むと、あら不思議。なんと病気が回復に向かったそう（死んでもなお、超絶《ちょうぜつ》パワー）。

家光をテーマにしたスマホゲームがあったら、春日と家康は確実にレアカード。家光も2人には感謝でいっぱい。特に家康に対しての「あざっす！」具合は、単なるおじいちゃん子では片づけられないレベルにあったんですね。

例えば、**『日光東照宮《にっこうとうしょうぐう》』**も家光から家康への大きな愛情の1つ。

合計453万人以上の人数と莫大《ばくだい》な資金を投入し、僕らが知ってるあの超絶豪華《ちょうぜつごうか》な建物に大改修《だいかいしゅう》したのは家光です。

もともと〝東照社《とうしょうしゃ》〟と呼ばれていた社《やしろ》を、朝廷《ちょうてい》にお願いして〝東照宮《とうしょうぐう》〟にしたのも家光です（〝社〟と〝宮〟の違いは、ご自分で調べてみよう！）。

将軍の日光東照宮への参拝（日光社参《にっこうしゃさん》）は恐ろしく金がかかるんですが、歴代将軍が行った日光社参の合計の半分は家光です。お守り袋の中に、「東照大権現《とうしょうだいごんげん》（家康）将軍（家光）しん（心）もたい（体）も一つ也」と、直筆《じきひつ》で書いた書付《かきつけ》を入れていたのも、もちろん家光です。

これだけ強めの愛をぶち込まれたら、家康も少し引いてたんじゃないでしょうか。

で、秀忠が亡くなります（「で、」っていうのも変ですが）。

さぁ、ここからついに家光の政治の始まり。暗かった少年時代とは対照的《たいしょうてき》に、家光の行った政治は、**「ガンガン」**です。

## 組織も制度も、どんどんイジりたいと思います！

実権《じっけん》を握った家光が最初に行ったのは、**改易**です（デジャブじゃないよ）。標的《ひょうてき》となったのは、肥後《ひご》熊本藩の大名・加藤忠広《かとうただひろ》（加藤清正《きよまさ》の三男）。家光はパパと同じく豊臣《とよとみ》系の大大名にガツンとくらわし、幕府の力を増大《ぞうだい》させようと考えたわけですね。

改易の理由は諸説あるのですが、家光は、伊達政宗《まさむね》ら外様大名を集め、「『御代始《みよはじめ》の御法度《ごはっと》』なので厳しく罰する！」と宣言してるんです。これかみ砕《くだ》くと、

**家光**「オレが治める新たな世と政治の始まりだ！　しょっぱなは厳しくいくよ！」

って感じ。で、そんな御代始に厳しく処罰された大名がもう1人います。

名前を**徳川忠長《とくがわただなが》**。幼名を〝国松〟と言いました。そう、家光の弟、国松です。

忠長（国松）は、駿河・遠江《とおとうみ》・甲斐《かい》などに55万石の所領をもつ立派な大名に成長していたのですが、家光が将軍になって数年経過《けいか》したころ、彼に異常《いじょう》な行動が見られ

始めたんです。母・江を亡くした悲しみや不安からなのか、兄・家光との確執《かくしつ》や反抗心《しん》からなのか、忠長は酒に逃げるようになり、そして、**人を斬《き》るようになります。**

駿府で辻斬り《つじぎ》（街中などで通行人を斬ること）を行ったり、江戸の屋敷《やしき》でも家臣を斬り殺したり。家光が何度止めても行いが改まる気配はなく、それどころか、仕《つか》えていた少女を猟犬《りょうけん》に食べさせようとしたり、侍女《じじょ》を酒で責め殺したりと、その行動はどんどんエスカレートしていくばかり。ついに家光（と秀忠）は、

**家光**「甲斐《かい》での**蟄居《ちっきょ》（屋敷の一室に謹慎《きんしん》させる刑）**を命ずる」

忠長に重い謹慎刑を命じます。

そして、秀忠が亡くなると、家光は忠長の領地をすべて没収《ぼっしゅう》。上野国高崎《こうずけのくにたかさき》に飛ばしたうえで、弟に切腹を命じたのでした。

家光が積年《せきねん》の恨《うら》みを晴らしたとも、忠長の行動が常軌《じょうき》を逸《いっ》していたのでこの処分は仕方がない、とも言われていますが、真相はどうなのか……。兄と弟の本心。こればっかりは、当人たちに聞かなければわかりません。

さて、最初はパパを見習い、改易からスタートした家光。ですが、なんと言っても

彼は生まれながらの将軍、幕府ネイティブです。祖父や父とは違うオリジナリティを発揮《はっき》し、**幕府をイジりたおしていく**んですね。

では、家光のイジりたおし、まずは**『組織改革《そしきかいかく》』**（の一部）をご覧ください。

家光、けっこうスゴいことやってるので、段階に分けてお伝えしていきます。

**【第1段階】**秀忠の『年寄《としより》』をやっていた土井利勝《どいとしかつ》や酒井忠世《さかいただよ》をおぼえていますか（P66）？　彼らは引き続き家光にも仕えていたんですが、実は『年寄』には「ここからここまでが年寄の仕事ですよー」なんて範囲《はんい》がなかったんです。つまり、〝制限《せいげん》なし〟に強い力を広げることができたんですね。年寄の権力バリ強です。

↓

**【第2段階】**現代で言う「親父《おやじ》の代からいる役員」を想像してみてください。若社長からすれば、もちろんその経験値《けいけんち》は必要なんだけど、目の上のタンコブ感が否めない。そうなると、若社長が望むのは**世代交代《せだい》**です。そこで家光は、6人のマイフェイバリット家臣**『六人衆《ろくにんしゅう》』**ってのをつくり、彼らも政治に参加させていきます。

↓

**【第3段階】**このころから『年寄』は、**『老中《ろうじゅう》』**というネーミングになります。

家光は、『老中』『六人衆』『町奉行《まちぶぎょう》』の**仕事の範囲を決めて**、老中があまり強い力を持たないように**〝制限《せいげん》を加えた〟**んですね。

↓

**【第4段階】**制限をつくり、力を抑《おさ》えたけど、それでも一番重要なポストは『老中』です。なので、『六人衆』の**松平信綱《まつだいらのぶつな》、阿部忠秋《あべただあき》、堀田正盛《ほったまさもり》**って人たちを老中にランクアップさせ、マイフェイバリットたちに強い力を持たせちゃいます。

↓

**【最終段階】**そして家光は決めました。「これからは老中、町奉行《まちぶぎょう》、大目付《おおめつけ》、寺社奉行《じしゃぶぎょう》などなど、その他すべての職を、このオレみずから直接支配《ちょくせつ》していくぞ！」と。

こうして家光は、それぞれの仕事の分担を決め、自分の息のかかった部下を高い役職につけ、なおかつそれを将軍が直轄《ちょっかつ》（直接管理）することによって、よりスピーディーで効率的な組織をつくり上げたのでした。

続いては、大名たちに向けられた改革。**『参勤交代《さんきんこうたい》』**のお話です。

家光はね、『武家諸法度』も大幅に改訂《かいてい》してるんです。このときに、「大名の格（身分）は1万石以上、1万石未満は**『旗本《はたもと》』**（将軍直属《ちょくぞく》の家臣）」なんて決まりもできたと言われていて、そのアップデートの1つに『参勤交代』があったんですね。

これ何かと言いますと、大名たちに「〝1年間は江戸〟で暮らし、次の〝1年間は自分の領地〟で暮らすってサイクルを繰り返して！」と命令し、彼らの奥さん（正室）と子ども（世継ぎ）に関しては、ずっと江戸で暮らさなきゃならなかったという法のことです。参勤交代の原型は鎌倉《かまくら》時代のころからあったんだけど、ルールを決めて文書として書きあらわし、制度として確定させたのが家光だったんですね。

その目的はズバリ、「大名にたくさんの費用を負担《ふたん》させて弱らせる」**というものではありません**。参勤交代の条文にも

「最近お供《とも》の数が非常に多いよ！　それって領民《りょうみん》の負担になるから、今後は自分たちにふさわしい人数に減らしなさい！」

と、逆に幕府が経費の使いすぎを注意してるくらいなんです。「大名に金を使わせた」はあくまで結果論。じゃあホントの目的は何かと言うと、

**大名**「わたくしは上様に忠誠《ちゅうせい》を誓《ちか》っております！　なのでお勤《つと》めを果たすために江戸にやって参りました！」

**将軍**「ん、えらいぞ！」

と、家臣（大名）が主君（将軍）にキチンと従っていることを確認するためのもの、それが参勤交代だったんですね（「服属儀礼《ふくぞくぎれい》」っていうよ）。

そして、家光と言えば**『鎖国《さこく》』**ですよね。

家康や秀忠に輪をかけて、キリシタンを厳しく取《と》り締《し》まった家光。「日本船の渡航《とこう》はすべて禁止！」「一般人が海外に渡るのはダメ！」「海外に住んでる日本人が帰国するのもダメ！」と、日本人と外国人との交流をぶった切っていくんです……が、

**家光**「ポルトガル人が長崎《ながさき》の街で日本人と接触《せっしょく》する以上、どうしてもキリスト教が広まってしまうのよねぇ……あ、そっか！　接触させなきゃいいのか！」

と、長崎に人工の島を造《つく》り、そこにポルトガル人を移して、日本人との接触を遮断《しゃだん》するんです。この扇型《おうぎ》の人工島がのちに**『出島《でじま》』**と呼ばれる島でございます（スペインの来航は1624（寛永元《かんえいがん》）年に禁止しています）。

ここでいったん、個人の感想をはさむことをお許しください。

家光、凄《すさ》まじくない？　組織改革！　参勤交代！　出島！　と、みずからの理想をどんどん実現させるその姿は、病弱だったあのころがウソのよう。将軍史上、いや、日本史上でも有数のリーダーと言っていいでしょう。さぁ、そんな強い将軍・家光が次に行った大イベントは、そう、**病気**です。

「ここでくる!?」と、家光自身も思ったでしょう。しかも今度のは、重くて長い。お腹を壊したのを発端《ほったん》に、食欲不振《しょくよくふしん》、不眠、発熱、無気力などの症状に見舞われたことから、鬱病《うつびょう》だったと言われているこのときの病。結果から言うと、1637（寛永14）年の1月から翌年まで、1年以上家光を悩ませることになるんです。

しかし、問題は家光の体調だけにとどまりません。

## 病気をバネに、オランダを友に

**家光**「はぁぁぁー……そうとうしんどい……。悪いけど、しばらく政治は任せたわ」
**松平信綱**「はい。でも……すべての役所が上様の直轄《ちょっかつ》となっており、どうにも……」
**家光**「ん?……あ、やってもうた!」

組織改革、**裏目《うらめ》に出ました。**

すべての職を管轄《かんかつ》しているのは家光。これ、トップが強い力を発揮《はっき》できる反面、そのトップが機能しないと政治がマヒってしまうんですね。

**家光**「よかれと思ってやったのに――!!」

その気持ちよくわかります（思ってたとしたら）。ただでさえ病気でしんどいのに、そのせいで政務《せいむ》全体が滞《とどこお》るなんて最悪の展開。
はっきり言って家光も幕府も大ピンチ。おいおいおい、これからどうすりゃいいのよ、と誰もがドデカい不安を抱えていたこのタイミングで、**『島原《しまばら》の乱《らん》』**、勃発《ぼっぱつ》。

**家光**「もうホントに何なの今年はぁぁぁ！！！」

と叫びたくなったでしょう。「盆と正月がいっぺんに来た」の真逆に位置するアンラッキーコンボです。

過酷《かこく》な年貢の取り立て、キリシタンへの苛烈《かれつ》な弾圧《だんあつ》。これらをきっかけに起こった『島原の乱』は、「日本史上最大スケールの一揆《いっき》」と「キリシタンによる大反乱」の両方の性格を持っています（本当にアンラッキーなのは虐《しいた》げられた農民たちですが）。

乱の首謀者《しゅぼうしゃ》たちが目をつけたのは、**天草四郎《あまくさしろう》**という少年でした。キリシタンの間でカリスマ的人気を誇っていた彼をリーダーに据《す》えると、島原、天草で農民が立ち上がり、その数は3万7000人（諸説あり）に膨《ふく》れ上がったと言われているんですね。

反乱の報告を受けた家光は、いまだ闘病中《とうびょうちゅう》。ですが、

**家光**「キ……キリシタンの反乱を見過ごすわけにいくかぁぁー!!」

やむを得ず政務に復帰《ふっき》。上使《じょうし》（幕府の命令を伝える使者）として板倉《いたくら》さん、石谷《いしがや》さんって人の派遣《はけん》を決定し、九州関連《かんれん》の武士に一揆の鎮圧《ちんあつ》を命じます。

**家光**「フフッ……キリシタンや百姓《ひゃくしょう》が何人集まろうと、所詮《しょせん》は烏合《うごう》の衆《しゅう》。幕府の手にかかれば、一揆鎮圧の報《ほう》はすぐにでも届くはずだ」

**申し上げる人**「申し上げます！」

**家光**「（ほらね）」

**申し上げる人**「板倉重昌《いたくらしげまさ》殿、討《う》ち死《じ》に！」

**家光**「でかし……討ち死にぃ！！？　ヤバいじゃないか……今すぐ九州の諸大名を帰国させて一揆の討伐《とうばつ》にあたらせろ!!　ほんで、頼んだぞ伊豆守《いずのかみ》!!」

家光が期待した『伊豆守』とは、老中・松平信綱《のぶつな》のことです。彼の官職名『伊豆守』からとって、**『知恵伊豆《ちえいず》』**と呼ばれるほどのキレ者だった信綱。彼が幕府軍の総大将となって、オランダ船に海上から砲撃《ほうげき》させたり、12万以上の兵力が投入されたりした結果……

**申し上げる人**「申し上げます！」

**家光**「（ドキドキ）」

**申し上げる人**「乱は……乱は鎮圧されたとのこと！」

**家光**「伊豆ぅぅぅ―――――！！！」

こうして、幕末より前では最後の大きな内戦、『島原の乱』が終わったのでした。

けども……。家光には大きな課題が残りました。

1つは「自分が病気になったら政治がまるで動かない」という問題。そして、もう1つは、「やっぱキリシタンはやばいな」という問題です。

**家光**「よし、まずは〝将軍直轄〟をやめる！　代わりに、老中の支配下にほとんどの職を置き、それを老中が管理するというシステムに変更！」

つまり、今までは《将軍―いろんな職（役所）》と直接つながってたものを、《将軍―老中―いろんな職（役所）》と、老中のワンクッションをはさみ、将軍に何かあっても政治が滞らないようにしたんです。

こうして、老中が政治を動かす**『老中制』**というシステムができあがります。きっかけは家光の病気によるものだったんですね。

**家光**「お次はキリシタン！　ポルトガル人が日本にいる以上、キリスト教はなくならない！　なので、ポルトガル人をこの国から追い出す！　ただなぁ……」

問題は貿易です。ポルトガル人が運んでくる生糸《きいと》（絹糸《きぬいと》）や絹織物《きぬおりもの》は、日本にとってなくてはならないもの。

その他にも、彼らが持ってくる輸入品《ゆにゅう》の数々がストップするのは、非常にマズい

……と考えたすえに目をつけたのが、**オランダ**だったんです。

**幕府**「オランダさん、これまでポルトガルがもたらした生糸などの輸入品を、あなたたちが持ってくることは可能ですか？　そして、オランダだけが幕府と貿易をするようになった場合、ポルトガルはあなた方を妨害《ぼうがい》したりしないだろうか？」

**オランダ**「フッ……。よろしいですか。オランダはポルトガルやスペインを恐れていない！　彼らが我々を恐れているのです！　そして『これまでポルトガルが日本に供給《きょうきゅう》していたものを我々オランダが持って来れるか？』の答えですが

……可能です（ババーン！）」

**幕府**「なるほど。で、その可能というのは具体的にどの範囲で可能……」

**オランダ**「……（え、『ババーン！』が恥ずかしんだけど……）」

これで貿易はなんとかなりそう。しかし肝心《かんじん》なのは……

**幕府**「ただ、あなた方もキリシタンですよね？　キリスト教を日本で広めないというのはもちろんのこと、【キリスト生誕《せいたん》の年を記した住居《じゅうきょ》をすべて破壊《はかい》する】【日曜（安息日《あんそくび》）を公《おおやけ》に守らない】【オランダ商館長は毎年交代する】。これらのことを約束できますか？」

**オランダ**「もちろん。従いましょう」

**幕府**「安心しました」

後日。

**関係者**「『従う』って言って正解でしたよ。もしもノーの回答だったら、あなた方は全員殺されて、オランダ船も沈められる手筈《てはず》になってたんですから」

**オランダ**「へ、へー！　そ、そうだったんですねー！　へー！（先言え!!　あっぶね!!）」

オランダが布教《ふきょう》をしなかったのは、「幕府との貿易を独占したかった」のはもちろんのこと、「**プロテスタント**だったから」という理由もあるんですね。

この時代のカトリック（ポルトガル・スペイン）は、他国で布教をするのが大前提《だいぜんてい》だったけど、プロテスタント（オランダ）は布教が絶対じゃなかったんです（会話にはアレンジを加えまくっていますが、こんなようなやり取りがあったんです）。

家光はポルトガル船が日本にやって来ることを禁止し、彼らがいなくなった出島に、オランダのみなさんを移します。そしてここから……

**「長崎―中国、オランダ」「対馬《つしま》―朝鮮」「薩摩《さつま》―琉球《りゅうきゅう》」「松前《まつまえ》―蝦夷地《えぞち》」**と、場所と貿易相手が定着し、いわゆる『鎖国』と呼ばれる体制が整ったんだけど……

重要な部分！　貿易をしていることからもわかるとおり、**〝国を閉ざしたわけじゃない〟**のでご注意を（『鎖国』って言葉がややこしくさせる……）。

それではこのへんで、家光の紹介をお開きとさせていただきます。

徳川政権を強固《きょうこ》にしたことで有名な家光は、幾度《いくど》となく病気と格闘しながら、その作業を進めていったんですね。本当に頭が下がります。

しかし、だからこそ、このあとの幕府は平和で何の問題も起こらず……なんてことは一切ないんだから江戸時代は目が離せません。家光が亡くなったあと、幕府は初めてのケースに出くわします。跡を継いだ4代目というのがね……。

# 第4章

## SHOGUN PROFILE

| | |
|---|---|
| 何代目？ | ４代将軍 |
| おなまえ | 徳川家綱《とくがわいえつな》 |
| あだ名は？ | 左様《さよう》せい様 |
| ゆかりの地は？ | 江戸城、寛永寺 |
| 生きた年は？ | 1641（寛永《かんえい》18）年～1680（延宝《えんぽう》8）年 |

にがおえ

**趣味は？**
絵画
釣り

**特技は？**
家臣の意見に耳を傾ける

**起こったことor行ったこと**
明暦の大火

**自分を四字熟語で表すと？**
順従謙黙

**頼れる人は？**
保科正之
酒井忠清

**恋愛＆結婚**
正室1人
側室2人

みんなにひと言！

家臣に助けられながら、勉学に励みながら、がんばりました。

## 「そうしなさい」と言うだけが将軍のお仕事？　幕府はオラオラからなごみ系へ

4代目から怪しい……。鎌倉時代の北条泰時《ほうじょうやすとき》も、室町《むろまち》時代の足利義満《あしかがよしみつ》も、江戸時代の徳川家光《いえみつ》も、3代目たちはデデン！　っと教科書に載《の》ってるから、なんとなく知っている（北条泰時は執権《しっけん》だけど）。

でも4代目は……ガチでわからない。「幕府ってだいたい3代で終わりですよね？」と言いたくなるほど、頭の引き出しに4代目がいない。という方が多い中……

今回ご紹介する徳川家綱《いえつな》は、知名度のない4代目たちの中では一番有名だと思います（フォローになってませんが）。家綱の時代から、**幕府を支える優秀《ゆうしゅう》な家臣の活躍《かつやく》**が目立ち始めたことや、本格的に**平和な時代へ突入**したこと。そして何より、**幕府が大きな転換《てんかん》期《き》を迎えた**ことなどが、「最弱リーグの中で一番」という家綱の知名度アップにつながっているのかもしれません（フォローになってませんが）。

いったい幕府はどう変わったのか？　本当の江戸、本当の幕府はここからです。

## 子どもと子どもを支える家臣たち

そういやお世継ぎはどうなったの？　って話ですよね。

家光の奥さんや子どもについて一切触れずにきましたが、彼、将軍になったその年に結婚してるんです。お相手は、「摂政《せっしょう》・関白《かんぱく》に任じられる〝貴族《きぞく》トップ５〟の家（『摂関家《せっかんけ》』）」の１つ、鷹司家《たかつかさけ》の娘さん（鷹司孝子《たかつかさたかこ》）。

でも、どうやらこの方とは仲が良くなかったらしく、彼女との間に子どもはなし。

それでも、側室《そくしつ》ラブならお世継ぎ問題はクリアできたんですが、家光は〝男色《なんしょく》〟だったと言われてるんですね。

男色とは、現代風に言えば〝ＢＬ〟のこと。男性同士の恋愛は、現代でもふつうのことですが、古代から江戸時代にかけてはもっと当たり前のように存在していたので、それ自体は全然オッケー。ただ、お世継ぎが生まれません。

「これはどうにかしなければ！」と立ち上がったのが、もう何度も立ち上がりすぎて、ずっと背伸び状態の**春日局**《かすがのつぼね》だったんです。

**春日局**「ちょっとそこのあなた！　可愛いじゃないの。江戸城で働いてみない？」

**町娘**「え、江戸城⁉　急にそんな……というか、あなたいったい誰なんですか？」

**春日局**「『〝春〟の〝日〟の〝局〟に咲いた華麗なる一輪の花のごとく、将軍家と大奥に彩りを添える者』と書いて、春日局です」

**町娘**「……こ、（後半のセリフが名前に一切かかってない……！）」

やりとりは全部デタラメです。が、どうやら春日はあちこちでガールハントに奔走《ほんそう》したらしく、そのおかげで家光は数人の側室と6人の子どもに恵まれるんですね（全員が春日の紹介というわけじゃありません）。

そして、この6人の中で、家光38歳のときに生まれた最初の男の子が、本パートの主人公。のちの**4代将軍・徳川家綱**です。

ちなみに、家綱の下には**次男・長松《ちょうまつ》（徳川綱重《つなしげ》）**や、**四男・徳松《とくまつ》（徳川綱吉《つなよし》）**といった弟たちがいたのですが……この2人、今後のお話に深ぁぁく関わってくるので、ぜひメモっといてください（頭の中に）。

さて、家光が病気でこの世を去ります。

すると、嫡男《ちゃくなん》・家綱が4代将軍となるのですが、彼には準備《じゅんび》期間がありません。

秀忠も家光も、将軍になった時点では父親が大御所として実権を握っていましたよね。これ、すぐには自分の政治ができない代わりに、政務の経験を積《つ》むには最適《さいてき》の準備期間だったわけです。

ところが、家光が生きている間に家綱は将軍になってないじゃありませんか。これではまったく経験を積むことができな……ってそんなことより何より、そもそも、

**まだ11歳。**

経験とか準備とかの前に家綱は数えで11歳。なので、実際はまだ10歳。小4です。このお話を読んでいる小学生のあなた。もしくは小学生の子がいるパパ&ママ。もしも「今日からあなたorあなたの子どもが総理大臣《そうりだいじん》です」と言われたらどうします?　泡吹《あわふ》いて倒れて、それでもまだ泡が止まりませんよね。

でもね、家綱から泡は出ませんでした。なぜなら、小学生将軍を支えてくれる**優秀な家臣団**がいたからです。

その主要メンバーは、家光のフェイバリット老中・**松平信綱《まつだいらのぶつな》**、**阿部忠秋《あべただあき》**に加え、**酒井忠勝《さかいただかつ》**、**保科正之《ほしなまさゆき》**といった、すこぶる頼もしい面々でございます。

**大老《たいろう》・酒井忠勝**。家光が**「我が右手は讃岐《さぬき》（酒井忠勝）、我が左手は伊豆（松平信綱）」**と言ったといわれる、頼りになるのが確定おじさん。

ちなみに**『大老』**ってのは、**「老中の上に位置する最高職《さいこうしょく》」**です。要はムッチャクチャ偉いってことだけど、つねには置かれない臨時《りんじ》の役職で、その時々の『大老』によって果たす役割もかなり違っていたんですね。

「ほぼ現場を退《しりぞ》いた名誉職《めいよしょく》」のような大老もいれば、その権力をフル活用してグイグイ政治を引っぱっていく大老もいました。グイグイ型の代表は……このパート、そして幕末にも登場するのでお楽しみに（実は忠勝が『大老』になったかどうかは微《び》妙《みょう》なんですが、彼の任命された仕事が大老職の起源《きげん》になったと言われています）。

**後見役《こうけんやく》・保科正之**。みなさん、秀忠とお静の間に生まれた「幸松丸《こうまつまる》」を覚えていますか（P60）？　そう、家綱の後見を務《つと》める保科正之は、幸松丸の成長した姿なんです（なので家綱の叔父《おじ》ですね）。

ひょんなことから異母弟《おとうと》の存在を知った家光は、彼と対面。まじめで有能な弟を気に入った家光は、正之に所領《しょりょう》を与え、政治に参加させ、ついには会津《あいづ》23万石の大名に取り立てたんですね。

そして、家光は亡くなる寸前、正之に遺言《ゆいごん》します。

**肥後《ひご》よ、宗家《そうけ》を頼みおく――。**

「肥後」とは肥後守《ひごのかみ》のことで、正之の官職名。「宗家《そうけ》」とは、細かく言えば違いがあるけど「本家」でオッケー。徳川本家、つまりここでは息子・家綱のこととも言えますかね。

感謝でいっぱいの家光から、最後の最後に宗家を託された正之。彼の感動とやる気がMAXゲージを突き破ったことは、想像に難《かた》くありません。

以上が、『寛永《かんえい》の遺老《いろう》』と言われる家光オールスターです。彼らがそのまま家綱オールスターになってくれると言うんだから何も心配いりません。

家綱は大船に乗ったつもりでグラサンかけて、曲がりくねったストローで変な色のジュースを飲んでりゃ政治なんて楽勝。天下泰平《てんかたいへい》、焼肉定食。今日もお江戸に笑いがあふれるってなもんです。ハーハッハッハッハッ

**クーデターが起きます**。幕府を転覆《てんぷく》させようとする。

音速で前言撤回《ぜんげんてっかい》。乗った大船が今まさにタイタニック号に変わろうとしています。

家綱の将軍就任《しゅうにん》の儀式もまだだってのに、**『慶安事件《けいあんじけん》』（由井正雪《ゆいしょうせつ》の乱）**というクーデターが勃発《ぼっぱつ》。家綱政権は光速でピンチを迎えるんですね。

代替わりのグラつきに加えて、現将軍は子ども。たしかに魔が差す輩《やから》が出てきてもおかしくありません。けど、事件が起こった本当の原因は、

**〝失業率《しつぎょうりつ》の高さ〟**にあったんです。

秀忠、家光がバンバン行った改易ってのは、大名の取り潰しであり、会社で言う〝倒産《とうさん》〟のようなもの。勤め先や給料を失い**『牢人《ろうにん》（のち浪人《ろうにん》）』**と呼ばれる存在になった武士たちは、仕事を求めて都会に集まるようになります。彼らの心の中には、「オレたちが苦しい思いをしているのは幕府のせいだ……」という感情が渦巻《うずま》いており、それが大爆発した結果、今回の慶安事件が起こっちまったんですね。

計画の中心にいたのは、**由井正雪**という軍学者。彼らの計画は、幕府の火薬庫《かやくこ》を爆破→江戸のあちこちに火を放つ→江戸城に駆けつけた老中を討ち取る→家綱を拉致《らち》→それと同時に大坂や京都でも牢人たちが挙兵。という、とんでもない大計画が**すぐバレます**。実行前に、はい。

実は、クーデター起きてません。この事件は密告《みっこく》が相次いで、主要《しゅよう》メンバーが捕まったり自害したりと、計画は未遂《みすい》で終わったんですね。

**酒井忠勝**「あー何も起こらなくてよかった、とはまったくなれんぞ!!」

その通り。

牢人たちが徘徊《はいかい》し、ド派手な格好の「かぶき者」と呼ばれる連中が町で暴れたおしていたのが、このときの江戸。おまけに慶安事件の翌年には**『承応《じょうおう》事件』**という、またもや牢人が老中を討ち取ろうとした——そしてまた未遂に終わった——事件が起こっているので、とにかく老中たちは会議を開きます。

**松平信綱**「諸悪《しょあく》の根源《こんげん》を断つ。牢人たちを江戸から追放しましょう」

**忠勝**「当然だ」

**阿部忠秋**「ちょっと待った！　牢人たちは暴動《ぼうどう》のためじゃなく、仕事を探すため江戸に集まってるんだ！　それをただ追放するというのでは根本的な解決になってない！　私たちがやるべきことはもっと他にあるはずだ！」

**信綱**「ふむ。素敵なことを言うじゃないか、お嬢《じょう》さん」

**忠秋**「違います」
**忠勝**「アメちゃんをあげよう」
**忠秋**「いらないです」

こんなやりとりはありませんが、阿部忠秋の提案《ていあん》に他の老中たちも納得。そうして出された解決案が、**『末期養子《まつごようし》の禁緩和《きんかんわ》』**です。

マツゴヨウシ？　なに、虫？　という方のためにご説明しましょう。

『末期養子』とは、後継者《こうけいしゃ》のいない大名が、事故や病気で「やば！　死にそう！」となったとき、**死の直前ギリギリで縁組《えんぐみ》された養子**のことです。

大名が養子をとる場合は「オレの跡を継ぐのはこの子です！」と幕府に事前に届け出ておかなきゃならず、死の直前に緊急《きんきゅう》で縁組した養子は認められないルールだったんですね。これが「末期養子の禁（禁止）」です。

「なんで死ぬ間際《まぎわ》の養子がダメなの？」と思ったあなたは大変素直で育ちが良い。「死にそう！」となってる人って、正常な判断ができなかったり、しゃべることもままならなかったりする場合がありますよね。

そこに、もし〝悪い家臣〟がいたらどうなるでしょう？

悪家臣が自由に操《あやつ》れる養子を無理やり当主《とうしゅ》にして、家を乗っ取る……ということも可能になっちゃうわけです。

だから幕府は、大名にとっての危険を回避《かいひ》するため……ってのは表向きの話。ホントは、

「このルールを利用すれば、跡継ぎのいない大名家をバンバン改易できる。そうすりゃ幕府の支配体制を強めることができるぞ！」

ってのが一番の理由で、末期養子を禁止していたんですね。実際「跡継ぎ不在」で取り潰された家（無嗣断絶《むしだんぜつ》）は非常に多かったんです。

つまり、このルールを続けてる以上は牢人も増える一方。これじゃいかんということで、幕府は末期養子の禁をやわらげることにしたのでした（まだ細かいルールは存在したので、末期養子が全面的に認められたわけじゃありません）。

将軍になるタイミングでいきなりのハプニングに見舞われた家綱。ですが、このあとの江戸には平和が戻っ……

## 大火事が起こります。

# オラオラ政治にさようなら。優しい幕府にこんにちは

明暦《めいれき》3（1657）年。江戸時代最大の火事と言われる**『明暦の大火《たいか》』**が、江戸を襲います。この火事の恐ろしさは、大火災が連続で起こった点。

最初に発生した火事が強い北西風にあおられ南東へ拡《ひろ》がると、その翌日に第2、第3の火事が起こり、江戸の市街地《しがいち》の大半と多くの武家屋敷《ぶけやしき》、そして江戸城の天守、本丸、二の丸までもが炎に飲み込まれていったんです（1月18日午後2時ごろに起こった火災は20日の朝まで続き、死者の数は3万人とも10万人とも）。

未遂《みすい》に終わった慶安事件から6年後。家綱政権と江戸の町に本当の危機が訪れます。

しかしチーム家綱は、受けたダメージをそのまま跳《は》ね返すがごとく、

**「江戸を復活させるぞ!!」**と、復興支援《ふっこうしえん》に向け即座《そくざ》に動き出すんです。

まず幕府は、被災者《ひさいしゃ》のための食糧《しょくりょう》支援《しえん》に取りかかり、江戸市中6か所でお粥《かゆ》の炊《た》き出しを行いました。それと同時に、

「復興に向けて米と材木の需要《じゅよう》が高まることは必然《ひつぜん》。そうなれば価格が高騰《こうとう》（値段がメチャ上がる）してしまう！」

「ならば『米は幕府が定めた以上の高値《たかね》で売買するな』という触《ふ》れを出そう！」

「そして、ふだんは伐採《ばっさい》しない木も材木としてたくさん売買させるんだ！」

といった命令を出し、それぞれの価格高騰《こうとう》を防ごうとします。

そこから、インフラの整備、江戸市民や武士への資金提供《しきんていきょう》、防火対策として火除《ひよけ》地《ち》や定火消《じょうびけし》の創設《そうせつ》など、チーム家綱は数限りない対策を次々と打ち出していきます。

さらに、「市街地の応急処置《おうきゅうしょち》が済んだら、今度は江戸城の再建だ！」と、二の丸、本丸の工事に取りかかり〝天守台の再建〟も完了。江戸城の復活もあと少しです。

ちなみに……江戸城の天守は、家康、秀忠、家光と、代が替《か》わるたびに建て直された、金かかりすぎな江戸のシンボル。家光が築いた天守は地上5階地下1階、天守台を合わせた高さが58・6メートルという化け物みたいな建造物《けんぞうぶつ》だったんです。

そんなお化け天守のリニューアルに取りかかろうとした、そのときでした。

**保科正之「天守、いらないでしょ」**

ザ・爆弾発言。

**正之**「だいたい天守ってのは『遠くを眺《なが》めることができる』、ただそれだけのものだ。今は武家も町人も家をつくっている時だというのに、天守造営《ぞうえい》のために国家の財政《ざいせい》を費やすべきじゃないだろ！」

おっしゃる通り超えてぱおん超えてごもっとも。

結局、正之の意見が採用され、江戸城の天守は再建されず……どころじゃありません。江戸時代を通して再び天守が建てられることはなく、江戸城は天守不在《ふざい》の城となったのでした（ちなみに天守台は現存してます）。はい、**以上です。**

クーデター（未遂）に大火災と、アクシデント続きだった家綱政権ですが、彼の時代に起こった出来事はこれでほぼ終わり（終了！）。

が、しかし。

だからと言ってこの時代の話が終わるわけじゃありません。なぜならチーム家綱の大仕事は、**ここからが本番**だからです（終了取り消し！）。

では、彼らの挑んだ大仕事の中身を、

1　幕府のシステムの強化
2　法律《ほうりつ》や制度《せいど》の強化
3　なんで強化する必要があったの？　超大事な2つの理由

という、3ブロック制で説明していきたいと思います。

## 1　幕府のシステムの強化

幕府は「いろんなお仕事をもっと〜っと、スムーズにこなしたいなぁ」といつも可愛こぶってました（じゃない、考えていました）。

そこで編《あ》み出されたのが、**「『老中』と『若年寄《わかどしより》』の支配の分担」**です。

**『老中』**ってのは（もう何度も登場していますが）、譜代《ふだい》大名から任命される、幕府につねに置かれた最高職で、定員は4〜5人（大老は臨時《りんじ》ね）。

ふだんの業務は月番制《つきばんせい》で毎月1人が担当したのですが、重大な事柄《ことがら》についてはは老中みんなの会議で決めました（合議制《ごうぎせい》）。で、彼らは**「大名の支配や朝廷・公家《くげ》・寺社の統括《とうかつ》など、国政《こくせい》（日本全体の政治）」**を担当することに。

**『若年寄』**ってのは、家光がマイフェイバリットを集めて作った『六人衆《ろくにんしゅう》』が起源となった役職です。

6人のうち4人が老中に昇進《しょうしん》したため廃止《はいし》になった六人衆でしたが、1662（寛文2）年、装《よそお》いも新たに『若年寄』ってネーミングで復活。こちらは老中に次ぐ重要なポジションです。で、彼らは、

**「旗本《はたもと》や御家人《ごけにん》の支配など、徳川（将軍）の家にまつわること」**を担当することに（将軍に直接会えるのが『旗本』、直接会えないのが**『御家人』**だよ）。

こうしてそれぞれの担当を決定し、家光のときに整った幕府の仕組みを、さらにさらに整えていったんですね。

## 2　法律や制度の強化

老中と若年寄の分担が決まった1年後。ほんのちょっとだけアップデートされた武家諸法度が公布《こうふ》されたのですが、それとは別に口頭《こうとう》でこんなことが伝えられたんです。「今後、**殉死《じゅんし》、禁止**！」。韻《いん》は踏んでないでしょうが、『殉死』というのは「主君の死後、あとを追って家臣が自殺すること」。

これまで武士の中では「主君に最期《さいご》まで尽《つ》くすのは最高の忠義《ちゅうぎ》だ！　美しい！」という風習があったんですが、正之や**酒井忠清《ただきよ》**（このあと登場）は、

**正之**「本当に忠誠心《ちゅうせいしん》があるのなら、その主君《しゅくん》一代限りで終わらせせちゃダメ！　後継者にもその次の後継者にも仕える、**『家』**に対しての奉公《ほうこう》こそが本当の忠義ってもんだろ！」

といって殉死を禁止したんですね。

そして、ルールが追加されたのは武士だけじゃありません。江戸の町にも……

「川や堀に不法投棄《とうき》すんな！　永代島《えいたいじま》をゴミ捨て場にしたからそこに捨てろ！」

「訴訟全般《そしょうぜんぱん》の手続きの方法を決めたぞ！　今後は不備《ふび》があったら受けつけないからな！」

と、法律を連射《れんしゃ》していきます。それというのも……

**参勤交代**などで江戸で暮らす武士がメチャ増えると、彼らの生活に必要な物を作り出す「職人」や「商人」も必然的に増え、**江戸の人口はどんどん増加**していきました。

すると、現代でも起こるような「都市問題」（土地不足、流通、ゴミ処理、訴訟などなど）が発生したため、幕府は江戸の法律もバシバシ整備していったんですね。

しかし、チーム家綱の守備範囲は江戸だけにとどまりません。老中と若年寄の分担を決め、スムーズにお仕事をこなせるようになった結果……

「いいか、全国の升《ます》は京枡《きょうます》に統一するからな！」

「**河村瑞賢**《かわむらずいけん》が**東廻り航路**《ひがしまわりこうろ》・**西廻り航路**《にしまわり》を開発したから、今までより料金もお安く、一度に大量の荷物を運べるぞ！　喜べ！」など、
流通《りゅうつう》・経済《けいざい》を含め、全国を視野《しや》に入れた政策にも力を入れていくようになります。

江戸の支配も全国政策も滑《なめ》らかに行えるようになった幕府は、**武力とはまた別の支**

**配力**を手に入れたんですね。

## 3　なんで強化する必要があったの？　超大事な2つの理由

これまでの将軍&幕府は、どうにもこうにもオラオラがすぎました。改易を繰り返した結果はご覧《らん》いただいた通り。

そこでチーム家綱は、**ガラリとやり方を変えます**。

幕藩体制《ばくはんたいせい》も安定してきた今、武力をチラつかせる支配なんて時代遅れ。これからは〝儒教《じゅきょう》〟にある「徳《とく》をもって国を治める」が、オレたちのスローガンだ。

『末期養子の禁緩和』『殉死の禁』で武士にやわらかさを提供し、人民には愛情&徳を示して、法律や制度によって世の中を統治《とうち》していこう——

こうやって、**学問や法や制度によって世の中を支配する政治**を

**『文治政治《ぶんちせいじ》』**

と言います（これまでの武力をバックボーンにした政治は**『武断《ぶだん》政治』**）。

チーム家綱は、この『文治政治』を進めていくためにも、法律や制度、幕府のシステムを強化する必要があったんですね。

そしてもう1つ。

これまでの将軍ってのは、シンプルにカリスマでした。大名や家臣たちは、そんな

**〝将軍個人に忠誠**を誓う〟、この感覚でやってきたわけです。

ところが、4代家綱は将軍就任時11歳。カリスマ性は、まだない。将軍個人に忠誠を……誓いづらい。これはマズい……。チーム家綱は思いました。

今回の家綱に限らず、この先カリスマ性を発揮《はっき》できない将軍が現れた場合、幕府ってば毎回崩壊《ほうかい》の危機じゃん……。これは、大名や家臣の「将軍個人に仕える」という発想を「徳川将軍家という**〝家〟**に仕える」に転換《てんかん》させる必要がある（『殉死の禁』でご説明したやつ）。

そして、たとえ将軍が子どもだろうがポンコツだろうが、将軍個人の能力に左右されない強固《きょうこ》な幕府が必要だ！　ってことで、**誰が将軍になっても揺らがない幕府の仕組み**をつくるため、チーム家綱は1と2をがんばったんですね。

いやぁ、家綱の家臣たちの計画と努力がすごい。で結果、江戸時代は大きなターニングポイントを迎えることになったんだから、これまたすごい。

しかし、みなさんはこう思ってるんじゃないでしょうか。

「で、家綱はいつ出てくるの？」と。

## 左様せい様と下馬将軍

では、家綱がどんな将軍だったかを説明する前に、1人の家臣を紹介させてください（引っぱってごめんなさい）。

保科正之や松平信綱が活躍したのをチーム家綱の前期だとするなら、後期はまた違った顔ぶれが出そろいます。その中で特に触れておきたいのが、

**酒井忠清《さかいただきよ》**です。

忠清は、酒井忠世（P66、85）のお孫さんで、**門閥譜代《もんばつふだい》**（譜代門閥とも言うよ）と言われる「幕府の中核《ちゅうかく》を担《にな》う名門」出身。酒井家は、徳川家が松平のころから仕えてきた家の1つなので、忠清はエリートの中のエリートだったんですね。

30歳の若さで老中となり、信綱や阿部忠秋を差し置いて、トップオブ老中・『**老中《ろうじゅう》首座《しゅざ》**』（今で言う総理大臣みたいなもん）に就任《しゅうにん》したあと、**大老**にまで上り詰《つ》めた忠清。

やがて彼は、『**下馬《げば》将軍**』と呼ばれるようになります（なにそれ？）。

江戸城大手門《おおてもん》には「この札より内側へは、将軍様に失礼のないよう馬から下りてく

りましてね。

ださい」と知らせる高札、言わば将軍の権威《けんい》を象徴《しょうちょう》する「下馬札《げばふだ》」というものがあ

忠清の屋敷《やしき》はその下馬札の近くにあったもんだから、「下馬札」の権威と忠清の権力の強さがリンクして、『下馬将軍』と呼ばれてたんですね。

ん？　てことは……みんなが「まるで忠清が将軍みたいだな」と思っていたってことですよね。それじゃあホントの将軍・家綱の立ち位置って……

**酒井忠清**「上様。先日申し上げた○○の件ですが、協議《きょうぎ》の結果○○ではどうかとなりましたが、いかがいたしましょう」

**家綱**「左様《さよう》いたせ」

**忠清**「では○○の領地替《りょうちが》えの件ですが、進めてよろしいでしょうか」

**家綱**「左様いたせ」

**忠清**「続きまして……」

**家綱**「左様いたせ……そうか、左様せい……うん、左様いたせ……うんうんうん、うん、左様せい」

清々《すがすが》しいほどの肯定《こうてい》オンパレード。

実は家綱、家臣に頼らなければならなかった幼いころの習慣が、大人になっても抜けずじまい……。権力を独占《どくせん》した酒井忠清の言うことに、ただ「左様いたせ（そうしなさい）」と繰り返すばかりの将軍になっていたんです。

いつしか人は、家綱のことを**『左様せい様』**と呼ぶようになり、ここに見事な〝お飾《かざ》り将軍〟が誕生したのでした。

でも、ね。家綱って、『左様せい様』がやたらと強調《きょうちょう》され、「マジで何もやってない将軍」と片づけられがちなので、少しフォローを入れておきましょう。

江戸幕府のオフィシャル史書《ししょ》・**『徳川実紀《とくがわじっき》』**には、

「大目付・目付に法律違反者《いはんしゃ》がいないかよく調査して遠慮《えんりょ》なく伝えろと〝面命《めんめい》〟された」

「火事が頻発《ひんぱつ》したので倹約《けんやく》を〝面命〟」

など、重要事項については、家綱が大名・旗本に〝面命〟した場面が何度も登場するんです。〝面命〟とは「直接命令する」こと。これも、忠清たちが決定したことをアナウンスしただけかもしれない……けど、それにしても大ボスらしく、キメるとこはビシッ！　とキメてるわけです。

それに、忠清の下馬将軍というあだ名は、彼の引退、もしくは死後に作られたもので、独裁者《どくさいしゃ》のイメージも盛られてる部分があると言われています。

家綱＝まったく何もしない、忠清＝権力独占ワル家臣。という一方向からだけの見方は、少し2人がかわいそうですよね。

家綱がまだ幼かったころ。家臣から「罪《つみ》を犯《おか》した人間は島流し（遠島《えんとう》）になる」という話を聞いたときのことでした。

**家綱**「その者たちは、いったい何を食べているの？」

**家臣**「えっと、それは……何を食べているん……でしょうね、ハハハ」

**家綱**「命を助けて島流しにしたのに、なんで食事を与えないの？　それじゃ命を助けた意味がなくない？」

これを聞いた家光は大喜び。

**家光**「これを竹千代《たけちよ》（家綱）の仕置《しお》き始め（政治のスタート）にせよ！」

と言って、島流しの者にも食事が与えられるようになったと言います。

ま、この話がホントかどうかは定かじゃありません。

しかし、家綱には、こういった人の気持ちを考えたり、相手のことを想ったりする優しいエピソードがたくさんあるんですね。

また家綱は、唐《とう》（中国）の第2代皇帝《こうてい》・太宗《たいそう》と家臣たちとの議論《ぎろん》をまとめた『貞観政要《じょうがんせいよう》』という本を、自分の政治のお手本にしていたと言われています。太宗の一番すごい部分は、〝家臣の意見や忠告《ちゅうこく》を喜んで聞き入れた〟ってところ。

家綱は、パパ・家光に似て病弱だったので、政治の指揮《しき》を取れないことも多々あったのですが、将軍になる年齢が早かっただけに、在位期間《ざいいきかん》は歴代3位の28年以上。この間に、幕府と世の中は安定の方向へと進みます。

もちろんこれは、家綱を支えた家臣たちの力によるもの。

ですが、家臣の意見に耳を傾《かたむ》けた家綱のトップとしての器量《きりょう》と、彼の人を思いやる優しい性格が、この時代の平穏《へいおん》を作り出したのではないでしょうか。

さて、続いての将軍は、「将軍×犬」と言ったら、だいたいピンときますよね？

# 第5章

## SHOGUN PROFILE

| | |
|---|---|
| 何代目？ | 5代将軍 |
| おなまえ | 徳川綱吉《とくがわつなよし》 |
| あだ名は？ | 犬公方《いぬくぼう》 |
| ゆかりの地は？ | 中野犬屋敷跡《やしきあと》、六義園《りくぎえん》 |
| 生きた年は？ | 1646（正保《しょうほう》3）年～1709（宝永《ほうえい》6）年 |

にがおえ

**趣味は？**
馬の絵を描く
儒学が大好き

**特技は？**
勉強

**起こったことor行ったこと**
生類憐みの令

**自分を四字熟語で表すと？**
有言実行

**頼れる人は？**
柳沢吉保

**恋愛＆結婚**
正室と割と仲良し

**みんなにひと言！**
理想の世になるよう、批判されながらもがんばって政策を実行しました！

# 名君？ 暴君？
# 当時の倫理観を一変させようとした、
# 理想高き〝犬公方〟

やってきました、徳川綱吉。歴代将軍の中でも知名度が上位にくるとともに、〝もっとも評価の難しい将軍〟かもしれません。

昭和と平成前半に学生時代を過ごした方にとっては、「綱吉？ ああ、世紀の犬好きでしょ？」「人より御犬様を大切にしたペット憐《あわれ》み野郎だよね」など、江戸の世に『生類《しょうるい》憐みの令』という悪法をぶっ放した、クレイジー犬公方《くぼう》として記憶に残っているんじゃないでしょうか。ところが……。

平成後半から令和の教科書では、どちらかというと「戦乱《せんらん》の気風《きふう》を否定した名君」といったように、なんだか素敵な部分が強調されてるんですね。

ウソだよ？ 変な法律を作って庶民を苦しめたって聞いたよ？

では、綱吉が暗愚《あんぐ》だったのか名君だったのか。あなた自身で判断してみてください。

## 将軍になる前から賛否両論だった男

綱吉が生まれたのは1646年。元号《げんごう》で言えば正保《しょうほう》3年、干支《えと》で言えば〝**戌年《いぬ》**〟のことです。幼いころの名前は徳松《とくまつ》。

徳松ってあの？　と引っかかってくれた方には、この本から片時《かたとき》も目を離すまいとする気概《きがい》が感じられます。どうもグラシアス。

そう、徳松の父は3代家光で、一番上の兄は4代家綱。次男には長松《ちょうまつ》という兄貴がいて、家光の四男として誕生したのが徳松――のちの徳川綱吉――だったんです（三男と五男は幼くして亡くなっています）。

長松と徳松は、長男・家綱から「綱」の字をもらい、長松は10歳で**「綱重《つなしげ》」**、徳松は8歳で**「綱吉」**と名乗りを変えます。

その後、綱重には甲府《こうふ》、綱吉には上野国館林《こうずけのくにたてばやし》が与えられたので、綱吉は16歳で館《たて》林《ばやし》城主《じょうしゅ》に就任。ですが、おそらく綱吉が館林の地を踏んだのは一度だけ。基本は神田にあったお屋敷で、家族や家臣たちと過ごしていたのでした。で、

そこからずっ…………と変わらない毎日。

もちろん、長女や長男（ちなみに長男の名前も「徳松」）が生まれたりとか、いろ

いろあったんですよ。でも、現代の教科書に載るような歴史のメインストリームに、このときの綱吉は関わってきません。

一番上のお兄さんが将軍で、跡を継ぐのはその子ども。万が一後継者がいない場合も、次の候補は次男の綱重。

綱吉はこのまま「将軍の弟の1人」というポジションで一生を終える予定、だったん、です、が……。綱吉が35歳のとき、転機《てんき》は訪れます。

それは、長男・徳松のお誕生日祝いをしているときのことでした。

**綱吉**「おたんじょーーび、おめでと――!! はい、お父さんからのプレゼントはきかんしゃトーー……」

**家臣**「恐れながら申し上げます。上様がお呼びです」

**綱吉**「なに? 〔場面変わって、江戸城本丸・御座之間《ござのま》にて〕お呼びでございましょうか」

**家綱**「よう参った。そちをわが養子とする」

**綱吉**「そちをわが養子とする!!?」

いきなり、なんだこの展開。綱吉が突然兄・家綱の養子《ようし》となり、将軍の後継者になっちゃった……。

がしかし。実はこの話、降《ふ》ったわけでも湧《わ》いたわけでもありません。綱吉が後継になるまでには……**ガッチャガチャのすったもんだ**があったんです。

家綱が病弱だった、というのはお伝えした通り。

アラフォーのときにも病気がちとなり、再発、悪化、と体調がやばめで仕方がない。家臣たちもヒヤヒヤでしょうが、そこには、「跡継ぎ……いないんだけど……」という心配も含まれていたんですね。そう、**家綱、子ども、いないんです**。

前年と前々年に側室が妊娠《にんしん》したものの、家綱の子どもがこの世に生を受けることは叶わず。ここにきて徳川将軍家は、

「万が一お世継ぎなしで将軍死んじゃったら……どうする⁉」

という問題に直面することになったんです。ならば、

「仕方ねぇ！　養子を取るべ！」

ってことになり、最有力候補《こうほ》である家綱のすぐ下の弟・綱重が……なんとすでに亡くなっててオーマイガッシュ（享年35）。そうなると、次の候補は上から順に、

**1　綱重の息子の綱豊《つなとよ》　2　綱吉　3　徳川御三家《ごさんけ》**

といった具合。綱吉、ここでまさかの2位に躍《おど》り出ちゃうんですね。

最有力は綱重の跡を継いでいた綱豊。ですが、なんと言っても3代家光の子で、4代家綱にとって一番近い近親者《きんしんしゃ》が綱吉。抹茶《まっちゃ》かバニラかくらい良い戦い。

さぁ綱吉か綱豊か。甲乙《こうおつ》つけがたい将軍後継レースが今、その幕を切っ……

**酒井忠清**「綱吉様はダメだ!! あの方は天下を治めるような器ではない！ 綱吉様が将軍となれば多くの民が困窮《こんきゅう》し、天下の騒動《そうどう》となる！」

ギッタギタに反対されとる。またもや登場の**大老・酒井忠清**が、綱吉の資質《ししつ》を真《ま》っ向《こう》から斬《き》り捨て焼却炉《しょうきゃくろ》にポイ。アイツが将軍になったら世の中終わるよ？ 的なことを言って大反対するんですね。

**酒井忠清**「家康様の子孫なら誰でもオッケーだけど（綱吉はダメだけど）、家綱様には3人の甥《おい》がおられる……よし、ここはしばらく、有栖川宮幸仁親王《ありすがわのみやゆきひとしんのう》を養子に迎えて、将軍となってもらおう！」

有栖川宮……？ 何を思ったか忠清、**「皇族《こうぞく》から将軍を迎えて中継《なかつ》ぎをやってもらう」**なんてアイデアを持ち出してきたんです（**『宮将軍擁立説《みやしょうぐんようりつせつ》』**って言います）。

おそらく忠清の頭にあったのは『鎌倉時代』の先例《せんれい》。鎌倉幕府ってね、初代・源《みなもとの》頼朝《よりとも》のあと3代まで源氏《げんじ》の将軍は続くんですが、4代以降は貴族《きぞく》や皇族《こうぞく》から将軍を迎えていたんです（摂家《せっけ》将軍、宮《みや》将軍）。でも、貴族や皇族の将軍はただのお飾《かざ》り。実権を握っていたのは『執権《しっけん》』のポジションに就いた北条氏。つまり、忠清はこれとまったく同じことをやって、江戸幕府の執権になろうとしたんです。

**忠清**「じゃ、反対意見もないようなので――」

**堀田正俊《ほったまさとし》**「あるわい!! 正しき血脈《けつみゃく》の綱吉様がいるだろ！」

大老・忠清に敢然《かんぜん》と立ち向かったこの男。名前を**堀田正俊**と言います。

**忠清**「老中になりたてだからか、威勢《いせい》がいいねぇ堀田くん。だが、私に向かっ……」

**正俊**「綱吉様がいるじゃないか！ なんで宮将軍なんですか！」

**忠清**「フフッ。なんとも勇《いさ》ましい。だが、この私……」

**正俊**「宮将軍はおかしいよ！ 綱吉様だよ！ 絶対絶対、綱吉様だよ！」

**忠清**「うん、鼻息から生まれてきたんか、お前」

ミスター鼻息・正俊は、「ぜったい綱吉様ですよね!?」と、鼻息の荒《あら》さそのままに、なんと家綱にも意見書を提出。すると、

「もっともだね　by家綱」と書かれた文書が返って来たじゃありませんか。

ということで……将軍家綱から認められた綱吉、とうとう後継の座をゲットです。

と、ここまで書いといてなんですが、『宮将軍擁立説』はホントかどうかわかりません。家綱と血のつながった候補がたくさんいたし、鎌倉幕府と江戸幕府じゃ状況が違いすぎます。それなのに忠清がこの案を推《お》すか？　ということで、後世の研究者の方々は怪《あや》しみまくり。

でも、こんな話が出まわるくらい、綱吉の養子決定に時間がかかったのはホント。どうやら忠清、綱吉が後継になることに反対は反対だった……らしいです。

こうして、ガッチャゴッチャではありましたが、綱吉の養子が決定。そしてその2日後、なんと家綱が亡くなり、ドタバタの中で将軍就任も確定。

父や兄と違い、その座を約束されていなかった綱吉が、物議《ぶつぎ》を醸《かも》しながら**徳川5代将軍**に就任です。

綱吉が将軍となった年の12月。酒井忠清が大老の任《にん》を解《と》かれます。で、その1年後に堀田正俊が大老に就任。ここから、綱吉によるやりたい放題が始まります。

## 暗殺事件が生んだ名君？　暴君？

「酒井が解任《かいにん》？　んで堀田が大老⁉」

養子決定に時間がかかったうえに、この人事。当時の人は「絶対なんかあっただろ！」といろいろ噂したんですって（だから宮将軍擁立説も生まれたんですね）。

でも、忠清解任の公式な理由は病気です。で、裏《うら》の理由は**『越後騒動《えちごそうどう》』**。

『越後騒動』ってのは、家綱の時代に起こった越後高田《たかだ》藩のお家騒動なんですが、ハチャメチャにかいつまんで言うと……

「忠清はこの事件の裁判《さいばん》に大きく関わっていたけど〝うまく収めることができなかった〟」から、大老を解任されたんですね。

あと、綱吉はやっぱり忠清のことが好きじゃなかったと言われていて、これも1つの……いや、一番の理由かも。「『越後騒動』をキッカケに忠清を消せるな（ニヤリ）」なんて思ってたかもしれません。

さて、この『越後騒動』。家綱のときに判決《はんけつ》は下されたんですが、高田藩から「もう一度裁判《さいばん》をやって！」とお願いがあり、綱吉の代になって再び裁判が行われます（〝うまく収めることができなかった〟というのはこういうこと）。

あまりにグダつくこの騒動に、「じゃあもうオレが裁判するわ！」と、将軍みずから裁判官を買って出る異例のアクションを起こした綱吉。裁判当日も尋問《じんもん》が終わると

**綱吉**「これにて決案《けつあん》す。はやまかり立て（早々に退出しろ）！！！」

と大声で叫び、その場にいた全員を震《ふる》えさせたと言います。そして下した判決は、

**綱吉**「越後松平《まつだいら》家、改易！　で、小栗親子《おぐりおやこ》は切腹、永見《ながみ》は流罪《るざい》。お前閉門《へいもん》、お前減《げん》封《ぽう》。で、お前は……」

関係者に処罰、処罰の嵐。厳しさと恐ろしさの旋律《せんりつ》が、涙のハーモニー奏《かな》でてる。しかし綱吉には、「先代（家綱）の判決を無視してモメ続けてくれたせいで、将軍の権威《けんい》がグラついちまった。オレはそれを回復させるために厳しくいく――」という決意があったらしいんですね（にしても怖ぇ）。

そして、このあとも綱吉は「信賞必罰《しんしょうひつばつ》」――功績《こうせき》があった者には必ず褒美《ほうび》を与えて、**罪があれば必ず罰する**――というスローガンを掲《かか》げ、彼が将軍だった期間、40以上の大名に改易や減封《げんぽう》・転封《てんぽう》（領地を他に移されること）の処分を下していったというか

ら、血も涙もその他いろんな液体がありません。

ところがどっこい。意外にも綱吉の前半の政治は評価が高《たけ》ぇんです（怖ぇのに）。

でもね、それはこのときの政治をリードした、大老・堀田正俊のおかげ。

正俊は、百姓が飢《う》えや寒さで苦しまないように気を配りながらも、年貢《ねんぐ》の未納《みのう》を防ぎ、不正をする代官を決して許さず何人も辞めさせ、「信賞必罰」を実現するブラボーな政治を展開したんですね。

だから、綱吉政権の前半は**『天和《てんな》の治《ち》』**と呼ばれ、のちの世で称《たた》えられたのです……が。『天和の治』、突然終わりを迎えるんですよ。なぜなら、

正俊が殺されたから（匂わせゼロ）。

若年寄の稲葉《いなば》正休《まさやす》に、江戸城内でズブッ、と刺され、帰宅したのち帰らぬ人に……

（稲葉正休の動機《どうき》は諸説ありますが、彼もすぐ殺害されたので謎です）。

さぁとんでもない事件が起こりました。

正俊の死ももちろんとんでもないのですが、この事件が**幕府にとんでもない変化をもたらした**からとんでもないんです。

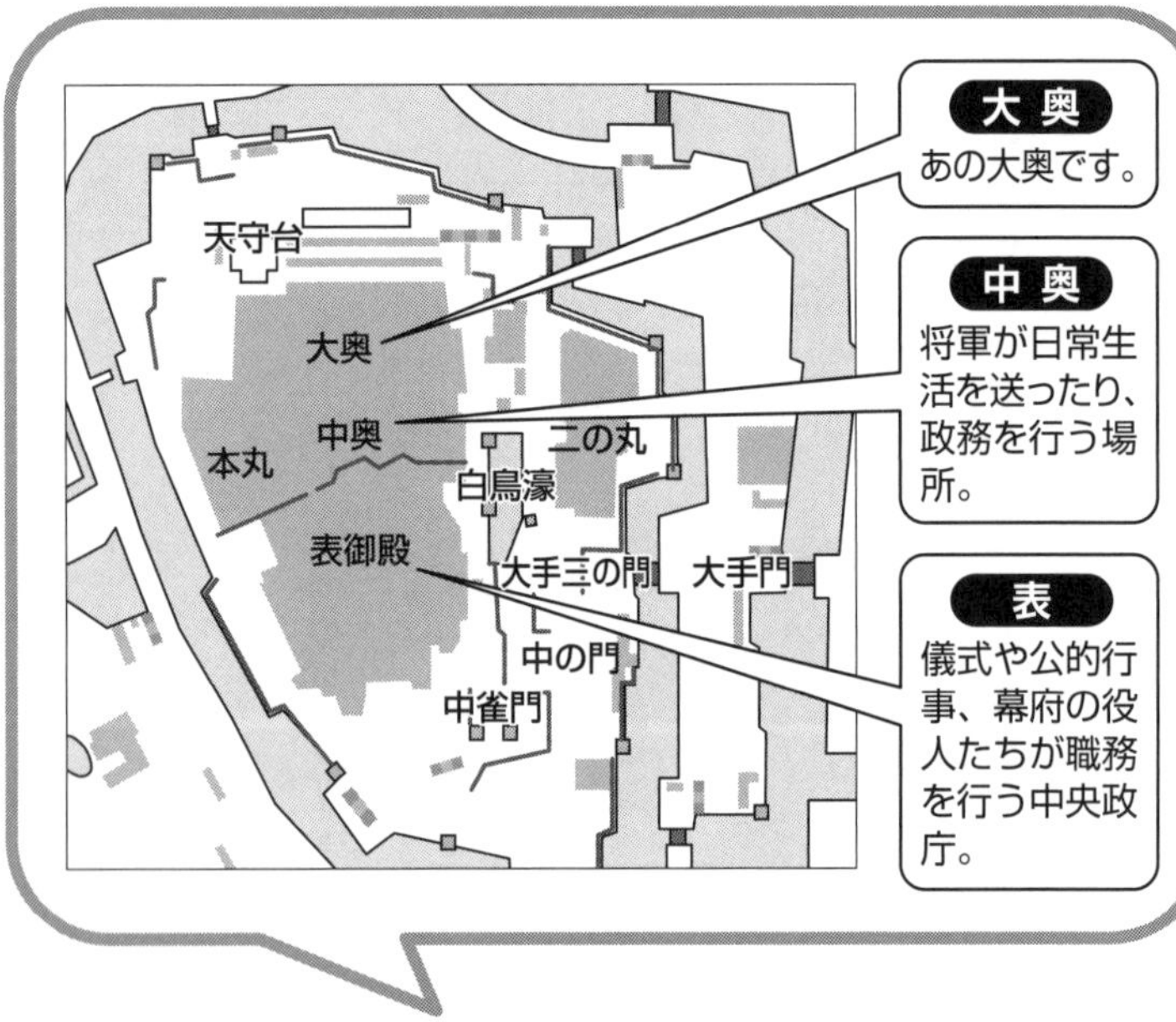


江戸城の本丸御殿は（ちょっと聞いて）、**『表《おもて》』『中奥《なかおく》』『大奥《おおおく》』**といった感じで、用《よう》途《と》によって大きくエリアが分かれています（上の図を見てみて！）。

これまで老中たちは、『中奥』にある将軍の部屋の近くに集まって、様々なことを相談し決定していました。が、その場所で起こったのが今回の暗殺事件。

「これは将軍様が危ない！」ということになり、事件以降は**老中と若年寄の執務室《しつむしつ》が『表』と『中奥』の境《さかい》につくられ、将軍の部屋から離され**

**ることになったんです。**

すると、将軍と老中が直接話すことがめっきりなくなりますわね。そこで、**彼らの間を取り次ぐ『側用人《そばようにん》』**って職業が登場するんですよ。

将軍の〝お言葉〟を老中に伝えるのが側用人。逆に、老中の考えを将軍に伝えるのも側用人。なので、彼らの重要度と権力が増し増しになっていったんですね。

中でも綱吉のお気に入り側用人が、**牧野成貞《まきのなりさだ》**。そして、成貞が病気で引退すると、超超お気に入りとして重用されたのが、**柳沢吉保《やなぎさわよしやす》**です。

吉保の当初の石高《こくだか》は500石とちょっと。ですが、300、1000、1万、3万――と、サイヤ人の戦闘力《せんとうりょく》のような上がり方で加増されていき、左近衛少将《さこんえのしょうしょう》（って官職）を与えられて大老と同格（大老格）になり、最終的には徳川一門にしか与えられなかった甲斐甲府《かいこうふ》をゲットして、22万8700石の大名としてフィニッシュ。

収入の面だけで言っても430倍以上の増え方。初孫でもここまで可愛がりません。

側用人（吉保）というウェポンを手に入れた綱吉は、老中に自分の意志をグイッと伝えたり、老中を通さず大名や旗本とつながったりし、老中が握っていた政治の実権を将軍のもとにググググゥと戻します。その結果、**専制君主《せんせいくんしゅ》・綱吉**が誕生。

これが、幕府に起こったとんでもない変化です（専制君主＝国のすべての権力を手にして、自分だけの判断で政治を行う君主。といった感じかな）。んで、こうした条件が整ったところで生まれた法律が、**『生類憐《あわれ》みの令』**だったんですね。

では、『生類憐みの令』の説明に移る、その前に……この法令の正体を解くカギとなる、**『儒学《じゅがく》』『服忌令《ぶっきりょう》』『仏教』**について触れておきましょう。

まず**『儒学』**。

綱吉は、みずから講義《こうぎ》をひらくほど儒学にハマってます。受講者《じゅこうしゃ》である大名や旗本を相手に、元禄《げんろく》6〜13年の間〝だけ〟をとっても講義の数は240回。そのうえ、この講師（綱吉）は大名家に出張講義も行い、その度に大名は、藩の財政を傾けて接待《せったい》の準備をしたと言いますから、こんなに恐ろしいゼミはあ

## 儒学

ざっくり言えば、孔子の唱えた「仁」（愛情やまごころ）や「礼」（儀礼や身分秩序のルール）などの徳を磨き、人間関係や政治のあり方を学ぶ学問が儒学（思想・信仰の面からは「儒教」、学問の面からは「儒学」と言ったりします）。

## 服忌令

「近親者が亡くなったときに喪に服す期間を定めた法令」のこと。

りません（出張講義を58回も喜んで受け入れたのが柳沢吉保《やなぎさわよしやす》。そりゃ出世します）。

儒学がラブすぎて、武家諸法度の第一条も、「（旧）文武弓馬《ぶんぶきゅうば》の道、専《もっぱ》ら相嗜《あいたしな》むべき事」から**「（新）文武忠孝《ちゅうこう》を励《はげま》し、礼儀《れいぎ》を正《ただ》すべき事」**に変え、完全に文治政治に切り替えようとした綱吉。

とにかく儒学を盛んに！ と、現代でも有名な**『湯島聖堂《ゆしませいどう》』**を完成させたのも綱吉です《ちなみに。儒学の中でも幕府がおすすめ（奨励《しょうれい》）したのは**『朱子学《しゅしがく》』**という一派です》。

次に**『服忌令』**。

日本では昔から、〝死〟や〝血〟は「穢《けが》れ」として避けられてきました。神道《しんとう》や朝廷に服忌令はあったんですが、綱吉は「もっと細かくまとまったものをつくるぞ！」と幕府の法令として服忌令を打ち出したんですね。

その理由は……

**【理由その1】**親族の喪《も》に服すことは「礼」の大事な要素。しかも「父母は何日」「祖父母は何日」と細かく定めて、〝家族や親族の中の序列〟をはっきりさせることが、社会全体の身分制度の強化にもつながったから。

**【理由その2】**「出血は3滴《てき》以上で穢れになる」「鶏《にわとり》を食べたら5日の食事の穢れとなる」などのルールもつくり、「穢れがある場合は身を清めるまで将軍のお供はさせない！」とすることで、将軍の権威も高めたから。

しかし、一番大元の理由は、**綱吉が〝穢れ〟をとても嫌ったから**だと思われます。

で、**『仏教』**。儒学の「孝」も大切にしていた綱吉は、**ママの桂昌院《けいしょういん》**が大好き（シンプルなマザコンかもしれませんが）。ママは仏教を深く信仰《しんこう》する人で、その影響も

あってか綱吉は、仏教も大事にしていたんです。なので、ママ＋仏教のお願いごとに、

**桂昌院**「今度、亮賢《りょうけん》さんにお寺を造ってあげてほしいんだけど？」

**綱吉**「もちろんですとも！」

ＮＯという選択肢《せんたくし》はありません。どこそこの寺に寄進《きしん》（寺社《じしゃ》に土地や金品《きんぴん》を寄付《きふ》すること）してちょうだいなど、ママの願いを叶えた仏教案件は数知れず。そこに綱吉自身の神仏《しんぶつ》ラブが加わり、彼の将軍在職中に、古くからある寺社がどんどん修復されていったんです。

文化事業としてはマジ最高。だけど、このときの寺社造営《ぞうえい》は１００例以上あったと言われ、かかった金額も推定《すいてい》で70万両《りょう》超え。現代のお金に換算《かんさん》するのは、とても難しいんですが……

このとき１両が２万円以下ってことはないと思うので、最低でも１４０億円以上。最低でもです。１両が４万の可能性もあるし、６万の可能性もあるし、そうなると……なんにせよ、金、なくなりました。

というわけで、綱吉を一言で表すなら「儒学と仏教を愛し、穢れをとても嫌った人」です。そんな下地があっての『生類憐みの令』。いってみましょう。

## 悪法・生類憐みの令の正体

『生類憐みの令』というタイトルの、まとまった法律《ほうりつ》が存在したわけじゃありません。20年以上にわたって100件以上出された〝生き物の保護《ほご》に関連した細かい法律〟を、まとめて『生類憐みの令』と呼んでるんですね。

諸説ありますが、生類憐みの令の一発目はこんな「御触《おふ》れ」（役所などから民衆《みんしゅう》に出したお知らせや命令）だったと言います。

「将軍が通る道筋に、犬や猫が出てきてもかまわないよ」

飼《か》っている犬や猫が飛び出しても全然気にしないよ、放し飼いにしといてあげなさい。ってことなので、庶民は「なんだよ公方《くぼう》様！　寛大《かんだい》で優しいこと言うじゃねぇか！」なんて思ったかもしれません。が、微笑《ほほえ》んでいられたのは最初のうちだけ。法令はだんだんエスカレートしていき……

「野良犬にもエサをあげろよ！」

「生きたまま魚や鳥を売買するのは禁止！」

「ガチョウ、アヒル、ニワトリ以外の鳥を飼うのは禁止！」

「キリギリスや玉虫や松虫などを飼ってはダメだぞ！」

鳥も虫も飼えなくなります。

**坊や**「ねぇおっ母。なんでキリギリスや松虫を飼っちゃダメなの？」
**おっ母**「いいかい坊や。狭《せま》いところに虫を閉じ込めるのは、かわいそうだからよ」
**坊や**「でも今までは飼ってたよ。なんでこれからはダメなの？」
**おっ母**「それは……」
**坊や**「昨日のキリギリスと今日のキリギリスで何が違うの？　あの日の松虫と目の前の松虫に差を感じないのは僕の幻？　以前のキリギリスと今後のキリギリスに何か決定的な違いが生じたとでも……」
**おっ母**「寝て！」

江戸にお住まいの親御《おやご》さんは、何て説明したんでしょう。でも時には、「飼い犬が行方不明《ゆくえふめい》になったとき『これはヤバい！』と探し回ってるらしいけど、そこまでがんばらなくていいからね！」と、少し庶民を気づかった御触れも……と思いきや。この法令の10日後に「飼い犬が行方不明になったら絶対に探し出せ！」

え、どっち。

「この前出した法令だけどな、あれ老中が思い違いをして発表しやがったんだ！　いいか、犬は一生懸命探せ！　by綱吉」

綱吉はいつだってガチ。骨の髄《ずい》までわんにゃんぱらだいす。

このあとも異常《いじょう》なまでの動物愛護令《あいごれい》が次々と発表されます。そして、みなさんのイメージ通り、たしかに犬、多めです。それは綱吉が犬好きだったから。

いいえ、違います。**犬が増えたから**です。
・江戸の人口が増加して膨大《ぼうだい》な生ゴミが出ると、それを目当てに→犬が大繁殖《だいはんしょく》。
・犬を食べる習慣《しゅうかん》があったこの時代。特に「かぶき者」の間で流行していたが、彼らを検挙して犬を食べることをやめさせると→犬、増えた。
・鷹狩《たかが》り（鷹を放って獲物《えもの》を捕まえる狩猟《しゅりょう》）の鷹にエサとして犬の肉を食べさせていたが、綱吉が鷹狩りを禁止。各大名が鷹を解放→ワンちゃん増加。
するとね。増えた野犬《やけん》が人間を襲《おそ》うのを防止《ぼうし》するためなのか、逆に犬に危害《きがい》を加える人間が後を絶たないためなのか。綱吉は**どでけぇ犬小屋**をつくります。

大久保《おおくぼ》、四谷《よつや》、中野《なかの》に犬小屋（犬屋敷、御囲《おかこい》）を設置《せっち》したのですが、中野の犬小屋には10万匹の犬が収容《しゅうよう》されたと言われ、その広さは約16万坪。これ、東京ディズニーランドとほぼ同じか、ちょいデカいです。

エサ代など1年間の費用は9万8000両以上。そのお金は江戸の町から税金《ぜいきん》で徴収《ちょうしゅう》されたので、町人の不満ここに大爆発です（反発が強かったので、減額《げんがく》したり一部免除《めんじょ》したりしてます）。

しかし、そもそも綱吉は、なぜこんなムチャ振《ぶ》りな法令を出したんでしょう？

綱吉の長男・徳松は、5歳でこの世を去っています。それ以来、男子を授からない綱吉。心配した桂昌院が、信頼する隆光《りゅうこう》（お坊さん）に相談してみたところ……

**隆光**「これは……殺生《せっしょう》が原因です」
**桂昌院**「なぬ……！」
**隆光**「綱吉様が跡継ぎに恵まれないのは、前世《ぜんせ》で多くの殺生を行った報《むく》い。これからは生き物を大切にし、殺生を禁じてください。それと、上様は戌《いぬ》年の生まれですから、特に犬を慈《いつく》しむのがよろしいかと」
**桂昌院**「な、なるほど！〔綱吉に報告〕……ですって！」
**綱吉**「な、なるほど！　よぉし……これより生類（生き物）を殺したり傷つけたりすることは禁止だ！　特に犬を傷つけた者は厳罰《げんばつ》に処《しょ》す！」

となって、生類憐みの令が発動。以来、江戸の町では〝毎日50人〟ほどの処罰者《しょばつしゃ》が出るようになり、トータルで何万という人が罰《ばっ》せられるようになります。

実に個人的な問題がきっかけで誕生した悪法《あくほう》、それが生類憐みの令だったんです。

と、いうのが**全部ウソ**です。

綱吉と隆光が親しくなる前から、生類憐みの令は始まっていたと言われ、隆光の日記にもこのことは書かれていません。それに、この話は綱吉のゴシップを多く載せた史料（『三王外記』）にあるもので、最近じゃホントにゴシップ扱《あつか》いです。

処罰の件数も、20数年間で１００件にも満たない、なんて説もあります。史料のうえだけの数字だとしても、おそらく数万人には届かないでしょう。

じゃあなんで生類憐みの令なんか……と、ここで出てくるのが「儒学・穢れ・仏教」なんですね。

綱吉の時代には、ちょっとした喧嘩《けんか》からすぐ殺し合いになったり、刀の試し斬りで人や動物の命を奪ったりする、戦国の暴力に満ちた雰囲気《ふんいき》がまだ残っていました。

また、貧しさのすえに子どもや老人を捨てることが珍しくなく行われていたり、現代とは比べものにならないほど〝生命〟が軽く扱われていたんです。

そこで綱吉は、**「捨て子の禁止・捨て老人の禁止・病気の旅人の介抱《かいほう》」**などの法令

を何度も出して、

「生命あるもの（生類）すべてに対して、慈悲（憐み）の心を持とうね！」

ということを庶民に伝えようとしたんですね。

儒仏を敬い、死や血の穢れを嫌った綱吉が目指したもの。それは、生命を通して、人々に仁心《じんしん》や慈悲《じひ》の心を教えさとすこと――。なので近年、綱吉の行った一連の政策は、〝犬を愛護した『生類憐みの令』〟ではなく、〝あらゆる生命を慈しみ、その心を育てようとした**『生類憐み政策』**〟。と言われるようになってきたんです。

でも、ね……

「生類憐みも形やうわべだけを取り繕《つくろ》わず、仁心を失ったりしないように心がければ、私の命令がなくても自然と世の中は治まるはずだ」

この言葉は、綱吉の考えを老中が役人に伝えたときのものです。ホントに素晴らしい考え……なんだけど、**ちょっと理想が高すぎる**。

儒学には「君主は『民の父母』だから、民衆を子どものように愛して養わなければならない」って考えがあるのですが……この親（綱吉）は、厳しいルールで子ども（民衆）の心を育て、愛のあふれる理想の世界に近づけようとしたんですね。

ただ、親の真意をくむ子どもが何人いたでしょう？　それよりまず、ヘンテコなルールに拒否《きょひ》反応を示す子の方が多かったはずです。それに対して「なぜわからない！」

と、さらにルールを追加するもんだから、子どもはますます反発。すると、またルールが増えて……。といったように、わかり合えない親子がイタチごっこを繰り返したため、生類憐み政策はとても歪《いびつ》な形に仕上がってしまったんです。

綱吉政権の後半には、『勅額火事《ちょくがくかじ》』と呼ばれる大きな火事が発生し、その5年後にマグニチュード8・2と推定《すいてい》される**『元禄大地震《げんろくだいじしん》』**が関東地域を襲い、さらにその4年後には東海から関西にかけて日本史上最大級とされる**『宝永大地震《ほうえいだいじしん》』**が発生し、翌月に**富士山が大噴火《ふんか》**を起こします。

ありえないスパンで、ありえない規模《きぼ》の災害が起こったんです。もちろん、地震も噴火も綱吉のせいではありません。しかし、昔はそのときの為政者《いせいしゃ》（政治を行う人）が悪い政治を行っていると**「天が罰として災害をもたらす」**と考えられていたので、生類憐み政策で不人気を獲得《かくとく》していた綱吉に対し、さらなる批判《ひはん》が巻き起こったんですね。

最後まで民衆との溝が埋まらなかった綱吉。ですが、生類憐み政策によって、倫理《りんり》観《かん》や福祉《ふくし》の考えが日本に広まったのもまた事実です。

理想の世界に近づいていたものの、子どもとすれ違った親のことを思うと、なんだか少し切ない気持ちになってしまいます。

## 第6章

**SHOGUN PROFILE**

| | |
|---|---|
| 何代目？ | 6代将軍 |
| おなまえ | 徳川家宣《とくがわいえのぶ》 |
| あだ名は？ | なし |
| ゆかりの地は？ | 甲府《こうふ》 |
| 生きた年は？ | 1662（寛文《かんぶん》2）年～1712（正徳《しょうとく》2）年 |

にがおえ

**趣味は？**
能楽

**特技は？**
勉学に励む

**起こったことor行ったこと**
正徳の治

**自分を四字熟語で表すと？**
下意上達

**頼れる人は？**
間部詮房
新井白石

**恋愛＆結婚**
真面目

みんなにひと言！

庶民の意見に耳を傾けながら、才能がある家臣を登用して政策を進めました！

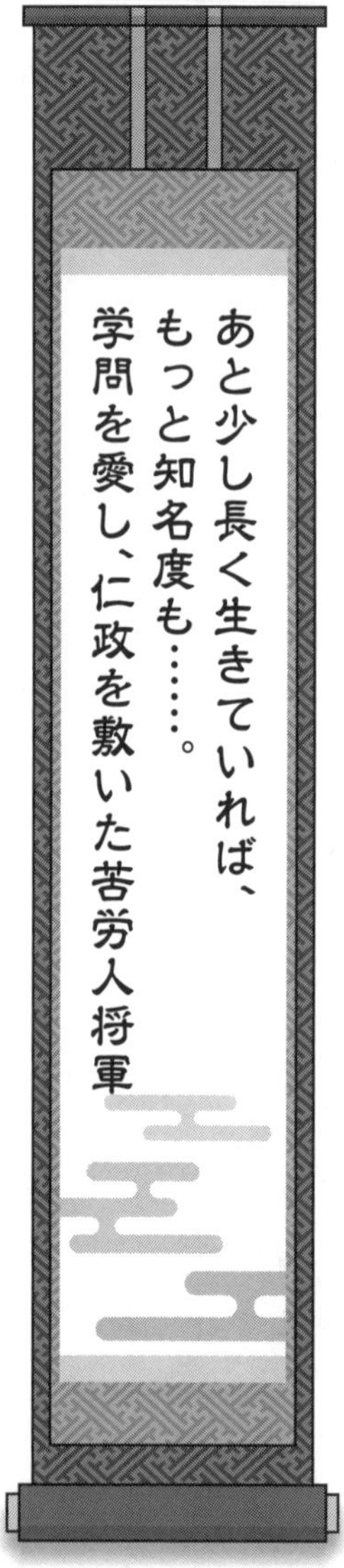

あと少し長く生きていれば、
もっと知名度も……。
学問を愛し、仁政を敷いた苦労人将軍

いろんな意味で派手でしたね、綱吉《つなよし》さん。独特な暴れっぷりでした。

しかし綱吉、徳松《とくまつ》くん以降、男子はできず、さらには紀州《きしゅう》藩に嫁《とつ》いだ長女・鶴姫《つるひめ》も亡くなり、子どももいないままこの世を去ってしまいます。

で、6代将軍となったのが、ご存じ徳川家宣《いえのぶ》です。

## どこの誰だ？

ですよね。「綱吉の子どもじゃないならマジで誰だ？」となると思います。

それじゃ、みなさんのためにも家宣のためにも、まずは根本的《こんぽんてき》な話、「家宣って何者？」からいってみましょう。

## このたびわたくし、48歳で……

いきなり答えを言うと、家宣は綱吉の甥《おい》っ子です。

綱吉パートでご紹介した甲府の綱重《つなしげ》&綱豊《つなとよ》父子を覚えてますか（P125）?

その子どもの方、綱吉と5代目を争った綱豊くん。彼です。彼が名前を変え「徳川家宣」と名乗ったんですね。家宣＝綱豊です。

それにしてもちょっと聞いてくださいまし（急な女将《おかみ》感）。こちらの「家宣＝綱豊」ですが、のちに将軍になるとは思えない幼少期、そして実に紆余《うよ》曲折《きょくせつ》な青年期を経《へ》て、6代将軍の座をゲットしてるんですね。

生まれてすぐのエピソードなんて歴代将軍の誰よりも過酷《かこく》。なんせ誕生したことを**秘密**にされてますから。

綱豊のママは「お保良《ほら》」という側室です。が、彼が生まれたその年、関白《かんぱく》の娘を正室に迎える予定だったパパ綱重は、

「二条《にじょう》さん（関白）の娘が来る前に……子どもがいちゃマズいか（笑）」

と笑っちゃって（笑っちゃってはないでしょうが）、綱豊くんの出生を秘密にし、新《しん》見《み》さんという家老に引き取らせたんですね（ボロクソにヒドい）。ところが……。

綱重と正室との間に子どもができません。そしてそのまま正室が亡くなると……

**綱重**「戻ってきて跡継《あとつ》ぎになって」

9歳になった綱豊を呼び戻します。とことん勝手なパパは、その数年後に死亡。こうして綱豊、17歳で甲府藩主となるのですが、曲がりくねった道はまだ止まりません。

2年後には、叔父である4代家綱に世継ぎがいなかったため、5代将軍の有力候補《ゆうりょくこう》にノミネート。しかし、ご承知《しょうち》の通り将軍の座を射止《いと》めたのは叔父の綱吉。これで、綱豊の二転三転人生もようやく終わりを告げた……かと思いきや。

**綱吉**「養子《ようし》になって」

なんと綱吉にも跡継ぎができず、まさかまさかの29年越しで将軍の後継者《こうけいしゃ》に大当選（ここで「綱豊」から「家宣」へと名前をチェンジ）。

そして5年後、綱吉が亡くなり6代将軍に就任《しゅうにん》した家宣。このときの年齢は**48歳**。

こうして、将軍就任時の年齢が、歴代の中でも家康の次に高齢《こうれい》という、

**おじさん将軍・徳川家宣が誕生**したのでした。

「誰だ？」から「アラフィフ……」という驚きと興味に変化していただけましたか？
それじゃ、ここにさらなるエッセンスを加えましょう。

家宣が将軍になると、幕府の人事が一新《いっしん》されます。5代綱吉のときに活躍《かつやく》した柳《やなぎ》沢《さわ》吉保《よしやす》などが退き、家宣の昔からの家来《けらい》―甲府徳川家の家臣団―で、まわりが固《かた》められるんですね。

この中に、家宣を語るうえでは絶対に外せない最重要《さいじゅうよう》人物が2人います。それが、**間部詮房《まなべあきふさ》**と**新井白石《あらいはくせき》**です。

間部詮房は**猿楽《さるがく》（能楽《のうがく》）師**です。いえ、〝猿楽師出身の家宣の側近《そっきん》〟です。

彼は、武士の子として誕生→猿楽師の弟子《でし》になる→19歳のとき家宣の小姓《こしょう》に抜《ばっ》擢《てき》。という、公務員の子→芸人→公務員のような異色のプロフィールを持った家臣。

「能を舞っていたけど家臣にヘッドハンティングされた」ってだけでも詮房が優秀だったという証拠《しょうこ》になりますが（能が大好きだった家宣のひいきも入っていたかもしれませんが）、事実この人はホントよく働いたそう。幕臣になっても、ほぼ休みなく昼夜を問《と》わず働いたため、家宣の信頼もどんどん膨《ふく》らみ、出世の方もどんどんぐんぐん。

のちに詮房は高崎《たかさき》5万石を与えられ、しかも家宣の『側用人《そばようにん》』として、幕府の中でバカでかい権限《けんげん》を手に入れることになるんですね。

そして、もう1人のキーパーソンが新井白石。この人は家宣の**『侍講《じこう》』**となった儒学者です《『侍講』→君主（または主君）に学問を講義することや、その役のこと》。

家宣がまだ甲府藩主だったころ。甲府家の家臣は、家宣に学問を教えてくれる先生を探していました。そこで、幕府の儒学者・林信篤《はやしのぶあつ》に弟子《でし》を紹介してほしいと頼んだところ、「いやぁ……まぁ……ねぇ？」。断られます。

ふざけんなよの思いを抱えながら、今度は綱吉の侍講だった木下順庵《きのしたじゅんあん》という人にアタック。すると、「優秀なのがいますよ」と推薦《すいせん》されたのが、白石だったんです。

明暦《めいれき》の大火《たいか》から間もないころに生まれ、烈火《れっか》のように激《はげ》しい性格と、眉間《みけん》に「火」の字を思わせるシワがあったことから**「火の児《ひのこ》」**と呼ばれた白石。

2度の浪人を経験した苦労人だけど（2度目に仕えたのは堀田正俊《ほったまさとし》）、学問では右に出る者がいないという、キャラ立ちしすぎて爆発しそうな男が家宣の先生になったんですね。

そんな激しい白石による授業は、儒学の文献《ぶんけん》の中で特に重要とされる「四書五経《ししょごきょう》」に関しての講義や、「応仁《おうにん》の乱《らん》」「関ケ原《せきがはら》の戦《たたか》い」といった歴史の授業まで様々《さまざま》。その内容まではわかっていませんが、

**新井白石**「家宣様を堯舜《ぎょうしゅん》（中国古代の伝説の君主「堯」と「舜」）のような君主にしてみせます！」

と、熱血《ねっけつ》と気合いをスパークさせていたことはわかっています。

家宣は将軍になる可能性もあったわけですから、優れた君主になってもらうための〝帝王学《ていおうがく》〟を注ぎ込んでいったんですね。それに対して家宣も、暑い日だろうが扇《おうぎ》であおがず、蚊《か》が多くても追うことはなく……

**白石**「（今日にいたっては鼻水が止まらないご様子なのに、そっと紙でぬぐい、講義を聞き続けてくださっている……。私は……私は……）感動しています!!」

**家宣**「びっくりした!!　なに？　思い出し感動？　思い出し感動てなに!?」

最後は完全な妄想《もうそう》ですが、白石の講義を真剣《しんけん》に受けたのでした。それにしても。
家宣が新見と名乗っていたころ、詮房が猿楽師だったころ、白石が浪人だったころ。この中のいったい誰が、幕政《ばくせい》を担《にな》うことを想像したでしょう。

しかし、このいかにも相性の良さそうな人生いろいろトリオが、ここから日本を動かしていくことになるんです。

## 金を減らすと、金になるんです

家宣が将軍になって初の大仕事は、〝将軍になる前〟に訪れます。

将軍ってのは、朝廷が天皇の命令を伝えて征夷大将軍を任命する、『**将軍宣下**《しょうぐんせんげ》』という儀式《ぎしき》を受け、そこで初めて正式な将軍となるんですね。

綱吉が亡くなり、将軍宣下を受けるまでの間。この短期間にカタをつけなきゃならない仕事と言えば、ただ1つ……。綱吉は亡くなる前、家宣に言いました。

**綱吉**「しょ……生類憐みの令だけどね。ひゃ、百年たっても、この方針だけは……変えちゃダメだよ……そ、それが私への孝行《こうこう》と心得《こころえ》よ……」

**家宣**「しかと承《うけたまわ》りました」

で、綱吉が亡くなると、

**家宣**「廃止《はいし》！」

秒で裏切《うらぎ》ります。

家宣の初&大仕事とは、「『生類憐みの令』の廃止《はいし》」だったんですね。

しかし、これにはいろんな説があり、白石と柳沢吉保が残した記録を合体させると

**家宣**「〔亡くなった綱吉に向けて〕私自身は何でも仰《おお》せに従《したが》いますが、天下人民《てんかじんみん》については思うところがありますので、どうかお許《ゆる》しをいただきたいと思います」

と言ったあと、柳沢吉保（このときはまだいる）を呼び、

**家宣**「生類憐みの令のことについてだが、先代（綱吉）がご命令された通り、どの法令もキッチリ残してキッチリ守っていくぞ。ただし！　万民《ばんみん》が苦しまず罪人《ざいにん》も出さず、法令によって奉行所《ぶぎょうしょ》が煩《わずら》わされないよう、すべて穏便《おんびん》に済《す》ませるのだ」

と、申しつけたと言います。

つまり、生類憐みの令を撤回《てっかい》してはいないんですが、「法律の効力《こうりょく》をなくすことによって、実質的《じっしつてき》に廃止にした」ということだったんですね。それでいて家宣は、「捨て子の禁止」などの法令は残してるので、なんというスマートさなんでしょう。

**庶民**「っしゃ――!!　変な法令なくなったー!!　やっぱり新将軍は最高だ！」

綱吉の政治に嫌気《いやけ》が差していた江戸市民は、家宣が後継者に決まったときから期待《きたい》を寄せ《よ》ていました。そこへ、生類憐みの令の廃止というファインプレーをかましたもんだから、人気は急上昇《きゅうじょうしょう》。

家宣政権は、これ以上ないスタートダッシュを決めることに成功したのでした。

さて、いよいよ家宣が正式な将軍となり、ここから彼の本格的《ほんかくてき》な政治が始まります。一番はりきったのはファイヤーボーイ・新井白石。熱血講師から政治顧問《こもん》、つまり家宣のブレーンになった白石は、新たな施策《しさく》を次々と打ち出していくんです。

『朝鮮通信使《ちょうせんつうしんし》への接待《せったい》の簡素化《かんそか》と将軍の呼称《こしょう》の変更』
『武家諸法度《ぶけしょはっと》の改定《かいてい》（宝永令《ほうえいれい》）』
『閑院宮家《かんいんのみやけ》の創設《そうせつ》（こちらは次のパートでご紹介）』などなど。

家宣が将軍になったのは1709（宝永6）年ですから、徳川幕府が始まって約100年。白石からすれば「これ絶対こうした方がいいって！」という変更の余地《よち》がたくさんあったんでしょうね。

その中に、白石が命をかけても解決したいと願った〝**お金の問題**〟と、**心の底から**

**憎**《にく》**んだ荻原重秀**《おぎわらしげひで》という人がいまして……。

では、このお話の説明のためにも、まずは**幕府のお財布事情**《さいふじじょう》**＆江戸の経済**《けいざい》について聞いてください。

少し時計の針《はり》を巻《ま》き戻《もど》して、綱吉が将軍だった元禄《げんろく》時代のお話です。

このとき、**幕府は財政上**《ざいせいじょう》**のピンチ**を迎えていました。

家光のころまでは豊かだったんですよ、財政。でも、家綱のときの**明暦の大火**（P108）や、**綱吉による度重**《たびかさ》**なる寺社造営**《じしゃぞうえい》（P137）などなどで、どんどん貯金がなくなっていき、何より**鉱山**《こうざん》**が衰退**《すいたい》したため、メチャクチャに金や銀が取れなくなり、もうホントにお金が底をついてきてたんです。

一方、世の中では……

「幕府が家綱のときまでがんばったインフラ整備《せいび》」、「耕地面積《こうちめんせき》の拡大《かくだい》や農業技術《ぎじゅつ》の進歩《しんぽ》」、などなどがコラボレーションして、お米の生産高は増加するわ、商品も流通するわで、庶民の生活は向上。「元禄の繁栄《はんえい》」と呼ばれるほど、経済が発展していってたんですね。

でもね。取引のために「お金が必要だー！」となっているのに、金銀が不足しているから貨幣《かへい》（お金）が足りてません。

インフレーション、デフレーションについて説明します！

チョコの例えでお話ししてみますね！

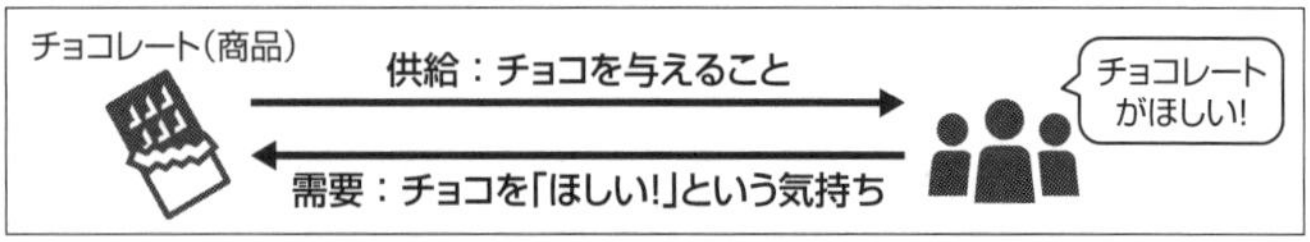


## インフレーション（インフレ）

**"チョコの価値（値段）が上がると、お金の価値が下がる"**

世の中にあるチョコの量（供給）よりチョコをほしがる人（需要）の方が多いと、「みんなうちのチョコをほしがってる。値段を上げてみよう。わ、それでも売れるからもう少し値段を上げてみるか」というように、チョコの値段は上がっていきます。これまで50円だったチョコが100円を払わなきゃ買えなくなるわけです。

チョコの値段が上がるとチョコを売っている人の収入が増えます。すると、チョコで儲けた人は、そのお金でさらに素敵なチョコを作る→需要が増えてもっと儲かる→儲かったお金で自分のほしいバナナを買う。というように、お金が世の中をまわるので、**ゆるやかなインフレ**は**景気が良くなる**んです。

でも急激にモノの値段（物価）が上がるのはダメ。だって値段が高すぎるとモノが買えませんもんね（これ『**ハイパーインフレ**』って言います）。

## デフレーション（デフレ）

**"チョコの価値（値段）が下がると、お金の価値が上がる"**

チョコの量（供給）よりチョコをほしがる人（需要）の方が少ないと、「売れないから値段を下げて買ってもらおう……」となって、これまで100円だったチョコが50円になったりします。チョコ売れない→儲からない→買い物しない→バナナ売れない……というように、モノの値段は安くてお得に見えるけど、その分みんな儲かってないのできついです。

まとめると
**「需要（ほしい）が供給（商品の量）を上回るとインフレになる」**

**「供給（商品の量）が需要（ほしい）を上回るとデフレになる」**

ってことですね。

すべてのモノや商品、サービスに関係するし、これから紹介するお話にも深く関係してくるから要チェック！お願いします！

モノ（おもに米）は増えたけど、お金が少ないから買えない。ほしくても実際に買えずに、**供給が需要を上回っている状態**。デフレです（インフレ・デフレって何？って人は、P156の図を見てね！）。

財政ピンチで世の中デフレ。絶対なんとかしなきゃいけません。

そこで、これらのヤバい状況のために立ち上がったのが、先ほど紹介した**荻原重秀**なんですよ。綱吉の時代から『**勘定所**《かんじょうしょ》』（幕府財政や年貢《ねんぐ》の徴収《ちょうしゅう》などを担当する役所）に勤めている超《スーパー》エリートでございます。

財政を回復させるために重秀がやったこと。それは、〝**今までの貨幣《かへい》を回収して、溶かして作り直す**（ほんで再び市場に流す）〟。これを『**貨幣改鋳**《かいちゅう》』と言います。

さてみなさん。「小判《こばん》」は何でできているでしょう？

金《きん》だけでできているように見えますでしょ。でも実際は、金と銀の合金《ごうきん》なんです。

これまで使われていたのは『**慶長**《けいちょう》**小判**』といって家康が作ったもの。こちらは**金の比率が約84％**とかなり金が多めです。がしかし……

重秀が貨幣改鋳によって作った『**元禄小判**』は、**金の比率が約57％**。金、減りまくり。貨幣の品位《ひんい》を落とした、要は〝**質の悪い小判**〟を作っちまったんですね。「何でそんなこと……」とお思いでしょうが、大事なのはここからです。

元禄小判は慶長小判より価値が低そうですよね。金少ねぇし。でも重秀は、

「今回の小判も前の小判と同じ〝1両〟の扱《あつか》いです！」と乱暴《らんぼう》な宣言をし、**「元禄小判1枚＝慶長小判1枚」**として、強制的に交換させていくんですね《交換の際にお気持ち程度の上乗せ（約1％のプレミアム）はありましたが》。

で、改鋳をするわけだけど、使用する金が減ってるので、「慶長小判2枚で、元禄小判が3枚もつくれるぞ！」となりますわね。すると金が余る。んで、

**この浮いた金が幕府の利益となったんです。**これを**『発行益《はっこうえき》』**とか**『出目《でめ》』**と言うんですが、改鋳によって幕府はボロ儲《もう》けできたんですね。

さらに、貨幣がいっぱいできたので、デフレに生きる庶民にも多くの貨幣が行き渡る。というわけで重秀は、アイデア1つで幕府の財政難《ざいせいなん》とデフレを一挙《いっきょ》に解決する、魔法《まほう》のようなことをやってのけたんですね。

と、言いたいところですが……貨幣が多く出回ったことで、〝貨幣の価値が下がりモノの値段がブチ上がる〟、**ハイパーインフレ**を引き起こしてしまったんです。

お金を稼《かせ》ぐために金銀をイジった〝詐欺師《さぎし》重秀〟のせいで、人々の生活はさらに苦しくなってしまったのでした。

と、昔から言われ続けてきたのですが……。

## 火の児VS天才詐欺師

現在じゃ重秀の評価、ガラッと変わっております。

貨幣のニーズがあるところに貨幣が投入されたわけですからね。物価《ぶっか》は上昇したけどゆるやかに上がっていったので、特に庶民《しょみん》が苦しめられたような形跡《けいせき》はない。むしろ景気は良くなった。と最近では言われているんですね。

それに、重秀のやり方って一見詐欺《さぎ》っぽいけど、どこかで見覚えがありませんか？

当時は日本だけじゃなくヨーロッパでも、「金や銀のように**物質そのものに価値がある貨幣**」が当たり前の時代。でも、現代の僕らが使っている紙幣《しへい》って、素材《そざい》自体にはほとんど価値がありませんよね？　1万円札の原価《げんか》はたかだか17～25円。しかし、国や法律が「これはお金です！」と言ってるから、紙をお金として使用できてるわけです。

なので、重秀の「素材の価値を下げてもお金はお金」って、「素材に価値がなくてもお金だぜ！」という現代のお金の理論《りろん》と、ほぼ一緒のことなんです。なんちゅう先《せん》見性《けんせい》でしょう。

貨幣改鋳の功績《こうせき》が評価《ひょうか》された重秀は、勘定奉行《かんじょうぶぎょう》（勘定方のトップ）に昇進《しょうしん》。財政&経済《けいざい》の天才は、家宣が将軍になっても幕府の財政を任され続けたのでした。ところが、重秀のことを絶っっ対に認めなかったのが、白石です。

**白石**「おいおいおい！　やい!!　金や銀の比率をイジるなんて絶対にやっちゃダメだ！まず慶長小判は家康様が作られたものなんだから、それを改鋳するなんて言語道断《ごんごどうだん》だ！　そして2つめ！　金銀は「天地の骨」だ！　自然界からもらった宝の品位をみだりに下げれば、天の怒りに触れて災害が発生するぞ！」

と重秀を強くバッシングします。

ちょっと理由が非科学的だな…と感じたかもしれませんが、この当時はどちらも大切にされていた感覚なんです。それに、貨幣改鋳が一度だけなら白石はここまでキレていなかったかもしれません。

実は重秀、地震や噴火《ふんか》などの天災（P144）によって大ダメージを受けた幕府財政のために、金貨や銀貨の改鋳を繰《く》り返し行っているんですね（諸大名からお金（賦課《ふか》金《きん》）を徴収《ちょうしゅう》したりもしています）。

度重なる改鋳に経済は混乱。このときはさすがにハイパーインフレが起こったと言われていて、白石はこれらすべての改鋳にブチギレていたんです。

**重秀**「初めて金銀を改鋳して以来、世間の人は批判しているが、大災害もあったこの13年間、改鋳以外にどうやって国を救えたと言うんだ！　まず改鋳でさしあたっての必要を満たし、のちに財政が豊かになったら金銀の品位をもとに戻すことは簡単だろ！」

**白石**「最初に貨幣改鋳しなけりゃ、天災も連続で起きなかったかもしれないだろ！」

この議論《ぎろん》は4万㎞進んでも平行線。白石は自身の著書《ちょしょ》で、

「この世が始まって以来、重秀ほどの悪人はいまだに聞いたことがない」

という風に言っています。もう毛先のキューティクルから、つま先のささくれまで大嫌い。純度1000％の憎悪《ぞうお》。

これだけ嫌いな相手を「火《ひ》の児《こ》」と呼ばれた白石が放っておくはずがありません。家宣に弾劾書《だんがいしょ》（不正や犯罪などを理由に罷免《ひめん》or処罰《しょばつ》を訴《うった》えた書状）を提出して、重秀を勘定奉行の座から引きずり下ろそうとするんですね。

**家宣**「却下《きゃっか》」

**白石**「え！」

無理でした。

家宣も詮房も重秀の能力を買っていたので、白石の意見はまったく通りません。しかし、諦《あきら》めの悪い男、白石は、なんと再び弾劾書を提出します。

すると、やはり家宣と白石は固い絆で結ばれた主君と家臣。ともに学問を探究《たんきゅう》する生徒と先生でもあったので、

**家宣**「却下」

**白石**「え！」

無理でした。

白石の訴えは2度にわたって退《しりぞ》けられます。しかし、不屈《ふくつ》の闘志《とうし》エモーショナルファイヤーボーイ白石は、まったく懲《こ》りずにまたもや弾劾書を提出。すると、

**家宣**「了解《りょうかい》」

**白石**「それはそれで、え！」

なんと3度目はオッケー。重秀の勘定奉行解任《かいにん》に成功したのでした。
これまでダメだったものが、なぜ3度目で受け入れられたのか。理由は明らかになっていません。考えられるのは、
3度目の弾劾書が9000字を超えていて白石の圧《あつ》がすごかったとか、「家宣様、私と重秀のどっちをとるの！」という白石の圧がすごかったとか、家宣は重秀解任《かいにん》から約1か月後に亡くなるので、体調の悪さから判断に違いが生じたとか、
そういった要因《よういん》が重なったためだと言われ………というか、〝約1か月後に亡くなる〟って………え、家宣死ぬの？
実は家宣、将軍に就任してたったの3年5か月で、病気のためにこの世を去ってしまうんです。なんて儚《はかな》い……。
志半ばとはまさにこのこと。家宣の時代に企画された政策はたくさんあるのですが、その完成は次の将軍のときに持ち越されることになったのでした。

というわけで、家宣のご紹介はここまで。

歴代将軍の中で、「もっと長く生きていれば……」と悔《く》やむ声が一番多いのは家宣かもしれません。

代替《だいが》わりしていきなり生類憐みの令を廃止したり、間部詮房や新井白石など、才能

のある家臣を登用して数々の改革に取り組んだりと、その手腕はさすがベテランといったところ。

白石と犬猿《けんえん》の仲だった荻原重秀を使い続けたのも、私情《しじょう》をはさまず能力を重視《じゅうし》する、理想の上司像と言えるんじゃないでしょうか。

家宣が将軍になったばかりのころ。新将軍の誕生を喜ぶ声とともに、新しい政治に対しての落書《らくしょ》（政治批判《ひはん》などが書かれた匿名《とくめい》の文書）も、多く見受けられたことがありました。「落書が盛んになるのはよくありません。ただちに禁止すべきです」と主張する老中たちに対して家宣は、

**家宣**「世の人々は、このような形で遠慮《えんりょ》なく思うところを言っているのだ。その中には、自分の戒《いまし》めとすべきことや採用《さいよう》するべき意見もあるだろうから、たとえどんなことが書かれたものでも写して、皆で見なくてはならない。落書などを禁じて、世の言論《げんろん》を封《ふう》じるようなことはもっとも良くない」

と言って、落書を禁止にはしなかったと言います。歴然《れきぜん》とした身分の差があった時代、上に届かない庶民の小さな声に耳を傾けた家宣。

この1つをとっても、歴史に残る名君《めいくん》だったと思います。

# 第7章

## SHOGUN PROFILE

| | |
|---|---|
| 何代目？ | 7代将軍 |
| おなまえ | 徳川家継《とくがわいえつぐ》 |
| あだ名は？ | なし |
| ゆかりの地は？ | 新井白石像《あらいはくせきぞう》(久留里城址《くるりじょうあと》) |
| 生きた年は？ | 1709(宝永《ほうえい》6)年〜1716(正徳《しょうとく》6)年 |

にがおえ

**趣味は？**
帝王学を学ぶ

**特技は？**
幼くても立派な立ち振る舞い

**起こったことor行ったこと**
正徳の治

**自分を四字熟語で表すと？**
前途有望

**頼れる人は？**
間部詮房
新井白石

**恋愛&結婚**
????

**みんなにひと言！**

子どもだけど、将軍として精一杯がんばりました!

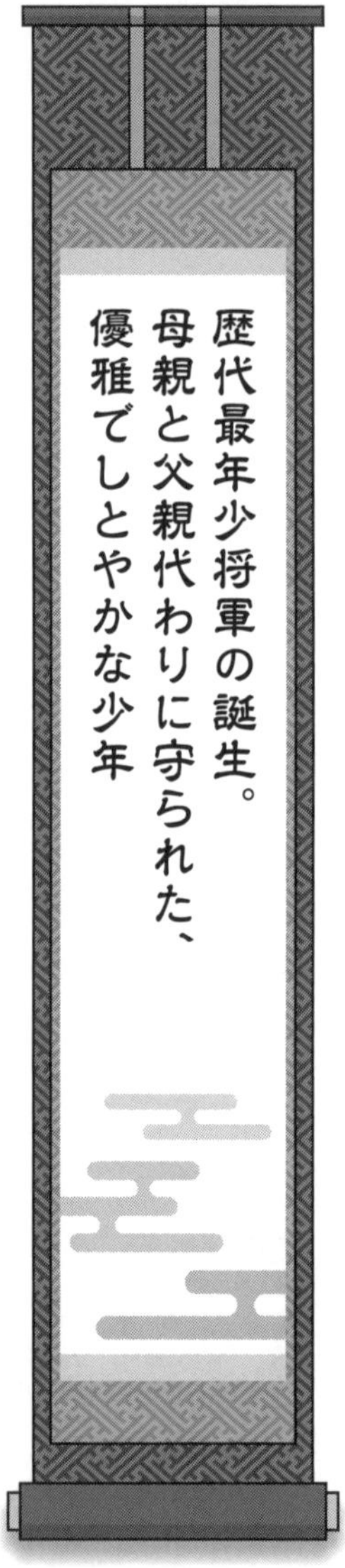

歴代最年少将軍の誕生。
母親と父親代わりに守られた、
優雅でしとやかな少年

徳川家継《いえつぐ》の紹介はひと言で済《す》みます。**幼い**。以上。

いや、もうちょいあるだろ。と、自分でも思ってるし、ホントにあるので続きを書きます。まずは、幼い将軍誕生の経緯《けいい》を聞いてください。

家宣には近衛家《このえけ》（貴族トップ5のトップ）から迎えた**正室・近衛熙子《ひろこ》（のちの天英院《てんえいいん》）**と、数人の側室がいて、何人かのお子さんにも恵まれたんですね。

ところが、ほとんどの子が1～3歳の間に亡くなってしまい、残るは**側室・お喜世《きよ》の方《かた》（のちの月光院《げっこういん》）**が生んだ、**鍋松《なべまつ》（のちの家継）**だけとなっていたんです。

となると、鍋松が跡を継ぐのが順当《じゅんとう》。親なら「我が子に将軍になってほしい」と願うのが人情ってもの。ところが、病状が悪くなった家宣は、詮房《あきふさ》と白石《はくせき》にこんなことを言い出すんです……。

## リトルタイクーンとナベ&セッキー

**家宣**「私に跡継ぎがいないわけではないが、天下は私物化《しぶつか》するものではない。古《いにしえ》よりこのかた、幼君《ようくん》（幼い君主）のときに世の中が安定することは少なく、家康公が御三家《ごさんけ》を創られたのはこういうときのためだ。将軍の座は……**尾張藩主《おわりはんしゅ》・徳川吉通殿《よしみちどの》**に譲《ゆず》りたいと思う」

**間部・白石**「え!!」

**家宣**「あるいは鍋松を将軍として政治のすべてを吉通殿に任せ、もし鍋松が早世《そうせい》する（早くに亡くなる）ようなことがあれば、吉通殿に将軍となってもらう。どちらが良いだろうか？」

**白石**「えっと……両方却下《きゃっか》で」

**家宣**「え！」

**白石**「我が子の幸せを考えない者はいない中、本当にご立派《りっぱ》でございます。しかし、どちらも世のためになるとは思えません。跡継ぎが分かれて派閥争《はばつあらそ》いが起こり、世を騒がせた例は過去にいくつもございます。御三家、御一門《ごいちもん》、譜代《ふだい》のみなさまが守《も》り立てていくのですから、鍋松君《なべまつぎみ》が将軍を継がれるのに何の心配があるでしょうか」

**家宣**「鍋松がすぐに亡くなればどうする」

**白石**「はじめにおっしゃったように……家康公が御三家をつくられたのは、そういうときのためです」

自分の体が危ういのに死後のことを考え、さらには世の平和のために、我が子ではなく、徳川吉通に将軍の座を譲《ゆず》ろうとした家宣。もう名君があふれて止まりません。爪の垢《あか》を煎《せん》じてハチミツを加えたものを飲みたい。

しかし、結局は白石らの支持《しじ》を受けた鍋松が、「家継」と名前を変えて将軍に就任。ただ家継……ホントに幼いんです。

このとき彼、**5歳**です。数えでね。実年齢《じつねんれい》で言えば、誕生日を迎《むか》える前ですから、たったの**3歳**。3歳ですよ。3歳っていったら何歳ですか？（テンパりました）。

こうして、4代家綱のレコードを塗《ぬ》り替《か》えるリトルタイクーン、**歴代最年少の第7代将軍・徳川家継**が誕生したのでした。

誕生したけど、もちろん家継に政治は無理。なので、家宣時代の中心人物が引き続き政治を行っていきます。もうおなじみ、ナベ＆セッキー（間部と白石）ですね。

**白石**「まずは何より『貨幣改鋳』だ！　おのれ荻原重秀《しげひで》め……！」

と、つぶやいたかは知りませんが、白石がすぐに取りかかったのが貨幣改鋳。にっくき重秀が引き起こしたインフレを改善《かいぜん》するため、貨幣の品位《ひんい》を慶長小判のころに戻したんですね。今度は、〝質を上げる〟方の改鋳を行なったわけです（これ**『正徳小判《しょうとくこばん》』**って言います。銀貨も戻したよ）。

**白石**「次は長崎での貿易を何とかしなければ、国内の金銀が尽き果ててしまう……！

こうなったら**『海船互市新例《かいはくごししんれい》』**だぁぁ――!!」

中二病が考えた必殺奥義《ひっさつおうぎ》みたいですが、**『海舶互市新例（長崎新令《ながさきしんれい》、正徳新令《しょうとくしんれい》とも）』**とは、貿易に関する法令です。

ご存知のように、長崎では清《しん》（中国）やオランダと貿易を行っていて、彼らが持ってきた品物は、金や銀や銅で購入していたんですね。

しかし、問題が1つ。生糸などの人気商品の需要《じゅよう》が国内でどんどん高まり、輸入《ゆにゅう》が大きく膨らんでいくのに対し、日本から輸出《ゆしゅつ》する品物……全然なかったんです。その結果、**大量の金銀銅が、言わば日本の貴重《きちょう》な資源《しげん》が、国外に流出《りゅうしゅつ》**しまくったんですね（金や銀の不足は貿易のせいもあったわけです）。そこで白石は、

「金銀の海外流出を防ぐために、**清・オランダの船の数や、貿易額を制限《せいげん》するぞ！**」

という法令を出した、これが『海船互市新例』です。

再度の貨幣改鋳と海船互市新例。白石が実行した政策のうち、**二大改革とも言える大きな柱**が、この2つだったんです。ただ——。

『正徳小判』への改鋳は、今で言う金融《きんゆう》引き締《し》めのようなもの。経済が成長してるのに貨幣量を減らしてしまい、デフレ不況《ふきょう》を招いたと言われているんですね。

それに、教科書などで「貿易額を制限した」として取り上げられる海船互市新例ですが、これ別に白石のオリジナルアイデアじゃありません。実は、幕府はそれより前から、貿易の制限を行っているんです。んー……こうなってくると……**なんか柱が弱ぇ**。

改革の二本柱がこれかぁ……。それなら、ライバル・荻原重秀のやった事の方が、だんぜんすごかったように感じちゃう。と、思った方がいる以上、私は白石のフォロ

―もしておかなければなりません（なんとなく）。

たしかに、最初の貿易制限は海船互市新例じゃありません。そのかわり、この法令ではいろんなことを決めていて、その1つに密貿易《みつぼうえき》（密輸ですね。悪いよね）の取《と》り締《し》まりがあったんですね。

以前から船の数を制限していた幕府。すると、「だったら、こっそりと貿易すりゃいいじゃん」と、違法《いほう》をぶちかますヤツらがわんさか出てきたんです。それに対し白石は、

**白石**「よし！　それならば、さらに船の数を減らします！」

**長崎奉行**「まさかすぎる発言！　そんなことしたら、もっと密貿易が盛んに…」

**白石**「そのかわり！　積んで来た荷物はすべて買い取らせてもらう！　密貿易したくても、モノがなけりゃやりようがないだろ！」

と、ごもっともな方法で対応。さらには、**『信牌《しんぱい》』**と呼ばれる貿易許可証《きょかしょう》を外国船に与え、「信牌を持ってない船とは貿易しませんから！」と、貿易制限の徹底《てってい》を図ったんです。

そして、お金に関して。荻原重秀の評価が、「昔：悪人！」→「今：現代っぽくて

すごい！」に変わっていった分、白石の考えが「古くさ！」とされることが増えたんですが、この先はわかりません。

今から10年以上前（ちょっと現代の話をしますね）、中央集権《ちゅうおうしゅうけん》（政府や中央銀行など）がデータを管理しない〝ブロックチェーン〟と、その技術を使った〝ビットコイン〟が登場しました。その特徴《とくちょう》の1つに、〝発行枚数に上限《じょうげん》（2100万BTC）がある〟という、金のような希少性《きしょうせい》があります。

「限られた資源だから価値がある」って考えは白石と一緒。ビットコインなどの暗号資産がさらに普及《ふきゅう》し、通貨の概念《がいねん》が新しくなる未来がやってくれば、白石の評価も変わってくる……かもしれませんね。

ま、新井白石と荻原重秀は、どちらも天才だった。ってことです。仲悪いけど。

さて、引き続き政治を一手に引き受けるマナティーとセキティー（間部と白石）。

しかし、彼らの地位を脅《おびや》かす、江戸時代最大の**スキャンダル**が起こります。

## 謎に包まれた江戸時代最大のスキャンダル

詮房と白石には、**すっごい邪魔が入っておりました**。詮房が家継をサポートして大きな権限《けんげん》を手に入れ、そのバックアップのもと、白石が様々な政策を実施《じっし》。この完璧《かんぺき》なスタイルで政治に取り組んでいたのですが……

**老中**「幕府の政治を取り仕切るのは老中と決まってるんだ！　甲府からやって来た将軍と仲が良いだけの2人が、なぜにデカい態度を取るかね！　妨害《ぼうがい》してやる！」

**林信篤**《はやしのぶあつ》「学問担当は林家《りんけ》！　新井じゃない、林だ！　妨害してやる！」

老中の一部や林信篤が妨害《ぼうがい》してくるので、いろんなことがスムーズにいかなかったんです。一方、大奥の中でも、

家宣の正室として大奥トップの座に就く天英院《てんえいいん》。を取り巻く、**天英院派**

VS

家継の母として力を持った月光院《げっこういん》。を取り巻く、**月光院派**

の対立がありましてね。詮房は家継の守りをする立場から、〃大奥への出入りも特

別に許される〟ほど、月光院と超仲良し。だから、「月光院派－詮房－白石」の強力なラインが完成していたんですが、老中・林・天英院派の邪魔が入るわけなんですよね。で、そうなると、

――ねぇ知ってる？　月光院様と間部さんて、デキてるんだって。

こんな根も歯もない噂までささやかれるようになっちゃう……。

と、そんなところへ、月光院・詮房・白石が一斉《いっせい》に白目をむいた、大奥最大のスキャンダル、**『絵島生島《えじまいくしま》事件』**が起こります。

事《こと》の発端《ほったん》は、〝墓参り〟です。月光院に仕える『大奥御年寄《おとしより》』（大奥の最高位クラスの役職）の**絵島**が、月光院の代理で、徳川家の菩提寺《ぼだいじ》（先祖代々のお墓がある寺）である**『寛永寺《かんえいじ》』**と**『増上寺《ぞうじょうじ》』**へ向かったときのことでした。

墓参りを済ませた絵島ご一行は、まっすぐ帰……らず、芝居小屋《しばいごや》・山村座《やまむらざ》で、**生島《いくしま》新五郎《しんごろう》**という人気俳優《はいゆう》が出演する芝居を鑑賞《かんしょう》します。

その後、絵島は生島ら役者を呼び寄せ、女性陣、役者陣入り乱れての大宴会《だいえんかい》へと突入。しかし、宴会に夢中になった彼女たちは、江戸城大奥の門限《もんげん》を破ってしまい、これがのちに大問題へと発展するんです。

「代参《だいさん》（本人に代わって神仏へお参りすること）の帰りに芝居を見物し、なおかつ役

者と宴会で大騒ぎしたうえに門限を破るとは、どういう神経してんだ！」

「それに、絵島と生島はどっぷりとアダルトな関係にあったそうじゃないか！」

門限を破ったことをきっかけに、大奥の風紀《ふうき》の乱れや、絵島と生島の関係が問題視《もんだいし》されたんですね。

その結果、絵島は信濃高遠藩《しなのたかとおはん》へお預け。さらに、絵島の兄は斬首《ざんしゅ》、弟は重追放《じゅうついほう》（追放の中でもっとも重いもの）、生島は島流しとなり、山村座は廃業《はいぎょう》に追い込まれます。

その他にも、事件に関係する者が次々と処罰《しょばつ》され、大奥だけでなく江戸城を揺るがす一大事件となった、これが『絵島生島事件』のあらましです。


しかし……何だかとっても腑《ふ》に落ちない。

たしかに、代参の帰りの寄り道は、基本的に認められていません。が、暗黙《あんもく》の了解として行われていたんですね。それなのに、門限を破ったことはほどほどに、なぜ芝居見物や宴会に対して、急に鋭いメスが入ったのか？

さらに、絵島と生島の関係も、絵島本人は最後まで否認《ひにん》していますし、証拠《しょうこ》らしい証拠はなかったと言います。実のところこの事件、事の真相《しんそう》も、どうして騒動がここまで大きくなったのかも、不明な点が多すぎるんです。

ただ、今回の事件で大きなダメージを受けてしまうのは……やはり絵島の上司である月光院。ということは、天英院派が陰《かげ》で糸を引いていた？　しかし、代参の帰りに遊ぶことを問題にしてしまうと、自分たちが代参したときにも遊べなくなってしまう。だが待てよ、ターゲットは月光院だけなのか？　月光院の力を弱めることにより、彼女の先にいる者たちの権威失墜《けんいしっつい》を狙った、それが本当の目的なんじゃ……？

そうか……謎《なぞ》は……謎はすべて解けた。

『絵島生島事件』の黒幕は、詮房と白石の主導《しゅどう》する政治を快《こころよ》く思わない老中！　すべては彼らが仕組んだ陰謀《いんぼう》だったんだ！　って、推測《すいそく》されたりするこの事件ですが、あくまで推測。天英院や老中の陰謀だったとする史料や証拠は何もないんです。

ただ1つ言えるのは、詮房と白石には敵がいて、政策を実行するのもひと苦労だったこと。そして、詮房のバックアップで、白石が家宣・家継時代に行った改革は、

## 『正徳《しょうとく》の治《ち》』

と呼ばれていて、こういった障害《しょうがい》を乗り越えて完成させたんだよ、ということだけです。

あ、そうだ。『正徳の治』の政策には、経済や貿易だけじゃなく、〝コミュニケーション〟なんてのも含まれていたんだけど、そのお相手というのが、**朝廷**です。

## 幕府と朝廷の未来は家継様にかかってます！

昔から、幕府と朝廷の関係は、とってもビミョーです。

いつのまにか歴史に登場した武士が、いつのまにか政治まで行うようになったもんですから、それまで全国を支配していた朝廷とは、一もんちゃく飛び越えて八もんちゃくぐらいあったわけです。険悪なときもあれば、仲の良い時期もあったりと。

じゃあ、江戸時代の幕府と朝廷はどうだったかと言うと……

**家康**「こちら『禁中《きんちゅう》並《ならびに》公家《くげ》諸法度《しょはっと》』って言います。つうわけで…………ヨロシク」
**朝廷**「（ゴクリ……）ヨ、ヨロシク……」

家康は『禁中並公家諸法度』で、天皇と公家の動きに口を出してますから、力関係では幕府の圧倒的優位。ただ、朝廷には官位をいただいてます。公家諸法度も「日本の君主《くんしゅ》は天皇」ということを前提に書かれています。なので、朝廷を敬ってはいるんですが……家康の圧が強くて、良い関係！　とは決して言えません。

秀忠・家光時代もいろいろあったけど（和子の入内、紫衣《しえ》事件など）……ま、ビミヨーです。しかし、そんな関係も、4代家綱のころから改善《かいぜん》されていくんです。さすが文治政治といった感じで、5代綱吉のときには、歴代の天皇御陵《ごりょう》（お墓）の修復を請《う》け負《お》うなど、「朝廷と仲良くしようよ！」の態度を前面に押し出していくんですね。で、6代家宣の時代になると……

**白石**「朝廷とはさらに仲良くしなきゃいけない！　聞いてください家宣様！」

**家宣**「（相変わらず熱がやばい……）けど、どした？」

**白石**「……けど？　現在朝廷では、皇位《こうい》を継承《けいしょう》される以外の皇子や皇女は、みなさん出家《しゅっけ》される（僧となる）というのが慣例《かんれい》です。皇族の方々が減ると、**皇統《こうとう》が断絶《だんぜつ》する危険**が増します！　これは良くない！　天皇家に跡継ぎがいない場合、皇位継承者を出す**『宮家《みやけ》』**（伏見宮《ふしみのみや》、桂宮《かつらのみや》、有栖川宮《ありすがわのみや》）がすでに存在しますがぁしかし！　現在の天皇家と『宮家』は遠い血縁。徳川家の御三家のように、新たな『宮家』が必要だと思うんです！　将軍家だけでなく、朝廷も一緒に栄えていくべきです！　それが将軍家の権威にもつながります！」

**家宣**「（とてもよくしゃべる……）けど、たしかにそうだね」

**白石**「けど？」

というわけで、家宣は白石の意見を採用《さいよう》。幕府が費用をプレゼントし、新たに『閑院宮家《かんいんのみやけ》』が創設されたのでした。

でね。白石の提案は、約70年後に効果を発揮します。時の帝・後桃園天皇は、皇子がないまま崩御。そのため『閑院宮家』から、次代の**光格天皇**《こうかく》が誕生することになるんですね。白石すげぇ（今日の皇室は光格天皇の直系にあたります）。

そして迎えた7代家継のときの朝幕《ちょうばく》関係ですが、こちらはもうダイレクト。なんと幕府、まだ7歳の家継と、まだ**2歳の八十宮**《やそのみや》（霊元法皇《れいげんほうおう》の皇女）の婚約を計画するんです。八十宮の実年齢は**1歳**。バブりちらかしてる。でも婚約。

「幕府と朝廷の関係を良くするため」ってのもありますが、「皇女を奥様にもらって、最年少将軍に権威をつけたい！」というのが、白石や詮房、月光院や天英院にいたるまでの本音だったんですね。

しかし、家継と八十宮が夫婦になることはありませんでした。

婚約した次の年、家継は亡くなります。

享年8。満6歳（死因は風邪の悪化による肺炎《はいえん》）。そして、八十宮は数え3歳で夫を亡くし、すでに家継の正室と考えられていた彼女は、一生独身のまま45歳でその生涯《しょうがい》を閉じたのでした。

「生まれつき聡明《そうめい》で、立ち振る舞いも閑雅《かんが》（しとやかで優雅《ゆうが》）」だったという家継。江戸城を訪れた輪王寺《りんのうじ》の住職が深々と頭を下げたのに対し、家継は軽く会釈《えしゃく》をするだけに留めたと言います。幼くとも、月光院や詮房の教育により、将軍としての自覚と自然な振る舞いを身につけていたんですね。

早くに父親を亡くした家継にとって、詮房は父のような存在でした。将軍といえど家継のことを甘やかさず、時にはきつく叱《しか》ることもあった詮房。家継がわがままを言ってぐずったりしたときは、「越前殿《えちぜんどの》（詮房）が参られます！」と言うと、ピタッとおとなしくなったそうです。

それでも、詮房のことを「えち、えち！」と呼ぶ家継は、詮房のことが大好き。詮房が外に出かけて帰りが遅くなったとき、家継は庭の近くまで行き、立ったままその帰りを待っていたと言います。

大人のように振る舞うことができても、まだまだ幼かった将軍。家継を失った詮房たちの悲しみは、どれほどだったでしょう。

家継が亡くなったことにより、徳川宗家《そうけ》の血統は断絶しました。この大ピンチに登場したのが、〝米〟や〝暴れん坊〟をニックネームに持つ、あの将軍です。

# 第8章

## SHOGUN PROFILE

| | |
|---|---|
| 何代目？ | ８代将軍 |
| おなまえ | 徳川吉宗《とくがわよしむね》 |
| あだ名は？ | 米将軍 |
| ゆかりの地は？ | 堂島《どうじま》米市場跡碑《あとひ》、赤坂氷川《ひかわ》神社 |
| 生きた年は？ | 1684（貞享《じょうきょう》元）年〜1751（寛延《かんえん》4）年 |

にがおえ

**趣味は？**
乗馬
鷹狩り

**特技は？**
水墨画
倹約

**起こったことor行ったこと**
享保の改革

**自分を四字熟語で表すと？**
猪突猛進

**頼れる人は？**
大岡忠相
水野忠之
松平乗邑

**恋愛＆結婚**
肉食系

みんなにひと言！

米の価格に振り回されながらがんばった私の人生について読んでください！

## 運命のイタズラ？　で、なるはずになかった将軍へ。知名度抜群の暴れん坊・米将軍

この人は有名ですよね。

家康とトップ争いをするくらい、人気も知名度もあるのが徳川吉宗。でもね、

**彼が将軍になる予定なんて、これっ……ぽっちもなかったんです。**

吉宗が生まれたのは今の和歌山県。紀州藩第2代藩主・徳川光貞《みつさだ》の四男として誕生します（のちに江戸の紀州藩邸《きしゅうはんてい》にお引越し）。

「御三家だよね？　なら将軍になれんじゃないの？」と思った方。甘いんだな、これがっ（40代以上の方。和久井映見さんです）。

まず、御三家の中にもランクがあります。上から順に、尾張－紀州－水戸と設定されていたので、「御三家から跡継ぎを！」とお呼びがかかった場合、第一候補は尾張になるんですね。しかもですよ……（と、このまま本編に突入しましょう）。

## 奇跡をたぐり寄せた強運将軍

万が一、紀州に順番がまわってきたとしても吉宗は四男坊。次男は幼いころに亡くなっていたので、実際は3番目の候補だとしても、ロードto ザ将軍は天竺《てんじく》を思わせる遠さ。

だからありえません。ありえない確率で次々と将軍候補が死んでいかない限り、吉宗が将軍になることはないんです。でも、

次々と死んでいったんですよ（怖いこと言ってごめん）。まず、父（光貞）の引退で跡を継いでいた長男（綱教《つなのり》）が41歳で病死。彼には子どもがいなかったので三男（頼職《よりもと》）が跡を継いだのですが、なんと約4か月後に、その三男も26歳という若さで亡くなります。ちなみに、2人の兄の死の間にはパパも亡くなっていて……

**吉宗が紀州藩第5代藩主になっちゃった。**

人が亡くなってるのに何ですが、ここですでに第一の奇跡《きせき》が起こってるわけです。

でも、このときの紀州藩主は超大変。だってなんてったって財政難《ざいせいなん》。その原因は、

「3度にわたる江戸の藩邸の焼失《しょうしつ》」「大旱魃《だいかんばつ》」

「一番上の兄と綱吉の娘（鶴姫《つるひめ》）との婚礼《こんれい》による多額の出費」「兄と父の死で3連続

した大きな葬儀《そうぎ》」……いや多い多い多い。冠婚葬祭火事親父《かんこんそうさいかじおやじ》と原因が多い。と、吉宗がつぶやきたくなるほど、紀州藩はボロッボロのペラッペラ。

ところが吉宗は、徹底《てってい》した倹約《けんやく》、新田開発《しんでんかいはつ》や用水工事《ようすいこうじ》による年貢《ねんぐ》の増加で、藩の財政を立て直すことに成功するんです。四男坊、すげぇ才能を持ってました。

そして、ポテンシャル抜群《ばつぐん》の彼に、さらなる奇跡が起こります。

家継の容体《ようだい》が「こりゃヤバい！」となったとき。もちろん彼に跡継ぎがいるわけもありませんから、ついに、〝こういうときのために設置された御三家〟から、後継が選ばれることになります。

**老中**「御三家のうち誰かに、ひとまず将軍の後見《こうけん》（後ろ盾となって助けること）として幕府に入ってもらおう。で、家継様にもしものことがあれば、そのまま将軍になってもらうんだ。それが、**6代家宣様の『遺命《いめい》』**（死ぬときに残した命令）でもあるから」

家宣と白石の会話を読み返してみてください（P167）。

家宣は、7代目を**尾張の徳川吉通《よしみち》**にしようとしてましたよね。それを白石が「ぜったい家継様！」と押し切り、なんとなく次の将軍は家継という雰囲気《ふんいき》に。実はこのとき、家宣は、「家継のことマジでよろしく」と、御三家に息子のサポート（後見）をお願いしていたんです。これが、家宣の遺命です。

しかし、冷静に考えて。家継の後見&次の将軍は、「御三家の誰か」じゃなく、家宣の遺命を大切にするなら、彼が候補にあげた尾張のヨシミっち（吉通）でよくないですか？　優秀だし若いし、御三家ランクも一番上の尾張だし。事実、誰もが8代将軍に一番近いのは、吉通だと思ってたんですよ。

それなのに「御三家の誰か」って。吉通が何か不祥事《ふしょうじ》でも起こしたのかしら？

いいえ、死んじゃってたからです（身も蓋《ふた》もない言い方でごめん）。

そう、なんと吉通。家継が亡くなるより前に、25歳という若さでこの世を去っていたんです。しかも、食後に急に吐血《とけつ》して、苦しみながら亡くなるという死に方で……。

さらに、そのあとを継いだ息子も、数か月後に3歳で亡くなるという、世にも奇妙な展開が止まらない尾張藩。なので、このときの尾張藩主は、吉通の弟・徳川継友《つぐとも》。さ、盛り上がって参りました（いや、ややこしくなって参りました）。

吉通という最有力候補を欠いた御三家のラインナップは、

**「尾張・徳川継友（25歳）」「紀州・徳川吉宗（33歳）」「水戸・徳川綱条《つなえだ》（61歳）」**

といった人たち。さて、いったい誰が適任《てきにん》なのでしょう？

やはり、家柄で言えば尾張の継友。ですが、他の2人は家康のひ孫にあたるのに対して、継友は玄孫《げんそん》（ひ孫の子ども）です。1つ血が遠い。そこが引っかかる。さらに継友は、家宣から遺命《いめい》を受け取っていない。うーん、引っかかりがとれません。ならば、やっぱりここは年長者。水戸の綱条は、遺命も受けているのでバッチリです。けど、御三家ランクは一番下……なんですよね。あれ？　そうなると。家康に血縁が近く遺命も受けていて、ランクが水戸より上の人って……。こうして、天英院《てんえいいん》（家宣正室）と老中たちが話し合った結果、次の将軍は吉む……

**吉宗**「家柄《いえがら》で言えば継友さん、年齢で言えば綱条さんが後見となるべきです！　私は辞退《じたい》します！」

大まじめ融通利《ゆうずうき》かの助。天英院や老中の意見を断固《だんこ》として拒否《きょひ》る吉宗。そんな彼に、とうとう大奥のラスボス・天英院が動きます。

**吉宗**「（大奥に呼び出された吉宗）失礼しま……」
**天英院**「おい遺命だぞ!!　断んな！　後見やれ!!」
**吉宗**「え、こわ。やります」

やることになりました（会話はうそです。でも天英院の説得で了承《りょうしょう》したそう）。

このあと家継が亡くなり吉宗が将軍となるのですが、それにしてもとんでもない強運の持ち主です。死ぬ予定になかった人たちが次々と亡くなり、紀州藩の四男が将軍になってしまったんですから。

「でもホントに運だけだったの？」と勘繰《かんぐ》ったあなた。察《さっ》しがいいです。「天英院や老中が吉宗を指名したのは、紀州藩が事前に彼らを取り込んでいたからだ」とか、「尾張の吉通とその子の死も紀州藩の謀略《ぼうりゃく》だ」といった説も、たしかにある。が、本当のところはわかりません。何もなかったとすれば、やはりまれにみる強運の持ち主。でも、もし何かやっていたとしたら、それはもうガチの暴《あば》れん坊将軍。

どちらにせよこれにて。御三家から迎える初の上様、**第8代将軍・徳川吉宗の誕生**です。

## 幕府をめちゃくちゃリフォームしてやる！

吉宗が怒涛《どとう》の改革を行い、『**江戸幕府の中興《ちゅうこう》の祖《そ》**』（長く続いた徳川政権の、途中にあった大ピンチを救ったすげぇ人）と呼ばれていることは、かなりの人が知っているかもしれませんね。そんな彼の記念すべき初仕事は、**「気をつかう」**です。

吉宗は、将軍の子でも弟でも甥《おい》でもありません。お伝えした通り、〝大奥や老中のおかげ〟で将軍になれた、親戚《しんせき》の人なんです。

そのため、大奥のラスボス（天英院）や中ボス（月光院）のことを大切にしなきゃいけなかったし（実際にしたし）、老中へもかなり気をつかわなきゃならなかった。

特に、このときの老中には手厚いメンタルケアが必要でした。

**老中**「5～7代将軍まで政治の中心にいたのは側用人《そばようにん》（柳沢吉保《やなぎさわよしやす》、間部詮房《まなべあきふさ》など）。
どこの馬の骨ともわからんやつが出しゃばりやがって！　政治を司《つかさど》るのは、
オレたち老中のはずだろ！」

と、不満でいっぱい。だから、「ねぇ吉宗さん。僕らが選んだ吉宗さんはそんなことしないよね？　老中が中心の政治を復活させてくれるよね？　ね？？」という、無言のプレッシャーをかけられていたんです。なので吉宗は言います。

**吉宗**「『側用人』を廃止《はいし》し、間部詮房や新井白石《あらいはくせき》らには、幕政《ばくせい》から外れてもらう」

**老中**「おおおお！」

**吉宗**「今の平和があるのは、家康様と譜代の先祖のおかげだ。私は譜代こそが将軍にもっとも近く、心を許せる家臣だと思っている」

**老中**「おお……おぅおぅ……おおぉぉぉ（泣）」

アザラシのように鳴く老中。いや、泣く老中（鳴いても泣いてもないけど）。

でもね、吉宗も紀州藩から家臣を連れてきているし、**『御用取次《ごようとりつぎ》』**という「ほぼ側用人」みたいな職業をつくっているので、綱吉や家宣と同じようなことをやってるんですよ。

ただ、この人の何がうまいって、連れて来た紀州藩士をひいきせず、石高や身分をベラボーに上げるなんてことをしなかったんですね。

吉宗の優しさに譜代と老中はメロメロ。ですが、**吉宗がエグいのはここから**です。ペコペコしたまま終わる気のなかった彼は、老中たちに質問をします。

**吉宗**「あのさ、○○ってどうなってる？　それと……〔合計3つの質問をする吉宗〕」

**土屋**「それはですね……〔2問を答えて〕。すみません、最後のはわかりません」

**吉宗**「なるほど。じゃあ幕府に入る1年間の年貢量《ねんぐりょう》って、どのくらい？　井上」

**井上**「え！　あー、年貢年貢年貢……年貢は、っと……申し訳ありません、わかりません……」

**吉宗**「あ、そう。では、江戸城には櫓《やぐら》がいくつあるんだ？　久世《くぜ》」

**久世**「きた！　あ、いえ、すみません……。櫓、ですよね。えっとたしか……ごめんなさい、存じ上げません……」

家柄《いえがら》はいいけど、能力の高くない老中たち。このあとも残りの老中2人に質問をしますが、どちらも答えられず……

**老中たち**「ご、ご質問いただいたものは、い、いずれ調べたうえでお返事いたします！」

**吉宗**「別にいいよ。急ぐことでもないから」

老中、完全ＫＯ。

なんと吉宗、ただいくつかの質問をぶつけただけで、老中と自分の立場を一気に逆転させてしまったんです。こんな穏やかなマウントの取り方があるでしょうか。

しかし吉宗は、ポンコツ老中に権威を与え続けます。そうしておけば、**老中の上にいる将軍の権威がもっと高まるから**なんですね（したたかすぎて怖い）。

こうして、パワーとフットワークを手に入れた吉宗。ここから彼は、**『享保《きょうほう》の改革』**と呼ばれるリフォームに取りかかっていきます。

幕府財政は変わらずピンチ。元禄バブルがはじけて世の中も不景気。おまけに江戸時代突入から1世紀が経過《けいか》し、政治システムにも不具合《ふぐあい》が出まくっていたこのころ。

今のままじゃ、幕府はジエンドを迎えちゃう。てことで、吉宗はまず、綱吉が中止した鷹狩《たかが》りを復活させたり、白石が定めた武家諸法度を綱吉のときのものに戻したり、海舶互市新例はそのままにしたりと、

〝誰が作ったか〟ではなく、〝どんな内容か〟を見て再び採用《さいよう》するという、実に合理《ごうり》的《てき》な変更から改革をスタートさせるんですね。

んで、そこからだんだん……

「金銭《きんせん》がらみの訴訟《そしょう》が増えすぎて、他の仕事の妨《さまた》げになってる！　金の争いごとは当事者どうしで話し合って解決しろ！」と命令した**《相対済令《あいたいすましれい》》**を出したり、

「町人にも、火事対策に協力してもらうぞ！」と**《江戸町火消《えどまちびけ》しいろは四十八組《しじゅうはちくみ》》**を設置したり、

「噂《うわさ》程度だったら、キリスト教のことに触れている本も輸入していいよ！」と**《洋《よう》書《しょ》の輸入《ゆにゅう》を緩和《かんわ》》**したり、

「庶民の意見を直接聞くぞ！」と**《目安箱《めやすばこ》》**を設置《せっち》したり、

オリジナルの政策をどんどん打ち出していきます。そして、いよいよメインの財政改革……の前に。優秀な人材がほしい吉宗は、これまでの老中たちが亡くなったり引退したりするのを待って、**人事・人材の改革**を行っていくんです。

では、ここで急におさらいクイズ。

Q．幕府の中で、財政を担当していた役所と言えば……

A．勘定所《かんじょうしょ》

ですが、なんとこちらは訴訟《そしょう》も担当していたので超忙しい。

そこで吉宗は、勘定所の仕事を**【訴訟問題を扱《あつか》う『公事方《くじかた》』】**と**【財政問題を扱う『勝手方《かってかた》』】**の2部門に分けます。

さらに、**財政や農政のことを一手に引き受ける『勝手掛《かってがかり》老中』**って役職を復活させ、**水野忠之《みずのただゆき》**という有能な人に、その仕事を任せたんですね《最初に勝手掛老中に任命されたのが堀田正俊《ほったまさとし》（P127）》。

んで、身分が低くても、優秀な者が高い役職に就《つ》けるように**『足高《たしだか》の制』**ってのを設けちゃう。これね、画期的《かっきてき》なんですよ（説明しましょう）。

当時の武士の収入は基本的にお米です。幕府からは**『禄《ろく》』**と呼ばれる土地、もしくは米の現物《げんぶつ》が与えられていて、これが現代で言うところの給与《きゅうよ》・報酬《ほうしゅう》だったわけですね（単位は「石《こく》」です）。ただ、当時と今で違うのは、**《給与が『個人』（房野史典）にではなく『家』（房野家）に与えられた》**という点。だから、房野の子や孫の代になっても、基本この給与の額は受け継がれていきます。

しかし、これがなかなかキツい。「家」に入ってくる収入で家族や家臣・奉公人《ほうこうにん》を養わなきゃだし、**仕事上の経費《けいひ》もそこから出さなきゃいけなくて、**ほとんどの武士は生活がギリギリ。こんな状態で、もし収入の少ない武士が、ドデカい職に抜擢《ばってき》されたらどうなるでしょう？

重要なポストはそれだけ諸経費《しょけいひ》もかかるし、高い役職に就けば服装や暮らしのレベルも上げなきゃいけません。武士はプライドと体裁《ていさい》の生き物。「出世したのにライフスタイルがショボいまま」なんてことは許されない。つまり、大出世すりゃ大破産《はさん》です。

「そんなの、給与を上げれば済む話じゃん」って思いますよね。でもね、一度上げた給与は簡単に下げられないのがこのころの慣習《かんしゅう》。手当たりしだい給与をアップしていけば、高給《こうきゅう》取りのお家だらけとなり、今度は幕府が破産してしまうんですよ（現代の日本で給料が上がらない理由と、一緒の部分がありますね）。

だからこそ『町奉行になる基準《きじゅん》は3000石』『目付は1000石』と、重要な仕事には収入の目安が設定されていたんです。けど、これじゃあ才能のある人が集まりません。というわけで……

**吉宗**「下級武士の諸君《しょくん》！　もう出世に怯《おび》えることはないぞ！　**〝役職に就《つ》いてる期間だけ〟**は、禄高《ろくだか》の不足分を**足**《た》すことにした！　もし『500石の旗本《はたもと》』が『3000石が基準の町奉行《まちぶぎょう》』になった場合は、在職中《ざいしょくちゅう》だけ2500石足してやる！」

ポイントは、**「不足分を与えるのは『個人』にだけ」**というところ。

幕府からすれば「家」の禄高を上げるわけじゃないから、支出が一時的になったし、武士も諸経費に苦しむことなく働けるようになった。という制度が『足高の制』です（でも、結局アップした分が子どもや孫に世襲《せしゅう》されるパターンがたくさんあったんですけどね）。

こうして、吉宗のもとには続々と才能が集合します。代表を1人あげるなら……昔のテレビっ子には「大岡越前《おおおかえちぜん》」でおなじみ、若い人にとっては「誰それ？」な、**大岡忠相《ただすけ》**になるでしょう。

吉宗から町奉行に任命された忠相（のちに異例《いれい》の寺社奉行）。先ほど出てきた《町火消し》や、貧しい人たちを無料で治療《ちりょう》した**《小石川養生所《こいしかわようじょうしょ》》**の設立に、ガッツリ携《たずさ》わったと言われている超優秀な家臣です。

信頼できる家臣たちも出そろった。いよいよ、財政の建て直しです。

## こ、米をコントロールすることができない……

吉宗の財政改革は、

「倹約《けんやく》と年貢量増加」＝**「出ていくものを減らし、入ってくるものを増やそう！」**

というプランなので、いたってシンプルな作戦だったんです。

まず倹約ですが、これはわかりやすい。吉宗みずから着物を木綿《もめん》にしたり、食事を1日2食にしたり。幕府が行う儀礼《ぎれい》や行事も、簡素《かんそ》にしたり廃止《はいし》したり、武士や町人にもぜいたくを禁じて、とにかく無駄《むだ》づかいをナシにしていったんですね。

あとは「年貢量の増加」。現代風に言えば「税収《ぜいしゅう》アップ」の大計画をブチ上げていくだけなのですが……やっぱね、大計画は結果が出るまでに時間がかかる。

でもそれだと、今この場がしのげません。そこで、吉宗は決断します。

**吉宗**「**石高1万石につき、米100石**を納めてはくれないだろうか！　このままだと近い将来、旗本を大量にリストラしなければいけなくなるので、恥をしのんで命ずる！　もちろんタダとは言わない！　**参勤交代の江戸滞在《たいざい》期間《きかん》を半年間**にするから！」

**諸大名**「………あ、はい」

このころの大名は江戸生まれ江戸育ちばかり。地元より江戸好きな大名の方が多かったので、そんなに喜んでなかったかも……。

なにはともあれ、この**『上米《あげまい》の制』**によって当面の収入ゲットに成功。心置きなく税収アップ大計画をスタートさせることができます。そしてその方法は、**「増税《ぞうぜい》」**＆**「田畑を増やす」**の二本柱。具体的な3つの政策をご紹介しましょう。

**【政策その①：『検見法《けみほう》』から『定免法《じょうめんほう》』へ】**

ケミとかジョウメンというのは年貢の取り立て方のことです（徴税法《ちょうぜいほう》）。

『検見法』は、その年の農作物のでき具合を調査して、年貢高を決める方法です。実際に代官が収穫量《しゅうかくりょう》を調べますからね、キッチリ年貢を取れるんです。ただ、デメリットもあって……

- 豊作《ほうさく》・凶作《きょうさく》（ひどい不作）によって幕府の収入が左右されちゃう。
- 代官《だいかん》の調査が終わるまで刈り入れができず、収穫時期を逃す場合がある。
- 代官が賄賂《わいろ》を受け取って、年貢量をごまかす不正が起こりまくる。

特に吉宗は、代官の不正にカンカン。「だったらもうやり方変える！」と採用したのが『定免法』なんですね。こちらは、過去5年間 or 10年間の収穫量の平均から年貢高を決め、数年間はその額を固定させる方法です。

これで、豊作・凶作にかかわらず安定した年貢が入ってくるようになり、役人の不正もなくすことができました（あまりに凶作のときは減税したよ）。

**【政策その②：四公六民《しこうろくみん》から五公五民《ごこうごみん》へ】**

〝公〟は幕府で、〝民〟は農民。つまり「四公六民」だと4割が年貢ってことですので、「五公五民」は半分が年貢。吉宗、税率を引き上げました。

**【政策その③：新田開発《しんでんかいはつ》の奨励《しょうれい》】**

田畑もたくさん増やしたいけど、ご存じ幕府は財政難。だから江戸日本橋に高札を立て、お金持ちの商人に「キミの資本《しほん》で新田を開発してみないか！」と募集をかけたんです（**町人請負新田《ちょうにんうけおいしんでん》**）。商人は新田開発が成功すれば、そこから土地使用料（小作《こさく》料《りょう》）を取ることが認められ、紫雲寺潟新田《しうんじがたしんでん》、武蔵野新田《むさしのしんでん》などの大きな新田が誕生しました。

こんな感じで、増税&石高アップをがんばった吉宗。結果は……財政回復、大成功！　イェイ！　これにて改革終了！　しないんです！

**吉宗**「こ、米の値段がどんどん下がっていく……！」

吉宗の戦いはまだ続く。いえ、ここからが本戦かもしれません。

もう一度言います。武士の収入は米です。それをお金に換《か》えて、生活に必要なモノを買ったりしていたわけです。

でね、米、増えましたでしょ。すると、供給が需要を上回って、米の値段がどんどん下がっていくわけですよ（米価下落《べいかげらく》）。

でね、貨幣経済《かへいけいざい》が発展しましたでしょ。すると、みんなお金でいろんな品物を買い始めますから、モノの需要が高まって値段が上がっていくわけですよ（物価上昇）。結果、**『米価安《べいかやす》の諸色高《しょしきだか》』**という状態が訪れちゃったんですね（米以外のモノや物価のことを『諸色』と言いました）。

武士にとって最悪の展開です。米を売ってお金に換えても、米の価値が下がってるわけですから、手に入るお金は以前よりメチャ少ない。おまけに物価が高騰《こうとう》してるので、モノが高くて生活に困る。幕府にしても、年貢量が増えたところで米の価値が下がれば、財政が潤《うるお》ったとは言えません。

世間ではこれを、「貧乏」と言います。

**吉宗**「今度のテーマは〝米価と物価の調整〟だ！　おい忠相《ただすけ》！　なんとかしろ！」

**大岡忠相**「物価の引き下げに関しては、**『株仲間《かぶなかま》』**の結成を認めてはいかがでしょう」

**吉宗**「おいおいおいおいおい忠相！『株仲間』ってのは、**同業者同士で作られた組合のこと**だ。商人や職人がそんなもんを作って商品流通を支配したなら、大きな力を手に入れてしまう！　だから、幕府は一部を除《のぞ》いて仲間の結成を禁止していた（元禄のころからは黙認《もくにん》し始めていたけど）。その『株仲間』を正式に認めようと言うのか！」

**大岡忠相**「ご説明ありがとうございます。物価が高くなる原因の1つに、〝商人たちの競争〟があげられます。商人は生産者から多くの商品をゲットしようと、争うように値段を釣《つ》り上げますが、これがよくない。なので、醤油《しょうゆ》なら醤油、塩なら塩で仲間を作らせ、さらに「問屋《といや》」や「小売」と、流通の各段階でもグループを結成させ、仲間内で値段を統一させるんです。これで競争はなくなり、しかも互いに監視《かんし》し合うことから、不正もなくなるでしょう」

**吉宗**「なるほど。これで物価は安定するかもな……。しかし何より米だ！　物価を引き下げることも大事だが、米価を上げることを考えないと……。あ！　減らせばいいんじゃない？」

米を買って少なくすれば、需要が増えて米の値段が上がる。そう考えた吉宗は、幕府が市場の米を買い上げ、大名や商人にも米を買わせる**『買米令《かわせまいれい》』**を出します。

**吉宗**「あと、米の需要を上げる方法は……あれしかねぇか！」

当時、日本中の米が集まっていたのは大都市・**大坂**です。

ここで大量の米が取引されていたんですが、実際の米俵《こめだわら》を動かすのは不便すぎ。ということで、『米手形《てがた》』、のちに『米切手《きって》』と呼ばれる米の引換券《ひきかえ》で売買を行っていたんですね。

しかも、このときの大坂の商人《あきんど》はホントすごい。米切手を転売《てんばい》して儲《もう》けたり、果ては帳簿《ちょうぼ》上だけで決済《けっさい》して利益を得たりと、現代の証券《しょうけん》取引のような仕組みで商売をしていたんです。が、

「実態《じったい》のないギャンブル同然の取引なんて許さん！」

と、幕府はこれらの行為を禁止しちゃってたんですね。

でも、米切手だろうが帳簿上だろうが、取引は取引。米の需要は高まります。

**吉宗**「もう認める！　これからは勝手にやっちゃっていいから！」

米価を上げたい吉宗は、**『堂島米市場《どうじまこめいちば》』（堂島米会所《かいしょ》）**という米の取引所を認めます。

米価を上げたい……なんとしても米価の上昇を……と、やっきになっていた吉宗。

とそこへ、とんでもないニュースが飛び込んできます。

**吉宗**「瀬戸内海沿岸《せとないかいえんがん》に⁉　蝗《いなご》の大群《たいぐん》が発生⁉」

近畿《きんき》より西の稲作が大損害《そんがい》をこうむって、**『享保の大飢饉《だいききん》』**が起こり、なんと

**米価が急騰《きゅうとう》。**

**吉宗**「生活に困っている者には、食糧と金を与えろ！　それと米の買い占めを禁じて、蓄えてる米を放出させろ！」

すぐに対策に乗り出した吉宗でしたが、約1700人（『枯木集』）の江戸市民が米屋を襲《おそ》う**『享保の打ちこわし』**が発生（『打ちこわし』とは、庶民が米屋、質屋、酒屋などの金持ちを襲い、家を破壊したり家財を奪《うば》ったりする暴動のこと）。

あれだけ米の値段を上げようとしていた吉宗。今度は一転、**米価の引き下げに奮闘《ふんとう》**することになるんですね。

しかし、新米が出まわるにつれ混乱も収まってきて、ようやく一安心……と思っていたら、**米、出まわりすぎた**。またもや**米価が下落**します。

**吉宗**「米価ムズかしすぎるって……。もうコントロールできねぇよ……」

米を増やし、米価に悩まされた吉宗に、ついたあだ名は**『米将軍《こめしょうぐん》』**。良くも悪くも、米をつきまくった餅《もち》だったんですね。全部間違えました。米がつきまとった改革だったんですね。

さて、そんな改革の最終結果を発表しておきましょう。財政面で見れば、1730（享保15）年までには、**江戸城の御金蔵に100万両の蓄《たくわ》え**ができたというので大成功。しかし、その蓄えも米価の激変《げきへん》にやられ約8割を失った……けど、1744（延享《えんきょう》元）年に**幕府直轄領《ちょっかつりょう》は463万石、年貢は180万石**と、**江戸時代を通じての最高**に達していて、吉宗が目指した年貢量増大は完璧《かんぺき》にクリアできたのでした。

でも……年貢アップをかまされた農民には負担がきつく、一揆が頻発《ひんぱつ》するようになりました。そしてこれは、必ずしも吉宗だけに責任があるわけじゃありませんが、商業・経済、米価のコントロールがうまくいかなかった以上、「『享保の改革』は大成功だった！」とは言い切れません。

しかし、強烈《きょうれつ》なリーダーシップで幕府も社会も改革していき、倒れかけていた幕府を再建した吉宗は、やはりスーパーな『中興の祖』。だったんじゃないでしょうか。

ある夏の夕方。入浴を済ませた大奥の老尼《ろうに》に「心地よかっただろ?」と声をかけた吉宗。すると、その尼は、「ええ。ホント、天下をとった気持ちになりました」と答えたのですが、それを聞いた吉宗は爆笑します。

**吉宗**「冗談を言うな！笑　天下を持つ身が気持ちいいわけないだろ！　気持ちいいと思って勝手な振る舞いをすれば、その身は滅び天下も失う。だからつねに天下はあずかりものと思い、朝廷から庶民のことまで考え、ささいなことまで気を配り、少しの間も気が休まるなんてことはない。風呂に入って暑さを忘れるような気持ちのいいもんじゃないさ」

この逸話《いつわ》がホントかどうかはわかりません。でも、少し考えさせられる話です。

吉宗はよく「強運の持ち主」だと言われますが、それって将軍になることが「良いこと」や「幸せなこと」という前提があっての表現なんですよね。

もし吉宗がこのエピソードのように思っていたとしたら、はたして本人は運が良かったと思っていたんでしょうか。
本当に運が良かったのは吉宗ではなく、優秀なリーダーに恵まれた、まわりの人たちだったのかもしれません。

さて、続いては9代将軍。ですが、吉宗のようなカリスマのあとって、なんだか不安です。家康のあとの秀忠は良かったけど、はたして……。

# 第9章

## SHOGUN PROFILE

| | |
|---|---|
| 何代目？ | 9代将軍 |
| おなまえ | 徳川家重《とくがわいえしげ》 |
| あだ名は？ | 小便公方《しょうべんくぼう》、暗愚《あんぐ》 |
| ゆかりの地は？ | 木曽三川《きそさんせん》、治水《ちすい》神社、海蔵寺《かいぞうじ》 |
| 生きた年は？ | 1711(正徳《しょうとく》元)年～1761(宝暦《ほうれき》11)年 |

にがおえ

**趣味は？**
お酒を飲む

**特技は？**
人員配置

**起こったことor行ったこと**
郡上一揆
宝暦事件
宝暦治水事件

**自分を四字熟語で表すと？**
焦心苦慮

**頼れる人は？**
大岡忠光
田沼意次

**恋愛＆結婚**
大奥に入り浸り、女の子と遊ぶ

**みんなにひと言！**

まわりからの偏見と闘いながらがんばった私の人生について知ってください！

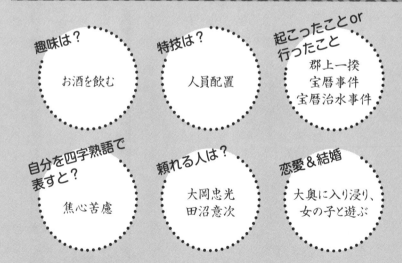

## 家重を描いた2枚の肖像画のギャップがすごくて、どちらがホントのあなた？

徳川家重《いえしげ》の言葉は誰も理解できませんでした。発想が奇抜《きばつ》で考えをわかってもらえない、といった比喩《ひゆ》ではなく、文字通り言葉を聞き取れなかったんです。

**「御多病にて、御言葉さわやかならざりし故《ゆえ》、近侍《きんじ》の臣《しん》といえども聞きとり奉《たてまつ》ること難《かた》し」**（『徳川実紀』）

生まれつき病弱でしゃべりもおぼつかず、頻尿《ひんにょう》のため何度もトイレに行き『小便公方《くぼう》』と呼ばれた家重。その威厳《いげん》のなさは肖像画《しょうぞうが》にも表れています。首と顎《あご》を前に突き出し、眉《まゆ》と目を中央に寄せ、唇《くちびる》を少し開けて手もどことなくぎこちない……とにかく誰が見ても、他の偉人《いじん》の肖像画と違った印象を受けることは間違いありません（検索してみてね）。

徳川幕府を背負って立つはずの9代目は、まわりから「暗愚《あんぐ》」（愚《おろ》かなこと、愚か者）の烙印《らくいん》を押された将軍だったんです。

徳川将軍家には『増上寺《ぞうじょうじ》』と『寛永寺《かんえいじ》』という2つの菩提寺《ぼだいじ》があります（P174）。

昭和33年、増上寺にある歴代将軍の墓が改葬《かいそう》されることになり、将軍やその家族の遺体《いたい》の調査が行われました。家重の遺骨《いこつ》を調べると、彼の歯に溝状の特殊な摩耗《まもう》があることがわかったのですが、これは、少なくとも永久歯に生え変わってから一生の間、朝から晩まで〝歯ぎしり〟を繰り返した結果だと考えられています（『骨は語る　徳川将軍・大名家の人びと』鈴木尚）。

言語障害、頻尿、肖像画、歯ぎしり。これらのデータから家重は、アテトーゼ・タイプの脳性麻痺《のうせいまひ》だったのではないかと推察《すいさつ》されているんです（『徳川将軍家十五代のカルテ』篠田達明）。アテトーゼとは「からだ全体に生ずる不随意運動《ふずいいうんどう》（自分の意思とは関係なく、体がひとりでに動いてしまう現象《げんしょう》）」のこと。頭や顔面、四肢《しし》の末端《まったん》がくねるように動く症状《しょうじょう》が出るそうで、もし家重がそうであったなら、肖像画の顔や手は、不随意運動からくるものだったということになります。言語障害や、たえず歯ぎしりをするのもアテトーゼ・タイプにみられる症状で、脳性麻痺では尿路系のコントロールがうまくいかない人もいると言います。

もちろん家重が脳性麻痺だったと100％断定《だんてい》できるわけじゃありません。でももしそうだった場合、脳性麻痺の人たちは知能は正常な場合が多いと言いますから、自分のことを暗愚と決めつけた人間のことを、家重はどう思っていたんでしょう。

## 優秀な弟か、出来の悪い兄か……

8代吉宗ってね、長《な》っがいこと将軍の地位にいたんすよ。

後半戦もバリバリ政治をやって、バリバリピンチを迎えていたその様子を、もうちょっとお届けしときましょう。

『享保の大飢饉《だいききん》』や米価のぐちゃぐちゃで幕府の財政は崩れ（P202）、いつのまにやら入ってくる年貢もどんどん減少。幕府のお財布がピンチで米価安って、「もう何度目なの、この展開！」と、吉宗も読者のみなさんも言いたくなる状況に、大岡忠相は〝禁断の手〟を使うことを決めます。

**大岡忠相**「上様。米価を上げ景気を回復させるためにも（デフレを脱《だっ》するためにも）、〝改鋳《かいちゅう》〟をしましょう」

**吉宗**「な！　貨幣の品質を悪くするってのか⁉　そんなことをすれば米だけじゃなくて物価全体が上がるぞ（インフレになるぞ）！　やだやだ！　改鋳しない！」

**忠相**「もうこれしかないの！　ね！　しよ⁉」

渋る吉宗を忠相がなんとか説得し（こんな幼稚《ようち》じゃないけど）、ついに品位を落とした**『元文《げんぶん》の改鋳』**に踏み切ります。これがなんと、うまくいったんですよ。

質は落としたけど、「これまでの金100両は、元文金165両に交換するよ！」と、65％もおまけを付けたことで、新貨幣に交換する庶民がどんどん出てきたそう。

すると、最初こそお金がたくさん出回りインフレになったけど、増えた貨幣でみんなお買い物をしますからね、やがて不況がやわらぎ米価も上向きになったんです。

デフレから脱却《だっきゃく》した吉宗は、「よし！　じゃあ！　再び財政強化だ！」と、水野忠之《みずのただゆき》のあとの勝手掛《かってがかり》老中に**松平乗邑《まつだいらのりさと》**、勘定奉行には**神尾春央《かんおはるひで》**を任命し、またまた年貢をかき集めようとします。吉宗が信頼した乗邑・春央コンビは、徹底して年貢を徴収しました。うそかまことか春央は
**「胡麻《ごま》の油と百姓は、絞《しぼ》れば絞るほど出るものなり」**

という、てめえらの血は何色だ発言を残したと言いますから、それだけムチャクチャに取り立てたんですね。

1744（延享《えんきょう》元）年に直轄領と年貢が最高に達したというのは（P204）、こうした吉宗のもう一踏ん張りがあってのことだったわけです。

さらに吉宗、治世《ちせい》のラスト間際《まぎわ》に、江戸時代最初で最大の法典**『公事方御定書《くじかたおさだめがき》』**を制定するなど、ギリッギリまで政治に全力投球。結果、彼の将軍在職期間は約29年

と、歴代で2位の長さとなったのでした。

でも……もうちょっと早く引退しても良くない？　だって吉宗には子どもがいたんですよ。それなのに彼が将軍職を譲《ゆず》ったのは62歳のとき。江戸時代の寿命を考えると、バトンパスはもっと早くても良かったのでは……？

まだまだ改革し足りなかったのかもしれないし、自分で幕政を主導しなけりゃ気がすまなかったのかもしれない。しかし、60オーバーまで将軍をがんばった理由には、

**吉宗**「家重に任せて、大丈夫かな……？」

という感情も、ゼロではなかったと思います。

吉宗がまだ紀州藩主だったころ。側室・お須磨《すま》の方との間に生まれたのが家重です。吉宗の正室は早くに亡くなり、彼にとって最初の子となったのが家重。つまり、長男・家重が吉宗の後継だったわけですね。だから、そりゃもう教育にも力が入りましたよ。吉宗のブレーンで儒学者《じゅがくしゃ》の**室鳩巣**《むろきゅうそう》を家庭教師につけたり、**『三奉行』（寺社奉行・町奉行・勘定奉行**《かんじょうぶぎょう》**）**の裁判の様子を見学させたり、鷹狩りにも連れ出したり。

家重に帝王学を授けるべく、ありとあらゆるエデュケーションを展開していくのですが、**まったくダメ**。家重は武芸にも学問にも興味を示しません。

それどころか、大奥に入り浸《びた》り、酒を飲んで女子と遊んでばっかり。おまけに鬢付《びんつ》け油を嫌がったので髪が乱れ放題だし、ヒゲも剃《そ》りたがらないので家臣が機嫌をとってなんとかヒゲを剃ったそう。「第1回、吉宗を不安にさせましょう～！」というレースがあったらダントツで優勝です。

悩ましいのはそれだけじゃありません。家重の弟・**宗武**《むねたけ》、この人が超優秀だったから話がややこしい。

子どものころに『論語《ろんご》』（孔子《こうし》&弟子《でし》の言葉と行いがまとめられた書物）をすべて暗記し、吉宗の前でスラスラ～と言ってのけてパパをびびらせたという宗武くん。兄とは対照的に、文武に才能を発揮するパーフェクトブラザーだったんですね。

「次の将軍には、家重様より宗武様の方が――」

周囲でこんな声がささやかれ始めたのも当然っちゃ当然。ついには、

**松平乗邑**「上様！　次の将軍は宗武様でいきましょう！」

**吉宗**「うーん……」

吉宗の信任《しんにん》厚い乗邑が、宗武を将軍にしようとしたとかしなかったとか。家重に吹

いているのは台風《たいふう》クラスの逆風のみです。

**吉宗**「うーん……」

頭を抱える吉宗。しかし、これだけまわりの声があれば、すでに答えは出たようなもの。ついに吉宗は決断します。

**吉宗**「次期将軍は……家重！」

そう、9代目は宗……家、重？　弟じゃなく、兄……？　なんと吉宗が選んだのは家重。周囲の宗武推しにうっちゃりを決め、次期将軍を家重としたのでした。

なぜ家重だったのか？　やはり最大の決め手は、『長幼《ちょうよう》の序《じょ》』です。もし仮に「兄よりも優秀だから弟を選んだ」という選択をしていたら……パッと見ではとても筋《すじ》が通ってる印象を受けますよね。でも、それってあくまで家の事情。プライベートな理由なんです。

これをもしも、天下の徳川将軍家がやってしまうとどうなるでしょう。「あ、それアリなんだ」と、諸大名も次男や三男を選び出す可能性があります。

そうなれば、長男VS次男や、正室《せいしつ》の子VS側室《そくしつ》の子など、日本全国お家騒動《そうどう》の地《じ》獄《ごく》絵図。もちろん当の将軍家でも、お家騒動が起こる可能性は十分にあります。

吉宗はそんな事態を避けるために、長男・家重を選んだんですね。

それと、もう1つ。

実は、**家重の長男・竹千代（のちの徳川家治《いえはる》）**が、すっごく聡明《そうめい》な子でね。

吉宗はこの可愛くて賢い孫に可能性を感じ、家重の次の世代に期待した。って理由もあったかもね、と言われています。

さあこれで、とうとう9代将軍は家重に……なったんだけど、

**吉宗**「まだ政治やる！」

だってさ。不安が拭《ぬぐ》えなかったのか、まだまだ政治をやりてぇよぉと思ったのか、吉宗は2代秀忠以来の大御所となっちゃいます。いまだ吉宗が実権を握ってる状態だけど、将軍は将軍。こうして、歴代でもっとも「この人で大丈夫か？」と疑われた、**9代将軍・徳川家重の誕生**です。

しかし、家重が将軍になった直後。彼の行動に、誰もが凍《こお》りつきます。

## まわりの〝決めつけ〟と大切な親友

家重が将軍のバトンを受け取った直後のことでした。

**家重**「松平乗邑。老中を辞めてもらう」

**乗邑**「え！」

家重は松平乗邑を罷免《ひめん》します（罷免＝職務を辞めさせること）。さらに、

**家重**「加増地《かぞうち》（増やした領地）と屋敷も没収《ぼっしゅう》する」

**乗邑**「ちょ……」

**家重**「で、隠居《いんきょ》して蟄居《ちっきょ》ね」

**乗邑**「ワン、ツー、入れての右ストレート！」

二度と立ち上がれないようバキバキに処罰。家重は「自分ではなく弟・宗武を将軍にしようとした乗邑を許すわけにはいかない」と、乗邑をコテンパンに叩きのめした

んですね。

将軍宣下《せんげ》もまだのタイミング。ホントに将軍になってすぐ下された処罰なので、その恨みの深さたるや……。家重をみくびっていた連中に戦慄《せんりつ》が走った瞬間でした。

と、言いたいところですが。実はこれ、噂《うわさ》の域《いき》を出ないお話なんです。

乗邑が処罰を下された本当の理由は……「**秘《ひ》して伝《つた》へざればしるものなし**」（『徳川実紀』）。秘密にされてるから、誰も知らないんですって。ただ、よく言われているのは「享保の改革の責任を取らされた」という説です（これがちょっとひく話でね……）。

幕府にとっては財政を回復させた『享保の改革』ですが、世間からすれば税を取られまくった最悪改革。そうして巻き起こった批判《ひはん》の責任を取らされ、乗邑は罷免→蟄居になったというんですね。

年貢をしぼり取った実行者は乗邑なので、スケープゴートとまでは言いません。が、やれと言ったのは吉宗さんあんたじゃねぇのかよ、という話。吉宗の意向か家重か、はたまた2人で話し合った結果なのかはわかりませんが、もしこの話がホントなら、なんて冷徹《れいてつ》な親子でしょう。

ただ、代替《だいが》わりに政策の責任を押しつけるやり方は、江戸時代よりずっと前からあったこと。さかのぼれば——。いや、そんな例を出さなくとも、現代でもある話ですね（人類の伝統芸）。あと、「オレの方が将軍にふさわしいはずだ！」と叫んだ宗武も、謹慎《きんしん》となっております。お疲れ様です。

のっけからショッキングな人事で幕を開けた家重政権。

意外とスリリングな政治をやっていくのか？　って感じですが、さっきも言ったように実権をにぎにぎしてるのは大御所・吉宗。まだ改革パパの政治がバリバリ続いていた……かどうか微妙なんですこれが。

吉宗は、将軍職をゆずった次の年に、脳卒中《のうそっちゅう》を起こして倒れています。翌年には回復しましたが、そこから体力は衰《おとろ》え、大御所になって約6年後に再び脳卒中を起こして亡くなっているんですね。なので、吉宗がどこまで政治に関われたのかは不明です（少なくとも、実権を握るなんてパワフルなことはできてなかったかと）。

だとすれば、家重がど真ん中で政治を行っていかなきゃだけど、いかんせん彼の言葉を聞き取ってくれる家臣が……**いたんです**。

家重の小姓《こしょう》（主君のそば近くに仕えて雑務《ざつむ》をこなす人）を長年務めてきた**大岡忠光**《おおおかただみつ》は、唯一《ゆいいつ》家重の言葉を聞き取り理解できたんですね（ちなみに忠光は大岡忠相の遠縁です）。

自分のことを理解《わか》ってくれる人って超大事。しかも、それがたった1人だった場合、相手に寄せる信頼は絶大《ぜつだい》なものとなりますよね。だから忠光はね、出世します。

小姓→御用取次《ごようとりつぎ》→若年寄《わかどしより》→**側用人《そばようにん》**。タタタターン！　と出世の階段を駆け上がり、『側用人』になったと同時に武蔵国岩槻《むさしのくにいわつき》2万石の藩主となった忠光。

『側用人』は吉宗の時代に廃止となっています（P189）。が、家重にはピッタリ〝側〟についてる人がいなきゃ、となって再登場したのかもしれません。

でも……匂いますね。異例の出世に側用人。この人も柳沢吉保《やなぎさわよしやす》や間部《まなべ》詮房《あきふさ》のように、大きな権力を手にして専制《せんせい》的な感じに……全然ならなかったんだって。

偉そうに振る舞うことなくさ、老中の政治にも口出ししなかったんだと。なんかあれだよな、好感が持てるよな？（＃《ハッシュタグ》お前に好感が持てない）

奢《おご》ることなく控《ひか》えめ。16歳のときから家重（当時13歳）の側に仕え、言葉を理解した忠光。もう家重にとって忠光は、家臣なんかじゃありません。友、親友、ベストフレンドフォーエバーです。

そしてもう1人。忠光が家重の小姓となった10年後。同じく家重の小姓となったのが、**田沼意次《たぬまおきつぐ》**です（出ました有名人）。

彼も小姓から御用取次へとキャリアを積み重ねていき、忠光と同じく家重からの信頼がとっても厚かった人なんですね。

それを象徴するのが、**『郡上一揆《ぐじょういっき》』**での意次の活躍です。

『郡上一揆』とは、現在の岐阜県《ぎふけん》郡上市で起こった大規模《きぼ》な一揆のこと。もちろん一揆自体も大きなものだったんですが、郡上の領民《りょうみん》が老中の駕籠《かご》を待ち受けて直接訴《うった》えたり（駕籠訴《かごそ》）、目安箱《めやすばこ》に投書したり（箱訴《はこそ》）した結果、幕府の**『評定所《ひょうじょうしょ》』**で審理《しんり》される大騒動に発展したんです。

『評定所』は、言ってみりゃ**江戸幕府の最高裁判所**（構成メンバーは、三奉行＋老中1名で、大目付、目付が審理に加わったりしました）。なのでこの一揆、〝1つの藩を飛び出して幕府が裁判を行った〟という意味でも、メチャクチャにスケールの大きい事件だったんです。

**家重**「これは……」

目安箱の訴状、手元に集まる情報。これらを見聞きした家重は、『郡上一揆』について〝ある疑念〟を抱きます。

**幕府の内部……しかも中枢《ちゅうすう》にいる者が一揆に関わっている――。**

**家重**「この事件を徹底的《てっていてき》に調査しろ！」
**田沼意次**「かしこまりました」

家重から事件の真相究明《しんそうきゅうめい》を命じられた家臣。それが意次だったんです。

ふつうはね、御用取次が『評定所』に参加するなんてありえません。が、家重から徹底調査を命じられた意次は、そこに異例の出席。で、**見事にあぶり出します**。

事件に関係していたのは、まさかの超重役《ちょうじゅうやく》たち。郡上藩主から依頼《いらい》を受け、農民の要求を押さえ込もうとした罪で、老中、若年寄、大目付、勘定奉行、そして郡上藩主を、その地位に関係なく改易・罷免《ひめん》にしていったのでした。

この事件をきっかけに幕府の政治に関わるようになった意次。このあと爆裂な出世を遂げるからすごいんだけど、でもこれ、家重もすごくないですか？

事件の闇を追求し、不正を許さない態度は堂々たるトップの姿。優秀な意次を起用したりと、指揮のとり方も名君のそれです。

こうして家重は、とても頼りになる家臣たちと平和な世の中を築いた……と、終わらせるその前に。のちのち重要なお家になってくる、

**『御三卿《ごさんきょう》』**のことを言っておかなきゃなりません。

吉宗は、次男・宗武《むねたけ》の『田安家《たやすけ》』、四男・宗尹《むねただ》の『一橋家《ひとつばしけ》』と、新しく分家を創《つく》るんですね。これは、

「このあとも自分の血統《けっとう》に将軍職を継がせるためのスタンバイ」とか、

「御三家と同じような家を増やして、お世継ぎ問題を安定させるため」とか、

「子どもたちに適当な養子先が見つかるまで、とりあえずの家を創っとくか」とか。

これらのどれかの理由で、田安さんと一橋さんが生まれたそう。やがて家重も、次男・重好《しげよし》の『清水家《しみずけ》』を創り、『御三卿』と呼ばれる3つの家ができあがります。

**吉宗次男・宗武の『田安家』**

**吉宗四男・宗尹の『一橋家』**

**家重次男・重好の『清水家』**

『御三卿』は幕府から10万石を与えられていましたが、江戸城内の屋敷にずっと住ん

でいて、領地も各地に分散《ぶんさん》しています。

それに、領地の運営も家のことも、幕府から派遣《はけん》された役人が行っていたので、「藩」ではなく「将軍の家族のお家」という扱《あつか》いだったんですね。けど、御三家と同じく**「将軍に跡継ぎがいない場合は将軍職を継ぐ資格があった」**。それが『御三卿』。

このあと必ず登場しますので、要チェックでお願いします。

さて、家重パート、そろそろお開きの時間となって参りましたが、彼の治世をひと言で表すなら「わりと平和」、です。

もちろん、『郡上一揆』もあれば、『享保の改革』によっての一揆も続発したというし、『宝暦治水《ほうれきちすい》事件』や『宝暦事件』など、ザワつく事件はあったんです。が、パパ吉宗の創った世をよく守り、比較的安定した時代だったと言われているんですね。

これもひとえに、家重が切れ味鋭《するど》い指令を家臣に飛ばした……部分を強調しましたが、彼、基本は大奥にいたそう。

将軍になってからも大奥で酒を飲むのがテンプレ。政治は、老中や忠光や意次に任せていたので、平和な時代は大部分が彼らのおかげなんでしょうね。

ただね。お届けしたように、家重は決して能力が低いわけじゃありません。周囲の「家重は暗愚だ」という決めつけが、彼の心を折った部分はあるんじゃないでしょうか。

冒頭《ぼうとう》で紹介した発掘調査には続きがあります。

家重の顔は、細面で、高く秀でた鼻梁《びりょう》から、鼻筋の通った整った顔の持ち主だったろうと言われているんです。おそらく遺体が調査された5将軍の中では、もっとも美男子だったと（『骨は語る　徳川将軍・大名家の人びと』鈴木尚）。

それを裏づけるように、最初に紹介した肖像画（徳川記念財団蔵）とは別で、「長谷寺《はせでら》」にも家重の肖像画が伝わっているのですが、こちらはとても凛々《りり》しいんですね。『徳川実紀』にも「朝会に出席されたときは、立派で気高《けだか》く見えた」といった記述があるくらいです。

これはまったくifの話ですが……まわりの偏見《へんけん》がなければ、「大奥に引きこもった」というエピソードに代わり、「堂々たる将軍の姿」などの逸話《いつわ》が増えていたかもしれません（優しいエピソードはいくつかありますが）。

家重は、彼の良き理解者・大岡忠光が亡くなると、政治に携わるのは無理だと判断したのか、将軍職を長男・家治に譲り大御所となります。が、その翌年、友のあとを追うように、家重も亡くなったのでした。

可能性を奪う人じゃなく、広げる人にならなきゃな。家重を見て、そんなことを思いました。

# 第10章

## SHOGUN PROFILE

何代目？　10代将軍

おなまえ　徳川家治《とくがわいえはる》

あだ名は？　なし

ゆかりの地は？　浅間山

生きた年は？　1737（元文《げんぶん》2）年～1786（天明《てんめい》6）年

にがおえ

趣味は？
囲碁
将棋
書画

特技は？
剣術
槍術
馬術
鉄砲

起こったことor行ったこと
田沼時代

自分を四字熟語で表すと？
白紙委任

頼れる人は？
田沼意次

恋愛＆結婚
愛妻家

みんなにひと言！

田沼意次に政治を任せた私の時代について知ってください！

# 期待を背負ったエリート！の、出る幕は……田沼、田沼、とにかく田沼の時代

徳川家治《いえはる》は、8代吉宗の自慢《じまん》の孫です。

幼いころから優秀だった家治は何でもデキちゃう。じいちゃんみずから将軍の心構えや武芸を教えるんですが、デキちゃう。各分野の一流を先生につけて英才教育を施《ほどこ》していくんだけど、デキちゃう。剣術《けんじゅつ》、槍術《そうじゅつ》、馬術《ばじゅつ》に鉄砲《てっぽう》。はては書画《しょが》と、デキまくっちゃう。

おじいちゃんの期待を一身に背負った家治は、将軍になっても言うことが違います。吉宗、家重に仕えてきた老中・松平武元《まつだいらたけちか》に対し……「私はまだ若く、国の政治に慣れていない。父が多病でいらっしゃるので、やむを得ず政治を譲られたが、それは恐ろしいことで、まるで手足を置く所がないような状態だ。武元は祖父の時代から政務に参加し、何年も老中を務めている。だから、今日から思ったことは何でも言ってほしいし、私に過ちがあれば諫《いさ》めてほしい。私は素直にその言葉を聞くから」って、素晴らしいじゃないの。

自分のことを客観的に見れているし、何より謙虚《けんきょ》ときたもんだ。政治への意欲も100点。だから家治の名前が後世に残ってるんですよねって、ちょっと待って、

**私、家治さんのこと知らないんだけど？**

と思ったあなた。大丈夫、あなただけじゃありません。とても優秀だった家治だけど、ほとんどの方が彼のことを知らないんです。なぜなら、**ぜんぶ田沼のせいだ。**

いや、べつに田沼意次が悪いわけじゃなく、家治は、パパ家重の「意次は〝またうど（まとうど＝正直者、律儀《りちぎ》なやつ）〟だから、これからも重く用いるんだよ」って遺言をしっかり守ったと言われていて、意次を信頼し、政治の一切を任せたんですね。

でもその結果、家重の時代の途中から家治が将軍だった全期間、元号で言うと、宝暦《ほうれき》、明和《めいわ》、安永《あんえい》、天明《てんめい》――はのちに、**『田沼時代』**と呼ばれるほど意次色に染め上がり、家治は見事なシースルー将軍となってしまったんです（『田沼時代』の開始時期は諸説ありです）。

というわけで、〝家治パートはほぼ『田沼時代』のお話〟です。

# 自慢の孫を飲み込んだ田沼時代

それにしても『田沼時代』ってワードはすごいですよね。タレントや芸人でも自分の名前が冠《かんむり》についた番組を持ってる方は、ほんのひと握《にぎ》り。それを通り越して時代を代表しちゃってますからね、ただごとじゃありません。

意次ってそんなにすごかったんでしょうか？　すぐ言います。ものすごいです。

**【ここがすごいよ田沼さん！　その1『権力《けんりょく》の握り方の度がすぎる』】**

江戸城は、『表』『中奥』『大奥』にエリア分けされています（P132）。『表』のトップは『老中』で、『中奥』のトップは『側用人』です。出世した意次がどちらの職業に就いたかというと、**どっちとも**。

かつて『側用人』を務めた柳沢吉保《やなぎさわよしやす》や間部詮房《まなべあきふさ》も、『大老格』や『老中格』のポジションに就きました。が、彼らはあくまで「格」です。「老中（大老）と同じ扱《あつか》いだよ」ということであって、本当の老中（大老）じゃありません。でも、**意次はガチ老中。**

側用人と老中を兼任《けんにん》するってことは……政策の立ち上げの責任者が意次で、それを将軍に伝えるのも意次で、そのとき将軍の相談に乗るのも意次で、その政策を実行する責任者も意次。こんなの意次無双バリバリです。

しかも天明のころになると、幕府の主要メンバーは**意次の親戚だらけ**。

老中・久世広明《くぜひろあきら》の孫と、意次の孫娘が結婚していたり、老中・松平康福《まつだいらやすよし》の娘と、意次の**息子・田沼意知《おきとも》**が結婚していたり。さらには、その意知が『若年寄』になったり。老中・若年寄・御用取次が、意次の親類《しんるい》（+息子）であふれかえって、中心メンバーが**田沼派ばかり**。

江戸幕府が始まって以来、こんなに強い権力を手にしたのは意次が初めてです。

**【ここがすごいよ田沼さん！　その2『利益追求の姿勢がエグすぎる』】**

1744（延享《えんきょう》元）年に、幕府直轄領と年貢量が最高に達した（P204）……ってのは、裏を返せば、「その後は1744年の年貢量を超えることはなかった」ということです。

年貢の量は少なくなるし、あいもかわらず米価は安い。どうにかしなきゃいけないけれど、増税すれば一揆が起こる。

**意次**「これまでのやり方には限界がきてる。高い税率をなるべくキープしつつも、年貢以外の新たな収入を見つけていかなきゃ……」

と考えた意次は、**商業・産業・経済**に目を向け、**とにかく利益**、しかも、**幕府の利益**となるものを探していくんですね。

今までの幕府とはまるで違う、**革新的な財政改革**が始まります。

**【革新的な財政改革①：輸入品の国産化×意次】**

意次のやり方は画期的《かっきてき》でした。けど、**新井白石や徳川吉宗が行った政策**を受け継いでるものがけっこうあるんです。２人のやったことに全力で水を注ぎ育てたのが、意次って感じ。

白石が『海舶互市新例《かいはくごししんれい》』で貿易を制限《せいげん》したときのことです（P169）。彼は、「金銀の流出を防ぐためにも、これまで輸入に頼っていた品を国内で作ろう！」と、輸入品の国産化を提案《ていあん》していたんですね。

で、それをリアルに実行したのが吉宗。輸入品の中でも、漢方薬《かんぽうやく》の材料として超人気の「朝鮮人参《ちょうせんにんじん》」の栽培《さいばい》に挑《いど》み、成功させます。

そこから「朝鮮人参の国産化」をどんどん推し進め、江戸に『朝鮮人参座』ってのを作り、幕府が独占《どくせん》して販売を行う体制まで整えたのが、意次だったんです。

で、意次はそこに**『蘭学《らんがく》』**も絡めていっちゃう。

吉宗が「キリスト教に関係ない書籍（漢訳洋書《かんやくようしょ》）は輸入してオッケー！」（P192）としたことから、蘭学がメチャクチャ発展した田沼時代（オランダを通じて日本に伝わったヨーロッパの学問・文化・技術をまとめて『蘭学』と呼んでいました。**杉田玄白《すぎたげんぱく》・前野良沢《まえのりょうたく》**が**『解体新書《かいたいしんしょ》』**を出版したのも田沼時代）。

意次は、蘭学や『本草学《ほんぞうがく》』（中国の薬物学）の知識・技術を持った人たちの力を借りて、羊の飼育や木綿《もめん》の実の栽培、白砂糖の国産化に取り組んでいったんです。

**【革新的な財政改革②：貿易×意次】**

意次がさらに力を入れた、いや、〝力を入れて急いだ〟のが、**鉱山《こうざん》開発**と**『俵物《たわらもの》』**（高級中華料理の食材となる煎《い》りナマコ、干しアワビ、フカヒレを俵につめたもの）の生産です。

なぜこの2つを急がせたのか？　それは、**貿易**のため。

白石のとき「金銀の流出を防ぎたい！」と考えた幕府は、代わりに**銅**を輸出するようになります。が、「本音を言うと銅もそんなに輸出したくない！」ということで、銅の代わりに『俵物』というアイテムを登場させたんですね。

そんなこんなで意次の時代には、「オランダ←銅」「中国←銅・俵物」が輸出品のメインとなり、とにかくたくさんの銅と俵物を確保する必要があったんです。

そして、銅・俵物の見返りとして、意次がどうしても手に入れたかった輸入品が、**銀！**　かつて日本から大量に流出していった、あの銀です。

鉱山開発で銅や銀を手に入れようとしたけど、それでも銀が足りない。「じゃあ海外に渡った銀を取り戻そう！」と、意次は銀の輸入を開始します。

あちらにいった銀をまたこちらに。世界をまたにかけた花いちもんめです。

### 【革新的な財政改革③：南鐐《なんりょう》二《に》朱銀《しゅぎん》×意次】

そうやって手に入れた「銀」はいったい何に使ったんでしょう？　正解は、

**『南鐐二朱銀』**に使った、です。

知らねぇ単語でハゲた、となった方。こちらは銀貨、お金です。

意次は、貨幣がほしいという世の中の需要&『発行益』のために、新たな通貨『南鐐二朱銀』を作ります。幕府の財政をどうにかしようとする意次が、『発行益』を外すわけがありません。

ただ、『南鐐二朱銀』には、あともう1つ〝大事な役割〟があったんですね。

江戸時代には、**金貨**《きんか》、**銀貨**《ぎんか》、**銭貨**《せんか》といったお金がありました（「銭」の材質は銅《どう》ですが、吉宗の時代に「鉄《てつ》」、意次の時代に「真鍮《しんちゅう》」のものが登場します）。

でもね、これらの貨幣が全国でまんべんなく使われたわけじゃありません。

**「東の金遣《づか》い、西の銀遣い」**なんて言葉があったくらい、東日本では主に金貨、西日本では主に銀貨が使われていたんです。

しかも、金貨と銀貨じゃ**価値のはかり方が違います**（どゆこと?）。

金貨ってのは「小判1枚」で「1両」。それより小さな貨幣（単位）には、

**「一分《いちぶ》」**……1両の4分の1（4枚集めると1両だね！）

**「二朱《にしゅ》」**……1両の8分の1（8枚集めると1両だね！）

といったものがあり、1枚、2枚……と**数えて使うのが金貨**です（これ『**計数貨幣**《けいすうかへい》』って言います）。

ところが、銀貨は数えません。**重さをはかるんです**（単位は「匁《もんめ》」）。**重さをはかって使い、その重さが価値を表すのが銀貨**です（これ『**秤量貨幣**《しょうりょうかへい》』）。

数えるお金とはかるお金が東西で存在。不便！　統一したい！　というところに登場したのが『南鐐二朱銀』。

『二朱』と入ってることからもわかる通り、この貨幣、**銀貨なのに〝数えて使うお金〟**なんです。現物にも「この銀貨8枚で小判1両と引き換えるよ」といった意味のことが書かれており、金貨の『二朱』と同じ働きをしたんですね。

これで、金貨の単位に統一が進み、よりシンプルに、よりスムーズに、より安定して経済がまわるようになっていったのでした。

幕府の利益のために、いろんな角度からアプローチ。でも、まだまだです。

意次の利益への執念《しゅうねん》は、まだまだ全然止まりません。

## 利益クリエイター・田沼意次

**【革新的な財政改革④：株仲間×意次】**

意次も物価を安定させるため、商人たちに『株仲間《かぶなかま》』を結成させるんですね。しかもどんどんと。

ただ、株仲間を結成させまくったのは、物価の安定のためだけじゃありません。**彼らから税をとるためです。** 株仲間の、**〝仕入れや販売を独占する権利〟**を認めるかわりに、「特権《とっけん》を与えてくれてあざすです」という、お礼のお金をきっちりといただく。これを**『冥加金《みょうがきん》』**と言います。そして、いろんな業者さんにも一定の税率を決めて営業税を取っちゃう。これを**『運上金《うんじょうきん》』**と言います。

株仲間は独占権《どくせんけん》をもらう。様々な業者は商売の許可をもらう。そのお返しに幕府は『冥加金』『運上金』をもらう。1つの組合から多額の税をとるんじゃなく、株仲間や商売の許可をどんどん出して、数で勝負。

意次はwin-winの関係をたくさん築くことで、物価の安定も税という利益も、ゴッソリ手に入れたのでした。

**【革新的な財政改革⑤：印旛沼の干拓工事×意次】**

『享保の改革』の中に、「商人の資本で新田を開発する『町人請負新田《ちょうにんうけおいしんでん》』」ってのがありました（P198）。そのとき、**「印旛沼《いんばぬま》」**という下総《しもうさ》（千葉《ちば》県北部）にある超大きな沼を干拓《かんたく》して、巨大な新田を作る計画があったんですが、資金が足りなくて中止になったんです。ところが、意次のもとに「もう一度開発させてください！」という印旛沼スピリットを持ったやつが現れたもんだから、これにゴーを出します。

この干拓、完成すれば約3900ヘクタール（東京ドームで約4・7ヘクタール）の新田が出現するというんだから、とんでもない大計画です。

**【革新的な財政改革⑥：ロシア交易《こうえき》と蝦夷地《えぞち》の開発×意次】**

しかし、意次はもっととんでもない計画に挑もうとしていました。それが、

**蝦夷地開発**（『蝦夷地』は、樺太《からふと》や千島列島《ちしまれっとう》も含んだ北海道《ほっかいどう》のこと）。

医師で蘭学者《らんがくしゃ》の工藤平助《くどうへいすけ》が書いた**『赤蝦夷風説考《あかえぞふうせつこう》』**という研究書を読んだ意次は、

**意次**「なになに……『〝赤蝦夷〟ってのはロシアという国のことだよ。ロシアは大国で、

このままほっとけば蝦夷地は彼らのものになるよ。蝦夷地を開発して、ロシアと貿易やった方がいいよ』……か。うわ！　蝦夷地が激アツかもしんない！」

蝦夷地にビンビンとアンテナを立て、勘定奉行に検討《けんとう》を命じます。

**勘定奉行**「田沼様！　ロシアはここ数十年、日本との貿易を望んでいます！　そのままにしておくと密貿易のどんちゃん騒ぎになりますから、公式に貿易をしましょう！　蝦夷地の金銀銅山を開発し、そのお金でロシアと貿易すれば、ドえらい利益になります！　ぜひ調査団を派遣《はけん》させてください！」

ってことで、蝦夷地調査団の派遣が決定。蝦夷地の鉱山開発をして、その資金でロシア貿易なんて……鎖国と呼ばれる体制の中、この思いっきりの良さは完全にパリピ。ただ、貿易と鉱山開発がうまくいけば、幕府の利益ははかりしれません。

**勘定奉行**「田沼様！　調査団からの速報をお知らせします！　蝦夷地本島の10分の1が新田開発できると推定《すいてい》した場合、その石高は**約583万石**！　新田開発やりましょう！」

すごい。何がすごいって、「貿易と鉱山開発」の話が「新田開発」にすり替わってる……。どうやら、「密貿易と呼べるほどのものは存在してなかった」「無理にロシアとの貿易を始めちゃうと長崎貿易に支障《ししょう》が出るかも」となったらしく、貿易&鉱山開発の話はフェードアウトしたんですね。

ですが、たしかに新田開発は魅力《みりょく》的。幕府の領地がだいたい400万石なので、583万石が手に入れば一気に倍以上。これぞエゾリカンドリームです。

こんな感じで、意次はいたるところからアイデアをかき集め、バキバキと改革を進めていってたんですね。

しかし。忘れたころの将軍・家治ですが、彼もまた真剣にがんばっていたんです。**趣味《しゅみ》を**。絵を描いたり、将棋《しょうぎ》に熱中したり。将棋はハマりすぎて七段の腕前《うでまえ》になったし、詰《つめ》将棋の本を書き残したりもしました。ただ、侮《あなど》るのはまだ早い。家治は趣味だけに明け暮れていたわけじゃありません。彼は真剣に、**家族も愛していました**。

家治は**正室・倫子《ともこ》**のことが大好きで、とっても仲良し。2人の間に生まれた千代姫《ちよひめ》は、残念ながら誕生の翌年に亡くなってしまったのですが、その4年後に**次女・万寿《まんじゅ》姫《ひめ》**が誕生。しかし、男の子が生まれません。

家治は仕方なく側室をとると、お知保《ちほ》の方《かた》という側室が**長男・家基《いえもと》**を産んで、後継の心配も解消。家治はますます家族に愛情を注いでいったのでした。

このように家治は、趣味に家族に大忙し。↑言い方を変えれば、ムチャクチャ**暇《ひま》**。

ま、これはこれで理想の形です。家治というおおらかな将軍のもと、意次が政治のすべてを取り仕切って、世の中がうまいこと回ってるんですから。今のところ……。


さて、学校で習った田沼意次のイメージって、「賄賂《わいろ》」じゃありません？

意次はいったん置いといて、この時代が賄賂にまみれていたのはたしかです。

元禄《げんろく》時代のころから、経済が発展して町人たちが元気になってくると、

「幕府の土木《どぼく》工事や物品の調達、オレたちにやらせてくれ！」とか
「幕府の利益になる新しい事業を思いついた！　許可してくれ！」など、
仕事の請《う》け負《お》いや新事業の許可を求める声が、どんどん寄せられるようになったんですね。そうなると、

「お奉行様。以前お話しした件ですが、コチラでどうにか（小判渡す）」

「はいはい。おたくの商売の許可がおりるよう、話を通しておきましょう」

って感じで、賄賂が横行《おうこう》し始めます。

で、そんなベースがあっての田沼時代。

商業だ、利益だ、と盛りに盛り上がったときですから、賄賂が横行しないわけがありません。役人から幕府の偉い人まで、賄賂を受け取るのが当たり前。世はまさに

**大賄賂時代。**

スーパー権力者の意次も、当然賄賂をもらったことでしょう。ただ、それにしてもなぜ意次だけ「田沼は汚職《おしょく》にまみれた政治家だ！」と、後世《こうせい》までケチョンケチョンに言われたのか？　それは彼が、

**世間からメッタメタに叩かれて、大転落**していったからです。

意次がいなくなったあと、次々に出てきた悪評をもとに「実録物《じつろくもの》」（事実にフィクションをまじえて脚色《きゃくしょく》した読物《よみもの》）がいくつも作られ、

さらに、意次のことを心底《しんそこ》憎んだ**〝ある人物〟**が、意次をディスりまくったことから、「極悪人《ごくあくにん》・田沼意次」が完成したんですね。

てことは、意次が悪いことをやった……ってこと？

まず、今でこそ「あの時代に革新的なことをした」なんて言われる意次の政策ですが、当時は、「当たるかどうかもわからない事業をどんどん立ち上げて、ギャンブル要素が強すぎるだろ！」と、見てる人もたくさんいたわけです（現に、失敗に終わった政策も多々あります）。

それに、「武士のくせに、ちまちまと利益ばっかり追い求めやがって。実に卑《いや》しい！せせこましい！」と、アレルギー反応を示す人もいたんですね。

それに加えて意次の高い地位。権力を独占して利益ばかりを追求し、賄賂がはびこってもお構いなしなんて、あのヤロー……と意次の評判は最悪だったんです。

そこへ、事件は起こります。

家治の**長男・家基が、急死**するんです（享年18）。

鷹狩《たかがり》に出かけた際に突然体調を崩《くず》し、その3日後に謎の死を遂《と》げてしまった家基。

家治は8年前に正室・倫子を亡くし、その2年後には次女・万寿姫も亡くしていました。追い打ちをかけるように、今度は跡継ぎ・家基の急死です。

ショックのあまり食事も喉《のど》を通らなくなり、ますます政治から遠ざかっていったと言う家治。こんなときこそ、家治を支えるのが意次の役目です。しかし……

**家基様は田沼と一橋治済《ひとつばしはるさだ》に毒殺《どくさつ》されたんだ**――。

とんでもない噂《うわさ》が流れるんですね。

支えるうんぬんの前に、家基を殺害したのが意次だなんて……。とにかく、まず1つ言えることは……**一橋治済**って、誰？

## 陰謀と災害と時代の終わり

それじゃあ、P222にある『御三卿《ごさんきょう》』の説明を確認し、目に焼きつけてからコチラに戻ってきてください。

……お帰りなさい。

あのころから御三卿でも世代交代が進み、こんな感じになっておりました。

『田安家』田安宗武《たやすむねたけ》――**治察**《はるさと／はるあき》（現当主）――**子どもなし**

『一橋家』一橋宗尹《ひとつばしむねただ》――**治済**《はるさだ》（現当主）――**豊千代**《とよちよ》

これを見てわかるのは、今話題にしている一橋治済ってのは一橋家の当主で、豊千代ってお子さんがいるということ。それと、田安家の当主の治察には子どもがいなくて、おまけに病弱だったということです（病弱は読み取れねぇか）。

病弱な治察は不安ですよね、跡継ぎいなくて。でも、彼にはとっても賢い、その名も、**賢丸**《まさまる》くんって弟がいたので、とりあえずは一安心。だったはずが……

**意次**「弟の賢丸さんには、白河藩《しらかわはん》の養子となってもらいます」

**治察**「だ、え！　いや、賢丸は田安家に残ってもらわなければ困る！　私に万が一のことがあれば、賢丸が跡を継ぎ……」

**意次**「家治様のご命令です」

**治察**「それを言っちゃあ、おしまいよ！」

家治からの命令で――というかほぼ意次の意思と剛腕《ごうわん》で――賢丸は無理やり養子に出されてしまいます。すると、約半年後に治察が亡くなり、跡継ぎのいなくなった田安家は当主不在の家になってしまったんですね（御三卿は『藩』じゃないので、跡継ぎがいなくても家自体は残ります）。

さぁそこからです。家基が亡くなり跡継ぎのいなくなった家治は、将軍家の安定を考え養子をとることにしたのですが、養子の選定《せんてい》にあたったのが意次。そして、見事養子に選ばれたのが、一橋治済のお子さん。このときまだ9歳だった、

**豊千代（のちの徳川家斉《いえなり》）**です。

あのね、意次の弟（意誠《おきのぶ》）や、弟の子ども（意致《おきむね》）は一橋家の家老なんですね。だからね、意次と一橋家には強いつながりがあったんですね。

………陰謀《いんぼう》の匂いしかしない。つまり、一橋治済と意次は、

**治済**「何がなんでも、我が子・豊千代を次の将軍にしてやる。そのためには家老《かろう》の縁《えん》をたどり、田沼意次を動かすのが一番……」

**意次**「豊千代くんが次期将軍となれば、治済・豊千代親子に大きな恩を売ることができる。これで次の将軍の代も田沼家は安泰《あんたい》……」

お互いこんなことを考え、豊千代を将軍にするため手を組みます。

豊千代将軍計画の前に、障害となるのは誰でしょう？　それは、優秀だと噂される田安家の賢丸。そして何より将軍の跡継ぎ・家基。だから2人は、まず賢丸を養子へ行かせ、そののち、家基の毒殺に踏み切ったのでした……。

って噂が流れ、「意次が炎上したよ」という話でございました。

たしかに、養子決定に関して2人は協力したでしょう（たぶんね）。ですが、家基暗殺《あんさつ》は飛躍《ひやく》しすぎ。賢丸の養子に関しても……これは次のパートでお話しします。

だけど問題は、こういった噂が出まわったという事実。「田沼ならやりかねない――」。誰もがそう思うほど、意次は世間からの反感を買っていたんですね。

では、家治は？

心の中まではわかりませんが、家基が亡くなったあとも、意次の石高は加増《かぞう》されています。少なくとも、表向きは2人の関係は変わらなかったわけです。しかし、終了へのカウントダウンは、もう始まっていました。

「う、上様！　そ、空が……昼なのに空が……真っ暗に……！」

家基が亡くなってから4年後。**浅間山《あさまやま》が大噴火《だいふんか》**を起こします（**『天明大噴火《てんめいだいふんか》』**）。

前年は冷害《れいがい》による不作。そこへ、浅間山の噴火がさらに深刻《しんこく》な状況をもたらします。火山灰《かざんばい》の堆積《たいせき》で作物《さくもつ》が壊滅《かいめつ》的な被害を受け、さらには噴火による影響《えいきょう》で日光が遮《さえぎ》られ、地上に届く日射量《にっしゃりょう》が低下。

冷害はさらに悪化し、**『天明の大飢饉《だいききん》』**と呼ばれる飢饉が起こります。

おびただしい数の命が奪われ、全国的に米価が高騰《こうとう》。一揆や打ちこわしが起こり、東北地方を中心に、日本に地獄《じごく》のような光景《こうけい》が広がっていったのでした。

「大きな災害が起こるのは、為政者《いせいしゃ》が悪い政治を行っているからだ――」

綱吉のときと同じく（P144）、民衆の憎しみは1人の男へ集中します。

田沼意次です。この惨状《さんじょう》は田沼の傲慢《ごうまん》な政治が招《まね》いたもの。あの男のせいで天が罰を下したんだ。そんな人々の怒りは、思わぬ形で具現化《ぐげんか》します。

意次の長男・意知《おきとも》が、斬殺《ざんさつ》されたのです。

佐野政言《さのまさこと》という旗本に斬られた意知は、数日後に死亡。殺害の理由は個人的な怨《うら》みからですが、諸説あって不明です。しかし、驚きは止まりません。

「佐野様は我々を救ってくださったんだ！　佐野様は神様だ！」

佐野が意知を斬った、もしくは佐野が切腹をした翌日から、米の値段が下がり始めたと言われていて、人々が佐野の墓に群《むら》がり「世直し大明神《だいみょうじん》」と呼んで祭り上げたんです。逆に、意知の葬儀《そうぎ》の列には石が投げられたと言いますから、田沼家の人間は死んでもなお、憎悪《ぞうお》される対象に成《な》り果《は》てていたのでした。

意知の死から2年後。関東が大洪水にみまわれ、印旛沼干拓《いんばぬまかんたく》工事の中止が決定。その3日後の天明6（1786）年8月27日、田沼意次は老中を辞職《じしょく》します。

怒涛《どとう》です。本当に天が意次を辞めさせようとした。そう思ってしまうくらい、世の中と意次に不幸が降《ふ》り注いだんですね。

家治が元気であったなら、意次の状況も変わっていたかもしれません。が、残念ながら家治は、天明6（1786）年の8月から病気でふせっていました。そして、8月25日に家治は亡くなり（公式発表は9月8日）、2日後の27日に、意次の辞職を家治が許可したのでした。

ん？……家治が亡くなったのが25日で、27日に意次の辞職を許可？……あの世からオッケーしたの？

そうなんです。

意次の辞職には、家治じゃない誰かの意志が大きく関わっているんですね。

意次は、「政策の失敗」と「彼の推薦《すいせん》した医師が処方《しょほう》した薬が、家治の病状を悪化させたこと」を理由に、家治から遠ざけられていました（ここでも毒殺疑惑《ぎわく》が浮上《ふじょう》していますし）。

おそらく、意次を遠ざけた幕閣《ばっかく》（老中）が、そのまま意次を辞めさせ、民衆の批判を抑えようとした。と、こんな風に言われているんです。

最後に意志の疎通《そつう》ができないまま別れた、家治と意次。言葉を交わしたところで何かが変わったとは思えませんが、互いに伝えたいこと、まだあったと思います。

以上、家治&意次のご紹介でした。

家治は、とにかく優しいんです。実家が貧しくて心配だという家臣に金100両をポンっと与えたり、朝早く目覚めてしまったときは、まわりの人を起こさないように忍び足で歩いたり。家臣に対しての心配りがすごかったんですね。

しかし、当然その優しさは、家臣だけに向けられたものじゃありません。

江戸で火事があったときのことでした。

家治は家臣たちに火の様子を見てくるように命じたのですが、「火事と喧嘩《けんか》は江戸の花」という言葉があるように、火事は江戸の名物のようになっていて、家臣たちも喜んで見に行こうとしていたんですね。家治はそれを「ちょっと待て！」と止め、こう諭《さと》したんです。

**家治**「火災は民の憂《うれ》いの大きなものだ。民の憂いは私の憂い、おもしろいものだと思ってはならない。我々にも何かできることはないかと思って命じたんだ。お前たちには、そういう気持ちで見てきてほしい」

その後、報告を受けた家治は、みずから防火《ぼうか》の指揮をとったと言います。

優秀なトップほど「任せる」ことが苦手です。部下より自分で動く方が、結果を残せるので。しかし、それでは大きな組織はまわりません。家治は意次にすべてを委《ゆだ》ね、自身は将軍として、家臣と民を見守る道を選びました。

政治では何の功績《こうせき》も残していないと言われる家治ですが、本当の意味で優秀なトップだったからこそ、あとに何も残っていないのかもしれません。

# 第11章

## SHOGUN PROFILE

| | |
|---|---|
| 何代目？ | 11代将軍 |
| おなまえ | 徳川家斉《とくがわいえなり》 |
| あだ名は？ | オットセイ将軍 |
| ゆかりの地は？ | 東京大学の赤門、浜離宮恩賜庭園《はまりきゅうおんしてい》 |
| 生きた年は？ | 1773（安永《あんえい》2）年～1841（天保《てんぽう》12）年 |

にがおえ

**趣味は？**
鷹狩り
ぜいたくに遊ぶ
植木

**特技は？**
人を楽しませる

**起こったことor行ったこと**
寛政の改革

**自分を四字熟語で表すと？**
豪華絢爛

**頼れる人は？**
一橋治済
松平定信

**恋愛＆結婚**
女の子大好き！

**みんなにひと言！**

ぜいたくオッケー！　自由で開放的なこの時代！　みんなでハッピーに！

奥さん多すぎ子ども多すぎ。
合言葉はぜいたく！

どのグループにも、1人は〝派手《はで》〟担当っていますよね。
マンガ、アニメ、現実世界。架空《かくう》やリアルを問わず、「見た目が派手だな」とか「やることが派手だな」ってキャラクターが1人はいるもんです。

それです、徳川家斉《いえなり》は。

この人こそ15人の中の**ド派手**担当。
自分も派手なら世の中を派手にした派手派手将軍。いったいどういうところが派手だったのか……というのを、これからご紹介していきましょう。
ただ、最初はね……地味《じみ》なんです。

## 松平定信VS田沼意次　～因縁《いんねん》～

10代家治が亡くなり、養子の豊千代《とよちよ》が将軍となって、**11代将軍・徳川家斉が誕生**します。

が、このとき彼は15歳。中学生に政治はキツいよねってことで、**父親の一橋治済《ひとつばしはるさだ》と御三家**が、家斉をサポートしていくんですね。

しかし、彼らにとって、ものすごぉく邪魔《じゃま》だったのが、**田沼派**の連中です。ラスボス・意次が幕政から消えたとはいえ、額《ひたい》に「田沼」の紋章《もんしょう》を宿《やど》した騎士《きし》は、老中、御用取次《ごようとりつぎ》、大奥にまで存在し、未《いま》だ一大勢力を誇《ほこ》っていたんですね（実際は、紋章もねぇし騎士でもないです）。一度は意次と手を組んだ治済パパ。ですが、息子が将軍となった今、力を持った田沼派は厄介《やっかい》な存在でしかありません。

**治済**「田沼派のやり方を一掃《いっそう》して幕政を立て直さなきゃいけません！　そのためには、実直《じっちょく》で才能のある者を老中に就《つ》かせないと！」

**御三家**「そだね！」

そこで治済は、1人の若い大名に目をつけます。『天明《てんめい》の大飢饉《だいききん》』で、領内《りょうない》から1人の餓死者《がししゃ》も出さなかったと言われる（←定かじゃないけど）、

**白河《しらかわ》藩主・松平定信《まつだいらさだのぶ》**です。

あれ、白河藩……？　ピンと来た方に花束を。

前パートで、意次によって無理やり養子に出された**賢丸《まさまる》**くん。あの子が立派に成長した姿。それが、松平定信です。

その優秀さもさることながら、意次が**超超大っ嫌い**な彼ほど、このときの老中に適《てき》した人物はいなかったでしょう。

なんで嫌いかって、もちろん養子の一件が関係してるんですが……

大名が将軍に謁見《えっけん》する（お目にかかる）前の控《ひか》え室ってね……（ちょっと聞いておくれ）。家格《かかく》（家のランク）の高い順に、大廊下《おおろうか》席、溜間《たまりのま》、大広間《おおひろま》、帝鑑間《てんかんのま》などの部屋を割り当てられていたんです。

白河藩の藩主（松平定邦《さだくに》）は、家格を『溜間詰《たまりのまづめ》』ってとこに上昇させたくて、「そのためには徳川一門の養子が必要なんだ！」と、意次に頼んで賢丸（定信）を養子にもらったと言われていているんですね。

なので、定信の養子は意次が計画したものじゃありません。が、恨みを買ったのはこのあとです。

田安家では、すでに定信の1つ上の兄（定国《さだくに》）も養子に出ており、残ったのは当主の治察《はるさと／はるあき》だけ。しかし、その治察もすぐに亡くなっちゃう（P243）。

田安家&定信は、定信が戻って跡を継ぎたいとお願いしたのですが、意次がそれを許しませんでした。

定信が田安を継げば、将軍になる可能性があります。意次はそれを妨害《ぼうがい》したかったのか？　また、定信も将軍になる夢を潰《つぶ》されたと思ったのか？　このへんははっきりしないところですが、とにかく定信は実家を継げなかったことで怒り心頭《しんとう》。

しかし、それより何より、意次のとった政策に腹が立って腹が立って、

**定信**「私、田沼のことを刺《さ》し殺そうとしたんです」

と本人が語っているほど、意次のことを憎んだんですね。うん、実にサスペンス《もちろん、意次をディスりまくった〝ある人物〟とは定信のこと（P240）》。

治済は、そんなやる気と憎悪《ぞうお》と怨《うら》みに満ちあふれた定信を老中に推薦《すいせん》。すると

**田沼派老中**「ダメですよ‼」

どっぷりと反対されます。

何度も言いますが、幕府の政治は老中たちが行うもの。彼らからすれば、いかに将軍の父や御三家であろうと、幕政に関わらせるわけにはいかなかったんですね。

**治済**「なんでダメなんだよ！　私の優秀な従兄弟《いとこ》・定信をどうぞよろしく！（反田沼派をぶち込んでお前らを終わらせてやる！）」

**田沼派**「その〝従兄弟〟ってのが問題なんですよ！　9代家重様が『将軍の縁者《えんじゃ》（親戚）を幕政に関わらせてはいけない』って命令を出してるのを知らないんですか！（定信投入《とうにゅう》で改革しようって魂胆《こんたん》だろうが、そうはさせねぇぞ！）」

**治済**「家重様の言った『将軍の縁者』ってのは、母方の親戚だろうが！　定信さんはそれに当たらねぇよ！　それに、家綱様のときの保科正之《ほしなまさゆき》も政治に関わってるだろうが！（認めろよ！）」

**田沼派**「うっせぇわ‼　あなたが思うより厳禁です‼（認めねぇよ！）」

お互いの言い分と腹の中の思惑《おもわく》が錯綜《さくそう》する熾烈《しれつ》なバトル。

しかし、事態《じたい》は思わぬ展開を見せます。

**江戸庶民**「ぶっ……壊せぇぇぇぇぇ――――――！！！！」

家斉が将軍になってすぐ。江戸の町で、連続して打ちこわしが発生するという大事件が起こります。

これ、言わば大暴動。しかも、それが将軍のお膝元《ひざもと》である江戸で起こったとあっては、幕府の権威《けんい》なんてあったもんじゃありません。

田沼派の中には、責任を取って辞めさせられるメンバーも現れ、彼らの勢いは完全に衰《おとろ》えます。となれば……

**治済**「さぁ、ついにこのときが来た。憎き田沼派が力を失った今、きみのことを妨《さまた》げる者は存在しない。存分《ぞんぶん》に暴れるがいい……出《い》でよ！　松平定信！」

するとすぐ、

**老中首座《しゅざ》・松平定信、降臨《こうりん》**（なんか悪魔《あくま》召喚《しょうかん》みたいになりましたが）。

**定信**「田沼意次の所領《しょりょう》を取り上げる！！」

すでに減らされていた領地をさらに没収《ぼっしゅう》。おまけに隠居《いんきょ》、謹慎《きんしん》のトリプルコンボをお見舞いし、意次を完膚《かんぷ》なきまでに叩きのめした定信。

そして彼、いきなり〝**首座《しゅざ》**〟なんです。幕府の何の役職にも就いたことがない人が、老中になるってだけでも異例《いれい》。

なのに、定信は登場と同時にそのトップに君臨《くんりん》します。

さらににこの翌年には『**将軍補佐《ほさ》**』という、何だか知んねぇけど権力を握れそうなポジションまでゲットし、まわりの幕閣《ばっかく》もお友達大名をそろえて**定信派**の完成。治済・御三家というドーピングによって、定信中心の政治体制ができあがったのでした。

さぁここからです。定信による、田沼意次の政治を全否定《ひてい》したことでおなじみ、

**『寛政《かんせい》の改革』**が始まります。

**定信**「まずは倹約《けんやく》だ！　とにかく倹約！　倹約だぁ――!!」

定信は、おじいちゃん・吉宗が行った『享保の改革』をお手本にしたと言われています。だから支出を減らすため、倹約に取り組んだんです……けど。

実は、意次も倹約やってるんです。彼が老中を辞める数年前にも倹約令を出しているので、定信はそれを継続《けいぞく》させた形になります。

**定信**「株仲間《かぶなかま》は解散！　運上金《うんじょうきん》は廃止だ!!」

と言いながら、やったのはほんのちょっと。株仲間には、物価のコントロールと運上金を期待していたので、ほとんどの株仲間はそのままにした定信でした。

**定信**「南陵二朱銀《なんりょうにしゅぎん》の製造は停止！　元文銀《げんぶんぎん》を増やせぇ――!!」

としたんですが、これは江戸の物価を抑《おさ》えるための対策で、「田沼の創った貨幣《かへい》なんて使えるか！」ってことじゃありません。南陵二朱銀の製造はストップしても、使用は停止していないんですね。

むしろ、二朱銀があまり流通していなかった西日本に「もっと使え！」と言ったのが定信で、南陵二朱銀の使用が広まったのは、定信の時代になってからなんです。

このように定信は、意次のやったことをことごとく否定……**してない**。田沼時代を全否定したように見られがちな『寛政の改革』だけど、意次の改革を継続、なんなら強化してる部分もたくさんあるんですね。

ま、意次が憎いからと言って、発展した商業・経済を根絶《ねだ》やしになんてしたら、世の中ぶっ壊れちゃいますから。

それに、「田沼は最低だ！」とディスりまくったのも、「オレはアイツと違います！どうか定信をよろしく！」ということを強調するパフォーマンス的な部分が、かなり含まれていたんですね。だけど、

意次が憎いという点は揺《ゆ》るがない。定信にとって、意次の罪《つみ》はあまりに大きすぎました。

## 3年の蓄え無くば国に非ず

意次のせいで利益追求が世間に蔓延《まんえん》し、武士も庶民も考えるのは「どうすりゃ楽して金が稼《かせ》げるか」ということばかり。

中でも定信が危険だと感じたのは、**蓄《たくわ》えに対しての危機意識《ききいしき》**です。

この当時の村には、年貢米の保管《ほかん》や凶作《きょうさく》に備えて米を蓄えておく**『郷蔵《ごうぐら》』**という倉庫があったんですが、みんなが米より金をありがたがるようになったため、米じゃなく、金で貯えるところが増加したんですね。

そこへ訪れた今回の噴火&凶作。からの、飢饉&打ちこわし。定信に言わせれば、飢饉になった原因は備えの薄《うす》さ、つまり〝人災《じんさい》〟だったということです。

**定信**「国家に9年分の蓄えがないのは不十分で、6年分の蓄えがないのは危険な事態。
3年分の蓄えがない国は、もはや国じゃねぇよ!!」

儒学の書物から引用し、国の蓄えについて語った定信。彼にしてみれば、このときの日本は国家じゃなかったんです。だからまず、**蓄えさせます**。

**定信**「備荒貯蓄《びこうちょちく》（凶作・飢饉《ききん》に備えて米や金を蓄えること）をしろ！　各大名は**1万石につき50石の割合**で米を蓄えなさい！」

これを**『囲籾《かこいもみ》（囲米《かこいまい》）』**と言います（保存が利くように籾で蓄えることが多かったため『囲〝籾〟』っす）。

幕領《ばくりょう》の村にも「郷蔵つくって米蓄えなよ！」という**『貯穀令《ちょこくれい》』**を出すんですが、そこでは、お金持ち農民に米をたくさん負担《ふたん》させたんですね。

こうすることによって、凶作でも……

・お金がない農民←ちょっとしか負担してないけど、蔵からたくさん米をもらえる。
・お金持ち農民←お金がない農民から、一揆や打ちこわしでシバかれる心配がなくなる。
・幕府←少しの米と建築資材《けんちくしざい》を提供《ていきょう》しただけで、飢饉が起こらない。嬉しい。

と、みんながニッコリできる、メチャ良くできたシステムを作り上げたんです。

で、やっぱり江戸ですよね。

激しい打ちこわしが起こった江戸こそ『囲籾』しなきゃ。ということで、**『町入用《ちょうにゅうよう》』**を減額《げんがく》して、その分を積《つ》み立てさせることにします。

『町入用』ってのは、上下水道維持費《いじひ》、火消し関係、道路修繕費《しゅうぜんひ》などなど、町を管理《かんり》・運営するために地主《じぬし》が払う費用のこと。

この町入用を節約《せつやく》させて、**その節約分の70％を貯えようぜ！**と命令したのが**『七分積金《しちぶつみきん》（七分金積立）』**という制度です（あとの10％は町入用の予備、20％は地主のもとに戻されました）。

〝積金〟とは言ってますが、いくらかは米の費用にまわし、『江戸町会所《かいしょ》』という施設《しせつ》の『社倉《しゃそう》』（郷蔵と同じ機能）に蓄えられました。米は飢饉のときに放出され、金は病人の救済《きゅうさい》や融資《ゆうし》に使われたんですね。

このあと『天保の大飢饉』という飢饉がやってくるのですが、『七分積金』のおかげで江戸では打ちこわしが起こらなかったと言います。

寛政の改革ではその他に……

江戸に大量にやって来ていた農民に「手当てをあげるから村に帰って！」と、農村の人口を増やそうとした**《旧里帰農令《きゅうりきのうれい》》**を出したり（これはムチャクチャ失敗に終わってます）、**《人足寄場《にんそくよせば》》**という、犯罪者や無宿人《むしゅくにん》（ホームレス）の更生《こうせい》のための職業訓練施設を設置したり、**《寛政異学《いがく》の禁》**てのを出し、湯島聖堂《ゆしませいどう》の中の学問所では朱子学以外の学問を禁止したり、

旗本・御家人の借金をチャラ、または利子を下げたりする**《棄捐令《きえんれい》》**を出し、**《棄捐令》**でダメージを受けた商人に貸付《かしつけ》を行う**《猿屋町会所《さるやちょうかいしょ》》**ってのを作ったりと、農村の復興《ふっこう》から治安維持《ちあんいじ》。武士の救済・復活のサポートも行ったんですね。

ただ、なんせ倹約がキツすぎた。

「ラグジュアリーな雛人形《ひなにんぎょう》をつくったら処罰された」というように、ぜいたく品は製造《せいぞう》も売買も禁止。好色本《こうしょくぼん》（エロが入った本）は絶版《ぜっぱん》だし、寛政の改革をイジった本の出版も禁止されたんですね。

こんなことしたら絶対不景気になります。でもね、

**定信**「倹約で江戸が不景気になれば、農村に帰る者が増える。これで農業が盛んにな

り、生産と消費のバランスがとれるだろう。そうなれば物価が安定し、江戸は再び栄えるに違いない！」

なんと不景気になることは前提《ぜんてい》、のちのちいい感じになるだろう作戦。それって、うまくいくんですかぁ？ と思われるでしょ。それがね、マジでうまくいきません。

**江戸庶民**「っざけんなよ松平定信！ お前のせいで江戸がどんよりしとるわい！」

厳しすぎる倹約と不景気で、江戸庶民から大反発。定信は嫌われすぎて、

**「白河の 清きに魚も 住みかねて もとの濁《にご》りの 田沼恋しき」**

なんて詠《よ》まれてしまいます（〝白河〟はもちろん白河藩主・定信のこと）。

で、そんなところへ事件です。みなさん、Ｐ179の光格《こうかく》天皇をご確認ください。

光格天皇は、後桃園《ごももぞの》天皇に皇子がいなくて養子に入りました。なので、光格天皇の実のお父さん（典仁親王《すけひとしんのう》）は、天皇になったことがありません。

ここで問題となったのが『禁中並公家諸法度』。

このルールの中では、父の〝親王〟の位は、太政大臣《だいじょうだいじん》、左大臣《さだいじん》、右大臣《うだいじん》よりも下

だということになってたんですね。

天皇の父が、天皇に仕《つか》える者より下の位。光格天皇はこのことに納得がいかず、父に太上天皇《だいじょうてんのう》（上皇《じょうこう》）の尊号《そんごう》を贈ろうと考えます。しかし……

**定信**「反対です！　天皇になられたことがない方に上皇の尊号を贈るのはおかしい！」

**朝廷**「ううん、ううん。あのね、先例があるんだよ。後高倉院《ごたかくらいん》と後崇光院《ごすこういん》」

**定信**「それは承久《じょうきゅう》の乱のあとなど、戦乱のバッタバタがあったからでしょ？　だから先例にはなりません！　反対です！」

定信、自分の住んでる家の前にでっかいマンション建設されるんかってくらい反対します。道理が通らないことは一切受けつけない定信。これが『**尊号事件**《そんごうじけん》（**尊号一件**）』と呼ばれる、朝幕《ちょうばく》関係ピリつき騒動だったんですが、同時期くらいに……

**家斉**「父上（治済）を大御所にしてくれ！」

似たようなこと言い出しやがった。

将軍の経験がない治済を大御所にしようとする家斉。ですが当然、

**定信**「反対反対！　反対です！」
**家斉**「ぬぅわに！」

定信、息子が上京してバンドマンになると言い出したんかってくらい反対します。曲がったことが大嫌いな定信。でも、正論ばっかりぶつけられると、しんどいじゃん。

倹約に嫌気がさした民衆や大奥。定信の独裁的《どくさい》なやり方に「あいつなんなん？」となった老中たち。オレも大人になったんだから『将軍補佐』なんていらないし、やることなすこと厳しすぎんだよと不満でいっぱいの家斉。
各所からの止まらないブーイングに定信は、

**家斉**「今までありがとう」
**定信**「……あざした」

老中＆将軍補佐を辞めることになったんですね（サラバ！）。

定信が老中だった期間はたったの6年。しかし、その短い間に、あれだけの社会政策を推し進めていった手腕《しゅわん》は驚きのひと言です。

絶対無理だったろうけど、意次と定信が手を組んだドリームチームを見てみたかったなと、勝手な妄想《もうそう》を膨《ふく》らませてしまいます。

さて、定信が去ったあと政治を担《にな》ったのは、『寛政の遺老《いろう》』と呼ばれた定信の同僚《どうりょう》たち。しばらくは定信と似たような政治を続けたのですが、彼らが引退や死去で幕府の中心からいなくなると……

**家斉**「これからは……全部自分の思い通りにするぞ――!! いでよ! 水野忠成《みずのただあきら》!」

**老中首座・水野忠成、降臨**（再びの悪魔召喚）。

家斉が全権力を握るけど、全力で政治をやりません。お気に入りの水野忠成に「いろいろ何とかしろ」とすべてお任せします。

それじゃあ家斉が何をしていたのかというと、**主に子作り**です。

## ぜいたくと女の子が大好きなオットセイ

少し時間をさかのぼって、家斉の正室の話をさせてください。

家斉の正室の名前は**茂姫**《しげひめ》（**寔子**《ただこ》）。彼女のお父さんは**島津重豪**《しまづしげひで》という薩摩《さつま》藩の大名です。薩摩藩は外様《とざま》。そこの姫が将軍の正室って……そう、初めてだし、異例のことだったんです。

かつて将軍家から島津家に嫁いだ「竹姫《たけひめ》」という姫がいましてね。彼女が義理の孫にあたる島津重豪に、「重豪ちゃん。あなたに娘が生まれたら、徳川家の子と結婚させなさいよ」と遺言《ゆいごん》したんですね。で、遺言に従い、茂姫は3歳のとき、一橋豊千代（こちらも3歳）と婚約することに。

するとビックリ。なんと豊千代が将軍になるっていうじゃありませんか。

「ちょっと待て！　将軍の正室は皇族《こうぞく》か貴族トップ5（五摂家《ごせっけ》）から迎えるのがならわし。大名、しかも外様大名の姫が正室なんて前例がないぞ！」

「んー……じゃあ貴族トップ5のトップ・近衛《このえ》家の養女となって嫁いでもらうのはどう？」

「それな！」

という感じで、茂姫が近衛家の養女となり（名前も「寔子」に変わり）、予定通り結婚話が進行。こんなプロセスがあって、外様大名の姫が、将軍の正室に決定したんですね。幼いころに結ばれた2人は17歳で結婚。ようやく江戸に入った茂姫は、さぞかし胸がキュンとし……

**茂姫**「え……もう側室いんの……？」

**家斉**「あ、うん……。しかもね！　その側室のお腹には赤ちゃんがいて、もうすぐ生まれるんだよ！」

**茂姫**「……もっと気まずそうに言え！」

早熟《そうじゅく》のプレイボーイ爆誕《ばくたん》です。

こんな会話はありませんが、なんと、すでに側室・お万《まん》の方を妊娠《にんしん》させていた家斉。

茂姫到着の1か月後、第一子が誕生します。

**「薩摩芋 ふくる間を 待ちかねて おまんを喰《く》うて 腹はぼてれん」**

薩摩芋《さつまいも》（茂姫）を待ちきれず、お饅頭《まんじゅう》（お万）を食べたら、お腹が大きくなった（妊娠した）という家斉をイジりまくった落首《らくしゅ》が江戸で広まったのですが、作った人を表彰したい。

この一件からもわかる通り、家斉は**女の子が大好きです**。わかってるだけでも**側室は16人**。リアルには**40人以上**いたと言いますから、石を投げれば側室に当たったでしょう。そして**子どもの数は55人**。サッカーなら5チーム、楽器持たせりゃブラスバンド部が作れちゃう（ただ、約半数が3歳までに亡くなっており、流産や死産を含めるかどうかで53人、57人と変わってきます）。

将軍の仕事としては間違ってないんです。お世継ぎは多いに越したことはありませんから。でも、とにかく**金がかかる**。

**老中**「側室&子どもたちの世話をする女中の人件費《じんけんひ》に、お子さんたちの養育費《よういくひ》。成長した子たちの養子先・嫁《とつ》ぎ先を見つけるのも一苦労ならば、受け入れてくれる大名への領地プレゼント、縁組《えんぐみ》の費用＋姫に付いていく女中の人件費などなど……出費が止まらん！」

でも受け入れ大名はラッキーですよね。家格を上げてもらったり領地をもらったりといいことばかり……とも言えません。将軍の子を迎え入れるとなれば、その準備でどえらい費用がかかり、大名側の財政も圧迫《あっぱく》されるんです。

例えば、家斉の**二十一女・溶姫**《ようひめ／やすひめ》（「二十一女」ってこの人を紹介するときを除いて言ったことないんですが）を正室に迎えた加賀《かが》藩は、その際に「御守殿門《ごしゅでんもん》」と呼ばれる門を建てています。ちなみに、この御守殿門が現在の東京大学の赤門です。

**家臣**「申し上げます！　たった今、上様の……えーと、たしか24……いや違う、25……？　おそらく25人目だと思われる姫君がお生まれになり――」

**老中**「もういいもういいもういい!!　何番目でもいい！　財政がチラついて素直に喜べない自分がいます！　忠成さん、どうしましょ（泣）」

**水野忠成**「私の仕事は上様をお支えすること。家斉様のぜいたくを全力で応援するため、**改鋳**《かいちゅう》に踏み切ります！」

**老中**「おお！　カッ（コいいのか？　動機《どうき》が引っかかって、感情が追いつかん……）」

実はこの忠成。田沼時代に老中を務めていた水野忠友《ただとも》って人の養子で、言ってみりゃ**田沼派のＤＮＡ**を受け継ぐ者。なので、経済ぶん回しの、賄賂《わいろ》どしどし受け取りおじさん。

てことで、家斉のぜいたくをカバーするため、外国からの脅威《きょうい》に備える費用のため（次パートで解説！）、貨幣改鋳をやっちゃいます。しかも**繰り返しね**。

そしたらもうあんた（近所のおばさま）、改鋳のせいで物価が上昇するわ、意次のときの上をいくほど賄賂が横行するわで、田沼時代大復活のような時代が訪れるんですね。ただ、たしかに物価は上がったけど、P156でも言ったように生産者はもうかります。それに、忠成はいろんな新貨幣を作ったんだけど、ちっちゃい額の貨幣（『文《ぶん》政一朱金《せいいっしゅきん》』など）も作ったから、庶民も使いやすかった。なので、より経済がまわって、景気が良くなっていったんですよ。

しかし、「改鋳による発行益で財政も回復した」とは言い切れない。だって、リカバリーできないほど支出がエグいんだもの。それもこれも家斉のぜいたくのせい。もっと言えば、**家斉が元気だったからいけないんです**。

もともと体が頑丈《がんじょう》なうえに、ショウガ、ミョウガ、白牛酪《はくぎゅうらく》、オットセイの粉を口にしてるから超健康な家斉。3、4番目のはなんだ。魔女が大釜で煮込む材料か。「白牛酪」は、牛乳から製造したチーズみたいな乳製品。「オットセイの粉」は、オットセイの陰茎《いんけい》と睾丸《こうがん》を原料とした漢方薬。どちらも健康に良いし、精力剤《せいりょくざい》としてバツグンだったそう。こんなパンチの利いたもん取り込んでたら、そりゃ元気です。

んで、ついたあだ名が**『オットセイ将軍』**。

戦国時代にいてほしかった。「甲斐《かい》の虎《とら》・武田信玄《たけだしんげん》、越後《えちご》の龍《りゅう》・上杉謙信《うえすぎけんしん》、江戸のオットセイ・徳川家斉」。とてもキレイな三段オチ。

そして、これだけ元気だと将軍やってる期間もハンパじゃありません。

10、20、30年と快調《かいちょう》に過ごし、在職40年の年には、朝廷の最高職・太政大臣をプレゼントされ、フィジカルに加えステータスまで最高潮。しかし、在職記録は止まらず、最後はなんと50年でオールアップ。2位の吉宗が29年ですから、独走すぎて背中が遠い。

でもね、オットセイさんをナメてはいけない。将軍50年はただの区切りです。家斉は息子に将軍職を譲ったあと**大御所**となり、なんとまだまだ実権を握り続けるんです。女性も権力もぜいたくも、すべての欲がエンドレスゲーム。で、何が恐ろしいって、家斉みたいなのが、〝あと3人〟います。

実の父・徳川治済《はるさだ》（穆翁《ぼくおう》）。正室茂姫の父・島津重豪（栄翁）。そして、溶姫のママで、家斉がとっても愛した側室・お美代《みよ》の方の義父・中野清茂《なかのきよしげ》（石翁《せきおう》）。

それぞれの『号』（ペンネームみたいな感じ）からとって**『三翁《さんおう》』**と呼ばれた、家斉の3人のパパが、メチャクチャぜいたくしやがる。

「天下の楽に先んじて楽しむ」。つまり、みんなが楽しめる世の中になってなくても、そんなこと関係なく楽しんでるぞコイツら！　と叩かれたくらい、将軍の権威をフルに活かしてエンジョイしまくったんですね。

**家斉・三翁**「楽しいのが一番だよね！」

もう止まらない。てか誰も止まろうと思わない。権力者たちが、豪奢《ごうしゃ》（ぜいたくで派手！）、享楽《きょうらく》（快楽を味わう！）、放漫《ほうまん》（やりっ放しでいい加減！）を満喫《まんきつ》すると、世の中にもその雰囲気が満ち満ちて、みーんな楽しいことに夢中。おまけに景気が良いから、庶民もぜいたくし放題で、だらだらムード全開です。

ただね、「ぜいたくオッケー」「楽しみ優先」って、それだけ自由、開放的、締《し》めつけるものがないってことです。さらに、景気が良いなんて、表現者にとってはビッグウェルカムな世界。なので、家斉が将軍だった時代、元号で言うと『文化《ぶんか》』『文政《ぶんせい》』に江戸の町人文化が大きく華開き……

俳諧《はいかい》では**小林一茶《こばやしいっさ》**、読本《よみほん》では**十返舎一九《じっぺんしゃいっく》**（**『東海道中膝栗毛《とうかいどうちゅうひざくりげ》』**）、滑稽本《こっけいぼん》では**曲亭馬琴《きょくていばきん》**（**『南総里見八犬伝《なんそうさとみはっけんでん》』**）、浮世絵《うきよえ》では**葛飾北斎《かつしかほくさい》**（**『富嶽三十六景《ふがくさんじゅうろっけい》』**）、**歌川広重《うたがわひろしげ》**（**『東海道五十三次《とうかいどうごじゅうさんつぎ》』**）、**喜多川歌麿《きたがわうたまろ》**、**東洲斎写楽《とうしゅうさいしゃらく》**、など。

泣く子もダマる超ド級の有名人と芸術作品が、この世に誕生していったんですね。

このときの文化を2つの元号からとって、**『化政文化《かせい》』**と言います。

家斉はぜいたくが好きです。でも、決して独り占めしてたわけじゃありません。白牛酪だってオットセイの粉だって、家臣にお裾《すそ》分けしてるんですね。

また、将軍家のお庭『浜御殿《はまごてん》』（現在の浜離宮恩賜庭園《はまりきゅうおんしていえん》）に家臣を招待《しょうたい》し、豪華《ごうか》な食事や酒で彼らをねぎらい、一緒に釣りを楽しんだり会話したりする宴《うたげ》も開催《かいさい》しています。基本的に「みんなで楽しもうよ！」という考え方なんです家斉。

彼がぜいたくを好んだのも、上の者が富《と》み、支出が増えれば、経済がまわり下の者も潤《うるお》うと考えていたから……かどうかは定かじゃありません。ただ、浜御殿で一緒に楽しんだ家臣は将軍を好きになります。

戦いのない時代、トップに必要なのはスペックの高さじゃありません。「あの人を支えたい、あの人のためにがんばりたい」と思わせることができるかどうか。まさに家斉は、そうやって好かれたからこそ、50年も将軍を務めることができたんじゃないでしょうか。

おおらかに、伸びやかに泰平《たいへい》の世を楽しんだ家斉。権威として君臨《くんりん》するだけで江戸の最盛期《さいせいき》を創り出した彼は、歴代の誰よりも〝将軍〟だったのかもしれません。

# 第12章

## SHOGUN PROFILE

| | |
|---|---|
| 何代目？ | 12代将軍 |
| おなまえ | 徳川家慶《とくがわいえよし》 |
| あだ名は？ | そうせい様 |
| ゆかりの地は？ | 江戸城 |
| 生きた年は？ | 1793（寛政《かんせい》5）年～1853（嘉永《かえい》6）年 |

にがおえ

**趣味は？**
絵画
好物は生姜

**特技は？**
最終決断を
下す

**起こったことor行ったこと**
天保の改革

**自分を四字熟語で表すと？**
画竜点睛

**頼れる人は？**
水野忠邦

**恋愛＆結婚**
側室が多め
（パパ家斉には
負けちゃう）

みんなにひと言！

国内も国外も心配事が尽きない時代にがんばりました。

# 将軍になる前もなったあとも、いつも誰かに〝そうせい様〟

「やっとだ……」

将軍に就任したとき、そして大御所・家斉がいなくなったとき。家慶《いえよし》がまず思ったのは右の言葉かもしれません。

このパートでご紹介するのは、**12代将軍・徳川家慶**。またまた一般的な知名度は低いと思うのですが、彼は11代家斉の息子です。

**どの？**

ですね。子どもも多すぎるから。

家慶は家斉の次男。長男・竹千代が早世したため、早くから跡取りとして育てられてきました。55人の中の次男ってことは、かなり早めに生まれた子どもです。そんで、家斉が将軍だった期間が50年……。

何となく予想がつくかとは思いますが、家慶が将軍になったとき、彼はすでに45歳の立派なおじさん。6代家宣に次ぐ高齢で、将軍の座についたんですね。

だからこそ、

「やっとだ……」

と、絶対1回は思ったでしょう。でも、

**家斉**「大御所やるから！」

**家慶**「で、ですよねー！（譲《ゆず》らないこと山の如《ごと》し！）」

将軍職を譲っても家斉は元気。息子に実権を渡す気なんて、これっぽっちもありません。

おそらく「早く譲れよハーレム親父」と半分呆《あき》れていた家慶。そしてもう1人、「頼むから譲ってくれ……」としびれを切らしていたのが、水野忠成《ただあきら》が亡くなったあとに幕政を担当した、**老中首座《しゅざ》・水野忠邦《みずのただくに》**です（同じ「水野氏」だけど別の家です）。

家斉の影が消えない家慶パート、どんな時代だったか見ていきましょう。

## 親父のせいで国内はボロボロだ！

家斉がどかない。というより、家斉の側近の**『三佞人《さんねいじん》』**と呼ばれる連中が実権を握り、思うような政治ができなかったから、忠邦はキレてたんですね。「佞人」とは、こびへつらうヤツだったり、よこしまなヤツのことを言うので……家斉に取り入る才能はピカイチだったんでしょう。

**水野忠邦**「ぜいたくに溺《おぼ》れてる場合じゃないんだ……この国がとんでもなく――」

**家慶・忠邦**「**『内憂外患《ないゆうがいかん》』**の状況だってのに!!」

**内憂外患とは、「国内の心配事と、外国との間に生じるやっかいな事態《じたい》。内にも外にも憂慮《ゆうりょ》すべき問題が多いこと」**（三省堂『新明解四字熟語辞典』）。つまり、国内にもやべぇ問題があったし、外国からもやべぇ問題がやって来てたってこと。

実は、家斉が将軍やってた後半～大御所にかけて、『内憂外患』っぷりがハンパじゃなかったんです。「家斉の時代は泰平《たいへい》の世だった」←これ、半分まやかしです。

**【まずは「内憂＝国内のやばい問題」から】**

はっきり言って、家斉のぜいたくは〝負《ふ》の連鎖《れんさ》〟を生み出しました。

彼のぜいたくをフォローするため、水野忠成は改鋳《かいちゅう》を繰り返し、物価は高くなりましたよね。物価の高騰《こうとう》には経済を促進《そくしん》させる面があると言いましたが、お金がないのにモノが高いと……キツいじゃん。お金持ち商人はいいけど、庶民はしんどいし、幕府も藩もキツい。だから、幕府も藩も財政の回復に必死です。

江戸時代の中期ごろ。諸藩の中には、産業を育て（殖産興業《しょくさんこうぎょう》）、商品生産を保護《ほご》して奨励《しょうれい》する（藩専売制《はんせんばいせい》）といった、**『藩政《はんせい》改革』**に挑んだ大名が何人かいたんですが、物価高騰によって、

「マジで財政がヤバい！　もっと産業・商業に力を入れなきゃ！」

って藩が増えたんですね。一方、幕府の財政復活のやり方は……

**忠邦**「**『天保金銀《てんぽうきんぎん》』**、それに**『天保一分銀《てんぽういちぶぎん》』**って新貨幣《しんかへい》を作ってみた！」

そ、**発行益《はっこうえき》**。忠邦も、忠成と同じく改鋳を行います。別に水野氏にそういう癖《へき》があ

るわけじゃありません。もはや幕府は、発行益以外の有効な手段を取れなくなっていたんです（ほんで、この新貨幣発行でまた物価高です）。

幕府も藩も物価高に右往左往《うおうさおう》。でも、家斉の負はここからが本番です。いろんな大名家に子どもを出した家斉は、そこの大名の家格を上げたり、加増したりしましたよね。他にも簡単に大金を貸したりしたんですが、これはやっぱりフェアじゃないんです。

特に業績《ぎょうせき》があるわけじゃないのに「オレの子どもがいる家」って理由だけで、家格上昇や加増なんて、明らかなえこひいき。そうなると他の藩は、「やってられっかよ！　もうこっちはこっちで勝手にやりますから！」と、ますます産業・商業に力を入れて、幕府に頼らず自力でやっていこうとするんです。

これで幕府と藩の間に大きな溝ができ、幕藩体制が思いっきり傾いたぞーってときに、

**『天保の大飢饉《だいききん》』**がやってきちゃう。もう幕府の揺《ゆ》らぎは止まりません。

飢饉によって米の値段は高騰《こうとう》。各地で一揆や打ちこわしが頻発《ひんぱつ》しますが、中でも

衝撃的《しょうげきてき》だったのが『**大塩平八郎《おおしおへいはちろう》の乱**』です。

苦しむ民衆《みんしゅう》の声にフタをし、自分の利益や保身《ほしん》のことしか考えない大坂町奉行と商人たち。この現状に強く憤《いきどお》った**大塩平八郎**と民衆約300人が、豪商《ごうしょう》を襲い、奉行所の部隊と戦った重大事件。ですが、幕府がもっともショックを受けたのは……。

**家臣**「申し上げます！　大坂にて乱が起こり、まもなく鎮圧《ちんあつ》された模様《もよう》！　首謀者《しゅぼうしゃ》は大坂町奉行所の元役人・大塩平……」

**老中**「待て待て待て待て待て！……今のもう1回言ってみろ」

**家臣**「え、と……『申し上げます！』」

**老中**「そこじゃねぇよ!!」

乱を起こした大塩は元役人。大坂という幕府の直轄地で、幕府の人間が幕府に反旗《はんき》を翻《ひるがえ》す——。とうとう身内から反逆《はんぎゃく》者を出すほど、幕府の支配体制にはガタがきていたのでした。

国内だけでもこの状態。そこへ**外国の脅威《きょうい》**が加わります。もう吐きそう。

# 海外からの訪問が止まらない

**【次に「外患＝外国からやって来たやばい問題」だよ】**

話は松平定信の時代にさかのぼります。

定信より前、田沼意次による**『蝦夷地《えぞち》開発』**ってありましたでしょ（P236）。でも、意次が消えたと同時にそのプランも消え……てなかったんですこれが。

定信の時代にも、

「蝦夷地の支配は**松前藩《まつまえ》**（今の北海道松前郡あたり）に任せている。けど、松前藩から支配権を取り上げて幕府のものにしようぜ！　蝦夷地、開発しようぜ！」と、かなり強引なプランのもと、ほとんどの老中・役人が蝦夷地開発を支持《しじ》していたんですね。

しかし、そんな中「開発はダメだ！」とストップをかけていたのが、定信でした。

「蝦夷地を開発したらロシアと接《せっ》することになっちゃうぞ！」

国と国ってのは直接隣《とな》り合っちゃうと、何かのトラブルが起こったりするものです。しかし、その間に小さな国 or 中立地域があれば、その危険はグッと減る。こういうのを「緩衝《かんしょう》地帯《ちたい》」って言います。

**定信**「今は蝦夷地が緩衝地帯になってるんだ！　そこを開発して幕府のものにしたら、日本とロシアはお隣同士。危なすぎるって！　20、30年後にタイミングやって来るから、開発はそのときでいい！」

しかし、「開発！」VS「開発ダメ！」が激しい論争《ろんそう》を繰《く》り広げていると、

**ラクスマン**「やほ。来ちゃった」

来ちゃった。ロシアからの使節・**ラクスマン**がやって来るんです。

**ラクスマン**「あのね、漂流《ひょうりゅう》した日本人（大黒屋光太夫《だいこくやこうだゆう》）を保護したから、返そうと思うよ。でさ、貿易しようよ」

**定信**「貿易……。日本ではね、国交関係のない外国の船がやって来たら、乗船員を逮《たい》捕《ほ》するか、打ち払う（攻撃して追っ払う）のが、**昔からの〝国法〟**なんです。しかし、あなた方はそれをご存じないようなので、今回は何もしません。どぉーしても貿易したいと言うなら、『信牌《しんぱい》』（P171）をあげるから長崎に行って！」

結局ラクスマンは、『信牌』を持ってロシアに帰国。でも、そこから12年後、

**レザノフ**「ども、レザノフだよ。うちの皇帝《こうてい》の手紙と『信牌』持って来たから、貿易できるよね？　やろ！」

と、再度ロシアからの使節・**レザノフ**がやって来ます。が、すでに定信は老中を辞めていて……

**老中**「貿易しません！　中国、朝鮮《ちょうせん》、琉球《りゅうきゅう》、オランダ以外の国とは貿易しないってのが〝**祖法《そほう》（祖先から伝わる法）**〟なので貿易しない！　帰って！」

と、思いっきり断っちゃうんですね（しかも半年ほど待たせたうえで……）。

たしかに日本には、限られた国としか貿易しないという昔からの国法、つまり、**「ご先祖様が決めた大切な祖法」**があったので、これは仕方な……

**あったっけ？　そんな法律？**

実はないんですよ。家康はそんなこと決めてませんし、家光が決めたのだって「ポルトガルが来るの禁止！」とか「日本人が海外行くの禁止！」ってことだけ。

「中国やオランダとだけ貿易します！」なんて法律はつくってないんです。ないんですが……現実には中国・朝鮮・琉球・オランダ（＋蝦夷地《えぞち》）との付き合いしかない状態が、１５０年ほど続きました。これを定信が「国法（祖法）」と言い切っちゃったことをキッカケに、**「新たな国とは貿易しない！　それが祖法だから！」**という考えが、どんどん浸透《しんとう》していったんですね（意次は積極《せっきょく》的、定信は消極《しょうきょく》的にだけど、ロシアとの貿易を検討してます）。

ロシアが来たことをキッカケに幕府は、

「とりあえずさ、外国船が来たらお水や燃料をあげて、穏便《おんびん》に帰ってもらって」

という**『文化の薪水給与令《しんすいきゅうよれい》』**を出したのです、が――

**箱館奉行《はこだてぶぎょう》**「ロ、ロシアが攻撃してきましたー！」

**幕府**「なぁにぃ!!　し、薪水給与令なんて取り消しじゃぁ――!!」

ブチギレたレザノフの部下に、択捉島《えとろふとう》・樺太《からふと》などを攻撃されて、幕府もブチギレ。

「ロシア船が来たらボコれ！（『ロシア船打払令《うちはらいれい》』）」という方針《ほうしん》に転換《てんかん》します。

ここから日本はロシアのことを警戒《けいかい》しなけりゃ……ううん、ロシアだけじゃないの。

**長崎奉行**「イ、イギリスの船が！　オランダ船と偽《いつわ》って、な、長崎に侵入《しんにゅう》してきました！」

**幕府**「な……（絶句《ぜっく》）」

という**『フェートン号事件』**が起こります。

ロシアとの関係は**『ゴローニン事件』**ってので回復したものの、今度は**イギリス**がやって来ちゃう。『フェートン号事件』から16年後には、**大津浜《おおつはま》**（北茨城市《きたいばらきし》）と**宝島《たからじま》**（鹿児島郡《かごしま》）にイギリス人が上陸する事件が起こり、幕府は

「交流がある国以外の船を見つけたら、問答無用《もんどうむよう》で打ち払え！」

という**『異国船打払令《いこくせん》』**を出すんですね。しかし……

**モリソン号**「あのーちょっとお話し……」

**浦賀奉行《うらが》**「あ、イギリス軍艦《ぐんかん》だ！　放てぇ——！（大砲ドーン！）」

**モリソン号**「わ！　違う違う！」

浦賀（横須賀市《よこすか》）、続けて薩摩藩に現れた**モリソン号**（って船）を砲撃《ほうげき》したんですが、

1年後にエライ事実が判明《はんめい》します。

**オランダ**「モリソン号はアメリカ船だし、軍艦じゃありません。布《ふ》教《きょう》と貿易の交《こう》渉《しょう》、何より〝漂流した日本人を送り届けるため〟に来航《らいこう》したとのことです」

**幕府**「………やってもうた」

これで幕府に大ブーイングが降り注ぎ、さらに、

**幕府**「清《しん》（中国）がイギリスに負けただって⁉」

長年アジアのボスをやって来た中国が、**『アヘン戦争』**でイギリスに敗北したことを知ると、

**幕府**「あ、あれだな。今度からどこの船かちゃんと調べた方がいいし、どこの船でも、お水と燃料をあげて帰ってもらおう……か」

『異国船打払令』をやめ、またもや薪水給与令（**『天保の薪水給与令』**）に切り替えた

のでした（コチラは忠邦が老中首座のときに出したものです）。

てか何でこんなに外国が？　ってそれはもう**『産業革命《さんぎょうかくめい》』**のせい。

18世紀後半、イギリスで起こった『産業革命』は、そのあとの世界をガラリと変えちまいます。

科学技術の発達によって、すさまじい生産力と軍事力を手にしたヨーロッパ&アメリカは、原材料やマーケットを求めてアジアへの侵攻《しんこう》を本格化させたんですね。

幕府は**『海防《かいぼう》』**、つまり**「海上からの外国の攻撃から国を防衛《ぼうえい》すること」**に力を入れていくのですが……（今で言う「国防」ですね）。

お金もかかったし、何より外国の攻撃に怯《おび》える日々が続くことになったのでした。

そんなわけで、日本は『内憂外患』でボロボロ。それでも家斉と側近は政治を改めない。

このままじゃ日本が終わる……というギリギリのところで、

**家斉が亡くなります**。

## 今こそ改革のときだ！　のちに失敗するけど！

**家慶**「やっとこのときが来た!!　変える変える変える！　政治を変える！！！　まずは、親父の横にいた『三佞人』ら側近たち。やつらはまとめてクビだ!!　そして忠邦！　**改革しまくれぇぇ!!**」

**忠邦**「もちろんですとも!!」

家慶の命を受けた忠邦は、財政や海防をどうにかすべく、大改革に着手《ちゃくしゅ》。享保&寛政の政治の復活を目指した**『天保の改革』**が今、始まります。

最初に言っておきましょう。この改革は、**まったくうまくいきません。**

**【天保の改革その①：倹約&風俗の取り締まり】**

「幕府や藩の財政が悪化し、庶民の生活が苦しくなった原因の1つに、行きすぎたぜいたくがある！」

と考えた忠邦は『享保の改革』や『寛政の改革』が霞《かす》むほどの、**徹底的《てっていてき》な倹約《けんやく》**を命じます。

高級な料理・お菓子を禁止し、衣類・装飾品《そうしょくひん》には制限を加え、本に関しても、エロス・ユーモア・ラブストーリーはもちろん、政治批判や外国の情報が載ったものも、人々の動揺《どうよう》を誘うため出版を規制《きせい》。幕府がすべてをチェックし、許可を受けたものしか出版できなくなりました。

歌舞伎《かぶき》の芝居小屋は浅草のはずれに移転《いてん》させられ、寄席《よせ》もどんどんぶっ潰《つぶ》されていくなど、庶民のエンタメはことごとく奪《うば》われます。

江戸の町は一気に華《はな》やかさを失い、庶民は総出《そうで》でバチギレモード突入です。

**【天保の改革その②：株仲間解散令】**

「物価が上がるのは『株仲間』のせいだ！　株仲間が特権《とっけん》を利用して、物価をつり上げているんだ。解散させれば、新規《しんき》の商人（現代で言えばベンチャー企業）が活躍して、自由な流通と売買が始まる。これで物価が下がる！」と考えた忠邦。

でもね。このころ、株仲間以外の商人の成長や、藩が保護した商品の流通などによって、株仲間のパワーダウンがすごかったんです。だから、物価への影響力も失いつつあった。ということは……

株仲間を解散させても意味がありません。むしろ、これまでに作り上げた流通システムを壊してしまい、ただただ混乱《こんらん》を招いただけとなったのでした。

**【天保の改革その③：人返し令】**

『天保の大飢饉』によって村を捨て、江戸にやって来る農民が増えました。

彼らを含め生活に困っている人たちは、幕府にとって危険な存在でもあるんです。なぜなら、米の価格が高くなると、打ちこわしなどをやっちまう可能性があるから。

そのこともあったし、何より減ってしまった農村の人口を回復させなきゃならないと考えた忠邦は、農村から江戸に来た者を、強制《きょうせい》的に農村へ返そうとします。でも、そりゃさすがに現実的じゃねぇよとなったため、村を出ることを許可制《きょかせい》にしたり、家族のいないシングルだけを強制的《きょうせいてき》に返そうとしたんですね。

しかし、こちらは『旧里帰農令《きゅうりきのうれい》』と同じ（P262）。ほぼ効果ナシでした。

やることなすことうまくいかず、倹約厳しすぎてブーイング。お金がないのに幕府・将軍の権威を取り戻すため、67年ぶりの日光社参《にっこうしゃさん》を決行（将軍ラストの日光社参です）。

今のところスベってます。だから人気もない。

逆に、部下の北町奉行（のち南町奉行）・**遠山景元《とおやまかげもと》**は、忠邦の行きすぎた政策に真っ向から反対し、それを修正させたりもしたので町人から大人気。

この人が桜吹雪《さくらふぶき》でおなじみ「遠山の金さん」なんですが、金さんは忠邦の不人気のおかげで生まれたと言っていいかもしれません（よい子のみんなは近くの大人に聞いてみよう。できれば40代以上ね）。

しかし、メインディッシュはまだです。このあと紹介する政策が、忠邦の息の根を止めます。

**【天保の改革その④：上知令《あげちれい》】**

ひと言で言うと「江戸や大坂周辺の大名・旗本の領地を取り上げる命令」です。

財政収入を補《おぎな》うため、江戸・大坂周辺の土地を幕府が全部いただき、大名・旗本には、年貢率の低い代わりの領地を与えるつもりだったんですね。うん、極悪《ごくあく》です。

しかし、理由はもう1つあって、メインはむしろそっち。

江戸・大坂周辺には、幕府、大名、旗本の領地が入り組んでいます。もしそこへ、例えば江戸湾《えどわん》に外国船が来たらどうなるでしょう。当然バラバラの行動しか取れず、混乱してゲームセット。攻撃を防ぐことなんてできません。

そこで忠邦は、江戸と大坂のまわりを幕府の領地で統一し、外国の侵入に備えようとした。という海防上の理由があったんです。で、も、

**大名・旗本**「なんにも悪いことしてねぇのに何故《なにゆえ》に土地を取り上げられなきゃいけない！　そんで代わりの領地を用意するなら石高を上げろ！　ふざけんな‼」

大反対の一斉射撃《いっせいしゃげき》。マジで誰からも賛同《さんどう》を得られなかった上知令はすぐに撤回《てっかい》。忠邦本人もこの政策がダメ押しとなり、老中を辞めることになったのでした。

てなわけで、『天保の改革』は終了。期間も天保12～14年と超短い。

忠邦が失脚《しっきゃく》した際《さい》、彼の屋敷前に江戸市民が集まって石を投げつけ、こんな川柳《せんりゅう》が詠《よ》まれたと言います。

**「ふる石や　瓦とびこむ　水の（水野）家」**

パロディとしては100点。民衆の恨《うら》みは1000点です。

しかし翌年、忠邦がもう一度老中に就任……したけど、みんな「は？」となって、その翌年には辞職《じしょく》。さらには隠居《いんきょ》・謹慎《きんしん》を命じられ、忠邦の時代は完全に終わりを告げたのでした。この時点で言えることは1つです。

**内憂外患、びた一文《いちもん》解決できとらん。**むしろ状況は悪化してます。

唯一希望があったとすれば、忠邦のあとに老中首座となった〝スーパールーキー〟の存在。彼が忠邦の失敗を取り戻すため、かなり奮闘《ふんとう》するんですが、それは次のパートでご紹介するとして……みなさんにまずお伝えしたいのは、この8年後、

**ペリーがやって来ます。**ついに外患レベルSSランクの登場。

そしてその19日後、**家慶が亡くなります**（熱中症《ねっちゅうしょう》が原因と言われています）。もぉてんやわんや。黒船来航《くろふねらいこう》のタイミングで将軍が亡くなるなんて、こんなにやばいことはありません。

家慶には、家臣の言うことに「そうせぇ」としか答えなかったので、**『そうせい様』**というあだ名がついています。すべてを忠邦や、後任の老中首座にお任せしていたからこそのあだ名。でもね、忠邦に改革を命じたり、その忠邦を辞めさせせスーパールーキーを起用したりと、大きな決断を下していたのは彼なんです。

ここから日本は大ピンチ。みなの意見が割れることは必至《ひっし》。そこでは、家慶の下す最終決断が、絶対に必要だったんです。

いったい幕府はどうなっていくんでしょう？　時代はいよいよ、**幕末《ばくまつ》**です。

# 第13章

## SHOGUN PROFILE

| | |
|---|---|
| 何代目？ | 13代将軍 |
| おなまえ | 徳川家定《とくがわいえさだ》 |
| あだ名は？ | イモ公方 |
| ゆかりの地は？ | 久里浜《くりはま》海岸、ペリー公園 |
| 生きた年は？ | 1824（文政《ぶんせい》7）年〜1858（安政《あんせい》5）年 |

にがおえ

**趣味は？**
料理

**特技は？**
料理を振る舞う

**起こったことor行ったこと**
日米和親条約
日米修好通商条約

**自分を四字熟語で表すと？**
温厚篤実

**頼れる人は？**
井伊直弼
阿部正弘

**恋愛＆結婚**
篤姫とお互い慕い合っていた

みんなにひと言！

幕末の慌ただしい時代を料理をしながら生きたので聞いてください！

## 趣味はお料理。「凡庸中で最も下等」な将軍の、鋭い指摘が刺さりまくる

細かく決まってるわけじゃありません。けど、一般的に幕末のスタートは**ペリーが来てから（『黒船来航《くろふねらいこう》』から）**と言われているので、とうとう**『幕末《ばくまつ》』、幕府の末期《まっき》**です。

ここからはもうね、**マジのマジでドッタバタ。**そして、そのドタバタを最初に味わった将軍が、このパートでご紹介する徳川家定《いえさだ》です。

12代家慶《いえよし》の四男として誕生した家定。ですが、兄たちがみんな早世《そうせい》したので、跡継ぎとして育てられてきました（家慶には27人の子どもがいましたが、ほとんどが早生し、16歳を超えることができたのは家定だけです）。

動乱《どうらん》の時代には、ぜひとも優秀な人に将軍になってもらいたいもんですが、家定の評価はどんな感じだったんでしょう。

このあともたびたび登場する**越前福井藩主**《えちぜんふくいはんしゅ》**・松平春嶽**《まつだいらしゅんがく》**（慶永**《よしなが》**）**は、家定のことをこんな風に言っています。

## 「凡庸《ぼんよう》中の最も下等《かとう》なり」

うん、何だかヤバそう。凡庸（平凡）だけでもイエローカードなのに、その中でも一番ランクが低いなんて、レッドカード確定。

それでもこれは春嶽の主観《しゅかん》。家定に関する客観的《きゃっかんてき》な情報を見知らなきゃ、まだ判断は下せません。

家定の特徴……内気。癇癪《かんしゃく》を起こすことがある。病弱。首を振る癖《くせ》がある。料理好き。ガチョウなどを追いかけたりする。

はい、試合終了。

料理が好きでガチョウを追いかけるのは、将軍ではなく美食ハンターです。

家定は将軍としてやっていけたのか？　さっそく見ていきましょう。

# 阿部とゆかいな仲間たち

家定がまだ将軍世子《せいし》（跡継《あとつ》ぎ）だったころのお話から聞いてください。

『天保の改革』がハデに失敗した水野《みずの》忠邦《ただくに》。彼に代わって老中首座となったのが、**福山藩主・阿部《あべ》正弘《まさひろ》**です（前パートで触れた〝スーパールーキー〟）。

この人の優秀さは、もはや異次元《いじげん》です。三奉行のトップ・寺社奉行に就任《しゅうにん》したのが22歳で、老中になったのが25歳。どちらも、その時点での最年少記録と言われていて、老中首座に就任したのが**27歳**。実年齢、なんと**25歳**のときです。

時代背景が違うのでまんまとは言えないけど、今で言えば25歳で内閣総理大臣に就任したようなもの。すごすぎます。木村《きむら》拓哉《たくや》さんでも35歳だったのに（ドラマです）。

ただ、これだけすごけりゃ独断《どくだん》かましそうじゃん（急なタメ口）。

でも正弘はそんなことせず、みんなと相談して判断も慎重《しんちょう》。忠邦がまわりと対立してモメたってのもあるし、まだ若い自分の政権を強めるためにも、幕府の内部はもちろん、外部の大名とも連携《れんけい》を図っていったんですね。そんな正弘が特に親しく、そして頼みにしたのが、

**9代目水戸藩主・徳川斉昭**《なりあき》なんですが、このおじさまの紹介とともに、幕末でとっっ……ても重要になる思想《しそう》や用語を紹介させてくださいませ。

斉昭の7代前、水戸藩の2代目藩主は、水戸黄門《みとこうもん》でおなじみ**徳川光圀**《みつくに》です。あるとき光圀は、中国の歴史書『史記《しき》』を読んでベラボーに感動し、「日本の歴史書を、オレはつくる！」と、『大日本史《だいにほんし》』という歴史書を編纂《へんさん》し始めるんですね。

日本の歴史書なので中心となるのは天皇です。すると水戸藩では、天皇を尊《とうと》ぶ**『尊王《そんのう》』**という考えがどんどん深まり浸透《しんとう》し、さらに『尊王』を軸《じく》に据《す》えた**『水戸学』**と呼ばれる学問が誕生します（これが『前期水戸学』）。そこから時代が進み、外国船が日本に出没《しゅつぼつ》するようになったころ。『水戸学』でも『後期水戸学』と分類される学問が成立。その特徴《とくちょう》は、「外国人を打ち払え！」という**『攘夷《じょうい》』**と呼ばれる考えをガッツリと打ち出したところにありました。んで、この『攘夷』と元からあった『尊王』が合体して……

「天皇を尊び、外国人を打ち払うぞ！」＝**『尊王攘夷《そんのうじょうい》』**と呼ばれる思想が生まれたんです。

「じゃあ、水戸藩は御三家なのに、将軍より天皇に忠誠《ちゅうせい》を誓《ちか》ってたってこと？」という疑問が浮かんだ方、実にファンタスティックベイビーです。

それを説明するためにも、これまた幕末の重要ワード**『大政委任論《たいせいいにんろん》』**についてお話ししておきましょう。

『大政委任論』とは、「将軍は、天皇から国の政治（大政）を預かり、任されている（委任）」という考えのことです。

家康パートでもお伝えした通り、天皇が家康に「政治を任せる」という命令を下したことから……**あったっけ？　そんな命令？**　ないんですよ。

日本の支配は家康が実力で勝ち取ったもので、天皇から「政治を任せる」といった類《たぐい》の命令は受け取っておりません。でも、江戸の半ばくらいになってくると、「将軍や大名に官位を授けるのは天皇（朝廷）だけど、実際に日本を支配しているのは将軍（幕府）で……。えーと、これはどう説明すりゃいいの？」と、みんな将軍と天皇の関係に頭を悩ませたんですね。

そこで、国学者・**本居宣長**《もとおりのりなが》や、水戸学の**藤田幽谷**《ふじたゆうこく》**・東湖**《とうこ》**親子**などが、「天皇は将軍に国政を任せているんだよ！」という実にうまい説明をしてくれたもんだから、みんなの悩みはスッキリ解決（後づけだけどね）。

んで、幕府も朝廷の権威を利用し、「将軍（幕府）が天下を支配するのは正しいことなんだ！」ということをアピールするようになったので、『大政委任論』はポピュラーになっていったんですね。

水戸学には『大政委任論』をベースに、「天皇を尊び、将軍を敬い、どちらも大切にしようね！」という考えがあったので、水戸藩は朝廷と幕府のどちらにも忠誠を尽くしていた、というわけです。

そんなこんなで徳川斉昭って人は、**バリバリの尊王攘夷おじさん**。だからこそ外国の脅威《きょうい》が迫って来ると、いち早く12代家慶に意見書を送り、「攘夷のために兵や武器をそろえなきゃダメです！　これを実現するためには、譜代《ふだい》だけじゃなく親藩《しんぱん》や外様《とざま》の意見も聞いて！」と、幕府に改革を求めたんですね。しかし、そんなの幕府からすると「うざっ」です。しかも斉昭、強引な藩政改革で、水戸藩の中に大きな対立を生んじゃったことから、

**家慶**「隠居《いんきょ》、で謹慎《きんしん》ね」
**斉昭**「え！」

幕末の表舞台から早々に消えてしまいます。だけど……
「やっぱ海防に関してはあいつの力が必要だよなぁ」と思われたのか、約半年で謹慎が解かれます。その後、手紙のやり取りを通して、正弘と海防について話し合うようになるんですね。

さらに、斉昭の「親藩や外様の意見も聞いて！」という主張にシンパシーを感じた、松平春嶽（最初に出てきた）や、**薩摩藩主・島津斉彬**《しまづなりあきら》とも仲良くなり、阿部正弘・徳川斉昭・松平春嶽・島津斉彬らの、「幕府内部&外部の幕末開明的《かいめい》グループ」ができあがっていったのでした。

さて、そんな中、家定に縁談《えんだん》話が持ち上がります。といっても、これが初めてじゃございません。家定はすでに2度正室を迎えていたんですが、2人とも若くしてこの世を去っていたんです。

そこで大奥や幕閣は、長生きだった広大院《こうだいいん》（家斉の正室・茂姫です（P267）。72歳という長命《ちょうめい》）にあやかり、薩摩藩から次の正室を迎えようとします。

で、選ばれたのは島津斉彬の従妹《いとこ》。彼女が、大河ドラマでもおなじみ**篤姫《あつひめ》**です。

「でも島津家の分家《ぶんけ》だから、ちょっと身分が低いよねぇ」ってことで、斉彬の養女となり（さらなるのちに近衛家《このえけ》の養女となり）、これで文句ねぇだろうと輿入《こしい》れの準備を整え、いざ、江戸へ行って結婚だってタイミングで、

## ペリーがやって来ます。

幕府、家定と篤姫の結婚どころじゃなくなります《結局、婚礼の儀（結婚式・披露《ひろう》宴《えん》）は3年後》。

# 黒い船がやって来てから、眠りが浅いんです

嘉永《かえい》6（1853）年6月3日、浦賀（神奈川県横須賀市）に**マシュー・カルブレイス・ペリー**来航（**『黒船来航』**）。ってのは何となく知ってるけど、なぜアメリカは日本にやって来たのか？（ペリーより7年前にも、ビッドルって人が来てます）。

1　アメリカじゃ、ランプの燃料や工業製品の潤滑油《じゅんかつゆ》としてクジラの油が大人気。日本の近海《きんかい》はクジラがたくさん獲《と》れるので、日本の港を燃料や食料の補給地《ほきゅうち》にしたかった。

2　これまで大西洋を横断して清（中国）を目指していたけど、「太平洋を通った方が早ぇな！」と、貿易ルートを変更しようとした。けど、途中で燃料を補給する場所がいるってことで、「日本がいい！」となった。

ペリーが来て大慌《あわ》ての日本。でもサプライズだったのかというと、そんなことはなく……。まずはP306のやり取りを読んで、こちらに戻ってきてください。

「まず来ない！」「来たらご威光《いこう》でなんとかなる！」と喚《わめ》き、実際に来たら「おいどうする！」と慌《あわ》て始めた幕府。喜劇《きげき》としてはスタンディングオベーションです。

浦賀に来たペリーたちは役人に迫ります。「アメリカ大統領の国書《こくしょ》を受け取ってほしい」と。「そういった交渉は長崎で」と返すと、即座に「やだ」と拒否られました。

あっちの船には最新鋭《さいしんえい》の大砲《たいほう》。脅《おど》されているのは火を見るより明らかだし、断ったら火を吹かれちゃう。幕府内の意見も真っ二つ。正弘は悩みます。

**正弘**「こういうときの将軍だ！　最終判断は上様に！　上さ……」

**家慶**「な、斉昭とよく相談して……がんばって……」

**正弘**「病気が重い！　どうしましょう斉昭さん？」

**斉昭**「こうなってしまっては『打払《うちはらい》』が良い作戦とも言えない。かと言って国書を受け取るのも日本のピンチ。あとはみんなの意見に委《ゆだ》ねるしかないね（何度も海防に力を入れろって言ったろ！　今さら遅ぇわ！）」

んー……こうなったら――

**正弘**「今回だけ、国書受け取ります！」

**アメリカ**「よし、日本に行こう！　でも日本と交渉するなら、オランダに協力してもらった方がいいな………ってことでオランダさん！　今度日本に行こうと思うんだけど、協力してくれません？」

**オランダ**「へー、そうなんですね……（やば！　オレたちも正式な通商条約を日本と結びたいのに、アメリカに先を越される！　とりあえず、日本にはお知らせしとくか……）……ってことで、アメリカが来ます」

**長崎奉行**「マジで！　阿部さーん！　アメリカが来ます！」

**阿部正弘**「マジで！　……ホントに来るかな？」

**長崎奉行**「んー……オランダはこの機会に『まずはうちと正式な条約を結びましょう！』と言ってくるくらいだから、マジ貪欲です。なので、オランダはアメリカを日本に近づかせたくない……だから……うん！　アメリカは来ません！」

**阿部正弘**「……なるほど。みなさんはどう思います？」

**幕閣**「いやぁ来ないでしょ実際（笑）。もし本当に来たとしても貿易は無理よ！」

**阿部正弘**「断って戦争になったら？」

**幕閣**「いや、まぁ、こっちにはご威光（すっごい威厳）があるんだから、アメリカぐらいはなんとでもなるでしょ！」

**阿部正弘**「………（不安だな……斉彬さんや海岸を警備する藩には伝えておこう）」

**浦賀役人**「阿部さーん！　こちら浦賀ですけど！　アメリカが来るって噂があるんですが、本当ですか！？」

**阿部正弘**「あーそのことね！（個人的には不安だけど、まとまった意見を伝えるならば……）アメリカが来ることはないよ！」

翌年、ペリー来航。

**浦賀役人**「来たじゃねぇかよ！！　阿部ぇ！！！」

**阿部正弘**「『てへぺろ』とでも言っておきましょう！」

と、浦賀の南に位置する久里浜《くりはま》で、アメリカ大統領のお手紙を受け取ったのでした。

一方そのころ、家定は……

**家定**「お粥《かゆ》を作ってきました！」
**家慶**「あ、ありがとう……」

みずからお粥を作り、そのお粥に指をつっ込んで温度を確かめ、家慶が食べているところを障子《しょうじ》の穴からのぞいていました。……後半の行動も見ようによっちゃ、可愛いですね。

しかし、家定の看病《かんびょう》むなしく家慶は亡くなります。そして、

## 13代将軍・徳川家定が誕生。

するんだけど、1か月と経たないうちに、

「家定様じゃダメだ！　内気で病弱な家定様じゃ、このピンチを乗り切ることはできない！」てなことを言われるようになり、子どものいない彼の跡継ぎに、すぐさま優秀な人物を据《す》えようという動きが起こるんです（かわいそうなほど信用ゼロ）。

しかし、候補が〝2人〟いたから話がこじれます。

「幕府の改革を望みます！」と言った大名たちが選んだのは、一橋家に入っていた斉

昭の子、**一橋慶喜《ひとつばしよしのぶ》（徳川慶喜）**。

【理由】本人が超優秀。年齢もちょうどいい（当時17歳）。〝あの斉昭〟の子だから（黒船が来航すると「『外国の襲来《しゅうらい》に備えろ！』って言ってた斉昭さんの言う通りになった！」と、一気に英雄扱《あつか》いされたんすね斉昭）。

【推した人】松平春嶽、島津斉彬、**宇和島《うわじま》藩主・伊達宗城《だてむねなり》**、**土佐《とさ》藩主・山内容堂《やまうちようどう》**（この4人を『**四侯《しこう》**』とか『**四賢侯《しけんこう》**』と言ったりします）など。

これに対し、「もっとふさわしい候補がいるだろ！」という人たちが選んだのは、**紀州《きしゅう》和歌山《わかやま》藩主・徳川慶福《よしとみ》（のちの徳川家茂《いえもち》）**。

【理由】血脈《けつみゃく》がいい（11代家斉の孫で、家定の従兄弟《いとこ》という血筋《ちすじ》）。

【推した人】譜代、大奥など。

　慶喜は優秀だけど血筋が……。慶福は血筋がいいけど年齢が（当時8歳）……。双《そう》方《ほう》、弱点を抱えていたからこそ決着のつきづらい、**慶喜を推す『一橋派』**VS**慶福**

**を推す『南紀派《なんき》』**による**『将軍継嗣《けいし》問題』**が起こったんです。がしかぁし、**まずは何よりもペリー！**　彼が持って来たアメリカ大統領のお手紙（国書）には、「アメリカと友達になろうぜ！　でさ、漂流したアメリカ人がいたら助けてよ！　あと日本の港を開いて、ひと休みさせてくんないかな？　石炭・食料・水を売ってくれよ！　んで、貿易しようぜ！」と、ざっくりまとめればこんなことが書かれていました。

「答えを聞きに来年の春また来るよ」という言葉を残し、日本を発ったペリー。本当のピンチはここからです。

**正弘**「もう慣例《かんれい》なんて気にしちゃいられない……。ここからは挙国一致体制《きょこくいっちたいせい》！　オールジャパンで事にあたるぞ！　まずはアメリカの国書を翻訳《ほんやく》して、諸大名から旗本にまで見せろ！　みなの意見を募《つの》るんだ！」

正弘、ルールをぶっ壊していきます。老中だけで決めていた国の重要事項《じゅうようじこう》に、諸大名や旗本の意見を求めるなんて前代未聞《ぜんだいみもん》（このとき「海防に必要なのは軍艦《ぐんかん》です。これを買うためにも貿易やっちゃいませんか」といった優れた意見書を書いたのが、

**勝海舟**《かつかいしゅう》です)。

**正弘**「斉昭さん！『海防参与《かいぼうさんよ》』って役職に就いてください！」

**斉昭**「え、いいの⁉」

御三家の斉昭を幕政に参加させるなんて、またまた前代未聞です。

その他にも、品川《しながわ》に砲台《ほうだい》を造ったり(いまのお台場《だいば》すね)、『**海防掛**《かいぼうがかり》』って職に、**川路聖謨**《かわじとしあきら》、**岩瀬忠震**《いわせただなり》、**永井尚志**《ながいなおゆき》、**大久保一翁**《おおくぼいちおう》**(忠寛)**、**江川英龍**《えがわひでたつ》など、優秀な人材を任じたり。ペリーが再び現れる春までに、できる限りのことをやっ……

**ペリー**「まだ1月だけど来ちゃった」

**正弘**「早いい!!」

早ペリーです。

実は、最初にペリーがやって来た翌月。長崎にロシアの使節・プチャーチンが姿を現していて、日本と最初に条約を結びたいペリーは、焦《あせ》って早めに来日しちゃったんですね。

しかし、来ちゃったもんは仕方がない。答え、出さねぇと。

2月に入り、林復斎《はやしふくさい》を交渉役として話し合いがスタートしたのですが、守るべきは、**祖法《そほう》（祖先から伝わる法）の最後のライン**です。

**林復斎**「薪水《しんすい》、食料、石炭の供給、および漂流民救助《ひょうりゅうみんきゅうじょ》は認めましょう。しかし交易（貿易）は認められません。あなたは以前の交渉で、『人命救助が第一』と言われていました。ならば、漂流民救助や食料の給与で目的は達成されていませんか？」

**ペリー**「んー……（国交《こっこう》を開くことが最優先だからなぁ…）わかりました。通商《つうしょう》（貿易）はなしで」

ギリセーフ！　ってことで**『日米和親条約《にちべいわしん》』**が結ばれます（ここで、下田《しもだ》と箱館《はこだて》の港が開かれることが決定）。すると、「お、解禁《かいきん》か」とボジョレー感覚でやって来た外国とも、続々と条約を結ぶことに（日英《にちえい》、日露《にちろ》、日蘭《にちらん》和親条約）。

もう外国が止まらない。やまない雨はないと言いますが、やまないアメリカはあります。

**ハリス**「ども、ハリスっす」

お次は、**初代アメリカ総領事**《そうりょうじ》**タウンゼント・ハリス**の登場。

条約の第11条「アメリカ政府は下田に領事を置くことができる」の約束に従い、下田に現れたハリスは、

「大君《タイクーン》（将軍）に会わせてよ！」

と、間髪《かんはつ》をいれずにとんでもねぇことを言い出します。当然幕府は「ちょ、ちょぉっと厳しいかな！」と、ハリスが江戸に来ることを拒《こば》むんです。が……

このときの老中首座が、正弘から、メッチャクチャ開国派の**堀田正睦**《ほったまさよし》って人に交代しており、結局ハリスの要望《ようぼう》は叶《かな》えられることになるんですね。

一方、ご指名を受けた家定。ハリスが来た5か月後に、篤姫《あつひめ》との婚礼の儀《ぎ》が執《と》り行われ、ようやく新婚さんいらっしゃい。

でも、このときの家定はずっと病気がちです。それに加えて、ダメダメとみなされてる彼が、日米の重要な会見に出て大丈夫なんでしょうか？　そうして迎えた当日。

**ハリス**「私の心からの願いは、永続的《えいぞくてき》な友情によって、より親密《しんみつ》に両国が結ばれることにあります。その目的のために、私は不断《ふだん》の努力をそそぎたいと思う」

ハリスの言葉を受けて家定は、
「短い沈黙ののち、大君《タイクーン》は自分の頭を、その左肩をこえて、後方へぐいっと反《そ》らし、同時に右足をふみ鳴らした。これが三〜四回くりかえされた」（『ハリス』坂田精一）
この行動からも家定は、9代家重と同じく、アテトーゼ・タイプの脳性麻痺《のうせいまひ》だったのではないかと推測《すいそく》されています（『徳川将軍家十五代のカルテ』篠田達明）。
しかし、そのあと家定は、よく通る、しっかりとした声で、

**家定**「遠方《えんぽう》の国から、使節《しせつ》をもって送られた書簡《しょかん》に満足する。両国の交際は、永久に続くであろう」

と、ハリスに返し、一国の代表として、堂々とした姿を見せたのでした。

## 剛腕？　井伊の赤鬼

ハリスが日本に来た目的、それはもちろん貿易です。

「こりゃ通商は避《さ》けられねぇな」となった幕府は、下田奉行・井上清直《いのうえきよなお》と目付・岩瀬忠震を全権《ぜんけん》（一切の権限《けんげん》を与えられた国の代表者）として、条約の交渉をスタート（交渉は13、14回に及びました）。

そろそろ内容がまとまるなぁってころ、堀田は決めます。


**『勅許《ちょっきょ》』**を得よう――と。


**『勅《ちょく》』**とは、**天皇の命令**。だから『勅許』は**「天皇の許可」**のことです。

大政委任でやってきた幕府が、かつて朝廷に許可を求めたことなんてありません。

でも今回は超超重大案件。御三家も諸大名も朝廷も賛成したうえで条約に踏み切らないと、国民が納得せず、本当のオールジャパン体制が築けないと判断したんです。

ま、でも、大政委任ですから。勅許をもらうのは簡た……

**朝廷**「うん、御三家や諸大名ともう一度話し合ってさ、それでもう1回来てよ」

**事実上の拒否。**

関白や太閤《たいこう》は勅許を出そうとしたのですが、**岩倉具視**《いわくらともみ》ら88人の公家《くげ》が抗議《こうぎ》運動を起こし、何より**孝明天皇**《こうめい》が反対したことで、勅許は下りません。

激やばです。

これまで通り幕府だけで進めていれば……。でも、朝廷に許可を求めちゃったから、しかもノーを出されたから。条約の調印《ちょういん》（署名《しょめい》&印を押す）には、勅許が絶対不可欠《ふかけつ》となっちまった……。

**ハリス**「ねぇー、条約の調印まだぁ？」

**岩瀬忠震**「ちょぉぉおっと待って！　ごめんけど、延期《えんき》で!!」

八方塞《ふさ》がりどころか三十二方塞《ふさ》がり。どうすりゃいい？……そうだ、こんなときは！おもくそ強い権力で現状《げんじょう》を打開《だかい》してくれる、**大老**が必要だ！

**幕閣**「上様！　松平春嶽さんに大老になってもらってはいかがでしょう⁉」

**家定**「驚いた。家柄《いえがら》といい、人物といい、〝彦根《ひこね》〟を差し置いて松平春嶽を大老にする筋合《すじあ》いはない。大老は〝掃部頭《かもんのかみ》〟へ仰《おお》せつけよ」

家定、ごもっとも。大老はほとんど酒井《さかい》家か井伊家から選ばれてきたので、〝彦根〟や〝掃部頭〟と呼ばれた彼こそが適任《てきにん》。家定の命によって幕末にまた1人、

**大老・井伊直弼《いいなおすけ》**という有名人が誕生します。

で、直弼が大老になると、ホントに難問《なんもん》にかたがついていくんですよ。

まず、『将軍継嗣問題』。これはそもそも一橋派がね、むちゃ嫌われてましてね……。

**篤姫**「あのー……（斉彬パパからお願いされたから言うんですけど……）跡継ぎは、

慶喜さんでどうで……」

**大奥**「いぃぃ――――やぁ――――――――――!!!!」

**篤姫**「ごめんなさいごめんなさいごめんなさい！（すごい嫌がり方……）」

**本寿院《ほんじゅいん》（家定母）**「慶喜が将軍後継になるなら、私は自殺します」

**篤姫**「二度と言いません!!」

慶喜が……というより、その父・斉昭がボコスカに嫌われていたんですね。もしも慶喜が将軍になったなら、斉昭が出てきて「大奥は倹約しろ！」とか言い出すに違いない。改革なんてマジカンベン。といった感じで、大奥は斉昭が大っ嫌い。それに、いまだに「外国と戦うぞ！」なんて言ってる斉昭は、幕府内でも評判がだだ下がりだったんです。そして決定的だったのは、家定が慶喜を嫌っていたから。「ルックスの良い慶喜にジェラシーを感じていた」なんてことも言われますが、何より自分のことを無能扱《むのうあつか》いし、跡継ぎを勝手に決めようとする一橋派にキレていたんですね。

斉彬が「跡継ぎは慶喜くんでお願いします！」と意見書を出したときも……。

**家定**「何ゆえこのようなことで大名から申し出てくるのか。一橋（慶喜）はいやだ。

それに、大奥も一橋のことを嫌っているから、この儀はかないがたい。近い親類が跡継ぎ問題で意見するのはありえるが、諸大名が意見書を提出するなんてけしからんことだ！　薩摩守（斉彬）まで『養子を取れ』と言ってくるなんて……篤姫がいるのに将軍を侮《あなど》っているようなものだ！　どうしてくれよう！」

このお怒りは、マジでホントにごもっとも。外様大名が跡継ぎのことで意見するなんて失礼極《きわ》まりないし、斉彬は篤姫の親です（義理の）。結婚したばかりの娘と婿《むこ》の子どもを願わず「養子を取れ」なんて、ムチャクチャなのは斉彬の方。

こうしたことから家定は、跡継ぎを慶福に決めます。そして直弼も、「後継は将軍が決めるもの。下が意見することではない」との考えから、家定の決定を尊重したのでした。

ただ、条約の方はこじらせまくり。勅許をもらおうとがんばっているけど、なんともかんともまったく下りません。

しかし、ハリスから仰天《ぎょうてん》ニュース速報が届き、事態は急展開を迎えます。

**ハリス**「『イギリス・フランス連合軍は、清と戦争してるけど、終わったら日本に来るよ』って前にも言ったよね。で、終わったから来るよ」

**井上・岩瀬**「い!!!」

**ハリス**「イギリス・フランスは強引に通商《つうしょう》条約を結ぼうとしてくると思う。でも、その前にアメリカと条約を結べば、もしも彼らがキツい要求をしてきても、自分が間に入ってあげるよ」

緊急会議開催《きんきゅうかいぎかいさい》です。ほとんどが「もう勅許は必要ない! すぐにでもアメリカと条約を結ぼう!」という意見の中、直弼は「勅許はいるって!」と主張します。

**直弼**「勅許をゲットできるまで、調印を延期してもらえるよう交渉して!」

**井上**「(もう何度も延期してもらって限界だって!)もし、交渉がうまくいかなかったら調印していいですか?」

**直弼**「そのときは仕方ないが……でもなるべくがんばって!」

**井上・岩瀬**「(言った!『そのときは仕方ない』って言った!!)」

で、**即調印《そく》**。

条約の中にあった『**開港・開市（「貿易を始めるぞー」ってこと）**』に関しては、このあとの話に関係してくるので少し説明を。開港予定の港のうち、すぐに開かれたのは箱館、長崎、横浜（条約では「神奈川」だった）の３つです。そこから遅れて、新潟・兵庫、江戸・大坂が開かれる予定だったんですが……。京都から近い大坂と兵庫の開港開市に朝廷が大反対。そのため、**大坂の開市と兵庫の開港は、予定の1863年より５年遅らせてもらった**んです。

こうしてアメリカと貿易することを認めた**『日米修《しゅう》好《こう》通《つう》商《しょう》条約』**が結ばれたのでした。

ところで、これまでの井伊直弼は「将軍の後継を強引に決めたヤツ」「勅許を無視して条約を結んだやばいヤツ」という評価だったんですが、実際は以上の通り。

後継は家定が決めたことだし、最後まで勅許が必要だと言っていたのも直弼なんです。ヒールに描かれすぎて気の毒すぎなんだけど、当時の斉昭や春嶽は、責任者の直弼に激ギレです。

**斉昭・春嶽**「やっちゃったな直弼さんよお！　勅許がない調印は**『違《い**

**勅《ちょく》』**（天皇の命令に逆らうこと）だ！」

江戸城に登城《とじょう》（城に参上すること）し、直弼にクレームを入れるお２人。しかし、実はこの人たちも「開国はもはや仕方ない」と朝廷に意見してるんです。だからクレームを入れた真の理由は、直弼の罪を非難《ひなん》して、「とにかく、慶喜を将軍後継にしろ！」と、自分たちの要求を通すためだったんですね。でもその翌日、

**直弼**「発表します！　将軍世子は……慶福様に決定!!」

跡継ぎが公表され、一橋派の野望は崩《くず》れ去ります。なおかつ……

**直弼**「江戸城の登城は、大名ごとに日時が決められています。あなた方はそれを無視して勝手にやって来た。だから罰します」

**斉昭・春嶽**「うぉい!!」

斉昭・春嶽は隠居や謹慎などの処分。アンド慶喜ものちに謹慎となっちまいます。そして、一橋派へ処分が下った翌日。長く病気を患っていた家定は、自分の仕事を全うしたかのように、この世を去っていったのでした（享年35）。

大老になった直弼が家定と話をすると、まわりの評価とは違い「賢明《けんめい》で思いやりのある方」という印象を持ったと言います。

世間や幕府内のことを何も知らないと言われた家定。ですがそれは、家定の不用意な発言からトラブルが起きないよう、阿部正弘が政治から遠ざけていたためだと言われています。

しかし、これまで綴ったように、家定は場面場面でとても鋭い発言をしていて、個人的には、9代家重と同じことを思ってしまうんですね。

〝周囲の決めつけ〟。これが、家定の可能性を奪っていた部分があったんじゃないでしょうか。

さて、ドッタバタの幕末ですが、まだこれ、ほんのプロローグです。

# 第14章

## SHOGUN PROFILE

| | |
|---|---|
| 何代目？ | 14代将軍 |
| おなまえ | 徳川家茂《とくがわいえもち》 |
| あだ名は？ | なし |
| ゆかりの地は？ | 賀茂《かも》社、大坂城 |
| 生きた年は？ | 1846（弘化《こうか》3）年～1866（慶応《けいおう》2）年 |

にがおえ

**趣味は？**
妻の和宮に尽くす
甘いもの大好き
（虫歯だらけ）

**特技は？**
愛情表現

**起こったことor行ったこと**
桜田門外の変
長州征討

**自分を四字熟語で表すと？**
依依恋恋

**頼れる人は？**
和宮

**恋愛＆結婚**
愛妻家で一途

みんなにひと言！

幕末のドタバタに振り回されながら妻を想い続けた私の時代のことを知ってください。

# 幕末のミッションインポッシブルを一手に背負った若き将軍

13代家定《いえさだ》の後継となった慶福《よしとみ》。彼の養育係は、波江《なみえ》という老女《ろうじょ》（役職名）でした。慶福が幼いころ（6歳）。江戸城で12代家慶と世子《せいし》家定に、初めて会うことになったときのことです。波江は慶福を送り出すとき言いました。「今日はとっても大切な日ですからね。泣いてはダメですよ」「うん！」で、泣きます。江戸城でギャン泣き。家慶と家定が「何かないか。泣きやむ何か」というと、部屋にガチョウや小鳥が連れてこられ、それで慶福は泣きやみます。

そこから藩邸に戻った慶福は、出迎えた波江を見るなり、

「波江、泣いたよ！」

こんな可愛い白状あります？　そんな慶福あらため14代将軍・徳川家茂《いえもち》は、弱冠《じゃっかん》13歳で将軍職に就くことに。可愛い家茂が、幕末のミッションインポッシブルに挑んでいくさまを、どうぞご覧ください。

# 東男に京女

井伊《いい》直弼《なおすけ》による**『違勅調印《いちょくちょういん》』**（天皇の命令に背いて条約を結んだこと）で、日本にブーイングストームが巻き起こります。が、誰よりも激怒したのは孝明《こうめい》天皇。

怒りの収まらない天皇は、「なぜ勅許《ちょっきょ》なしで調印した！　もう一度、幕府・御三家・諸藩で条約について会議しろ！」などなどが書かれた文書を幕府に下したのですが、何がやばいって、**同じ内容の文書が水戸藩にも下されたってとこ**。朝廷から藩に直接命令が下るなんて、大政委任ブチ壊し案件です。

しかも水戸藩は「この文書を他の藩にも伝えなさい！」という指令まで受け取っていたので、幕府の権威は崩壊寸前。水戸藩に下された命令を、この年の干支からとって**『戊午《ぼご》の密勅《みっちょく》』**と言うのですが、とりあえず直弼、キレます。

**直弼**「おい水戸藩！　絶対、他の藩にまわすなよ！　んで密勅は返せ！　あと『戊午の密勅』は天皇の意思じゃなく、水戸藩が裏から手を回したんだろ！　えぇ！」

と、『戊午の密勅』に関わった水戸藩士、尊王攘《そんのうじょう》夷派《いは》を処罰し、慶喜《よしのぶ》を将軍にしよ

うと朝廷《ちょうてい》に働きかけた一橋派も弾圧していったのですが、
これが世に言う**『安政《あんせい》の大獄《たいごく》』**。

しかし、今度はこれに水戸藩が、いや、一部の過激《かげき》派がブチギレます。

過激派は計画を練ります。

**『脱藩《だっぱん》』**（藩を抜けて浪人になること）して江戸に集結します。

大名が全員江戸城に向かう3月3日、彦根《ひこね》藩の行列を待ちます。

見つけます。斬《き》りかかります。井伊直弼を暗殺します（首を斬ったのは元薩摩《さつま》藩士）。

**『桜田門外《さくらだもんがい》の変《へん》』**という幕府史上最大のテロが起こります。

凄《すさ》まじいことになってきました。

直弼の大弾圧《だいだんあつ》は、尊王攘夷を掲げる**『志士《しし》』**と呼ばれる存在から特大の反発を招き、迎えたゴールが大老の暗殺。幕府の権威が真っ逆さまに墜落する中、直弼亡きあと幕政を引っ張った老中、安藤信正《あんどうのぶまさ》と久世広周《くぜひろちか》は、こんな作戦に出るんです。

**安藤・久世**「とにもかくにも、**『公武合体《こうぶがったい》』**するしかない！」

「朝廷（公）と幕府（武）が手を取り合って（合体）、日本のピンチを乗り切りましょう！」というのが『公武合体』。ですが本音は、「朝廷の権威を借りて幕府の力を取り戻すぞ！」ってところにあったんですね。

そして、この公武合体のキーマンとなったのが、将軍家茂《いえもち》。

安藤と久世は、家茂の正室に**孝明天皇の妹・和宮《かずのみや》**を迎え入れ、公武合体を実現しようとしていたんです（直弼のころから計画はありました）。

**安藤**「将軍と和宮様の結婚、ぜひお願いし……」

**朝廷**「ごめんなさい！」

和宮には有栖川宮熾仁親王《ありすがわのみやたるひとしんのう》という婚約者がいるので無理。和宮が外国人がたくさんいる関東を怖がっているので無理。これが理由です。

**安藤**「それでもあきらめません！『朝廷と幕府は仲が良いんだ！』『結婚だってやっちゃうんだ！』『だだだ！』。これを国民に示したい！　より一層オールジャパンを強化したいんです！」

**朝廷**「……『だだだ』?」

孝明天皇は悩みます。公武合体自体は良いんだけど……。

そこで天皇は、家格は高くないけど能力は高い、岩倉具視《いわくらともみ》に意見を求めます。

**岩倉**「1 **『破約攘夷《はやくじょうい》』**の確約《かくやく》。2 重大な事柄に関しては朝廷の許可を得る。幕府がこの2つを約束するのであれば、降嫁《こうか》(皇女・王女が、皇族・王族じゃない男性に嫁ぐこと)をお認めになってはいかがでしょう」

『破約攘夷』。つまりは**「条約を破棄! 解消! ナシにする!」**ってこと。

条約を結んだあとでは「条約の解消、もしくは改正」も、攘夷の中に含まれるようになっていたんですね。岩倉の提案に、なるほどとなった孝明天皇は、1と2に加え、さらに、攘夷の〝具体的な計画〟も提示《ていじ》するよう命じるのですが……

**幕府**「ぐ、具体的……(ここは公武合体のためにも……)7、8年! 10年以内に破約攘夷をやったります!」

ノープランです。公武合体やりたすぎて、攘夷の期限を決めちまった幕府。

しかし、これでようやく降嫁が決定。和宮はまだ嫌がっていたんですが、最終的には5つの条件――「大奥に行っても**『御所《ごしょ》』（天皇の邸宅《ていたく》）**のライフスタイルを通す！」など――を出して、江戸に向かうことを承知します。でも、江戸城で待っていたのは、家定の正室・**天璋院《てんしょういん》（篤姫《あつひめ》）**との、**嫁姑《よめしゅうとめ》バトル**です。

**天璋院サイド**「どぉぉぉいうことかしら！　天璋院様にお土産《みやげ》を持って来たのは良いけど、包み紙に『天璋院へ』って……呼び捨てかいおい！！！　お姑さんに向かってそんな態度がありますか！」

**和宮サイド**「もぉぉぉ我慢できない！　何が悔しいって初対面のときよ！　天璋院は上座《かみざ》で座布団《ざぶとん》あり。和宮様は下座《しもざ》で座布団もなかった……無礼にもほどがあらしゃりますりら!!　ふつうの嫁姑の関係と思うなよ！」

大奥では完全に**公武不合体**。「『御所風のライフスタイルで』って要求したのに、全然守ってくれません！　和宮様は泣いています！」と、女官《にょかん》が京に手紙を送るほど、江戸に来たことを後悔する和宮。でもね、**家茂が優しかったんです**。

2人は結婚式を挙げた時点で同い年の17歳。まわりから見ても仲睦《むつ》まじい夫婦だったと言います。家茂は「和宮を大切に思っていれば、自然と公武合体は実現する」と言ったと言いますから、自分の役割をわかっていたんですね。

でもこれだと、和宮への愛情は、ただの〝任務〟？　ともなりそう。うーん……仲良くする目的がどうあれ、家茂は和宮に鼈甲《べっこう》のかんざしや、金魚をプレゼントしてるんですね。この瞬間はただ愛《いと》しい人を思う、純粋な10代の男の子だったんじゃないでしょうか。

はにかんで金魚を渡す家茂と嬉しそうな和宮。このシーンを想像するとき、だいたい『secret base～君がくれたもの～』が脳内再生されます（心底の余談で申し訳ありません。あと、和宮と天璋院はのちのち打ち解けていくよ）。

さて、そんな新婚ほやほやの家茂ですが、

**家茂**「では、行ってくる」

京都に行くことになりました。まさか1人での新婚旅行じゃありません。本音を言えば、〝絶対に行きたくない〟。そんな旅です。

では、なぜ京都に向かうことになったのか。ここまでの経緯を振り返っておきましょう。

## 暴れ出す長州と薩摩

和宮の降下が決まったあたりから、「オレたちも中央の政治に参加するぞ！」といった藩が出てきます。その代表が、

**長州《ちょうしゅう》藩**と**薩摩《さつま》藩**。

長州藩は、最初こそ「開国と公武合体を目指そう！」ってのを、**『藩是《はんぜ》』**（藩の方針）や**『藩論《はんろん》』**（藩の意見）にしていたんですが……。

**桂小五郎《かつらこごろう》**や**久坂玄瑞《くさかげんずい》**といった藩内の尊王攘夷派が開国派をブチのめし、藩論を『破約攘夷』に変えちまったんですね。

これ、「藩を挙げて幕府のやったこと（条約を結んだこと）を全否定」ってことですから、ホントにすごい時代になってしまいました。

ここから長州藩は、朝廷の攘夷派の公家とも仲良くなり、**『尊攘派《そんじょうは》』**（＝尊王攘夷派）のリーダー的存在となっていきます。

しかし、薩摩藩はもっとエグい。

薩摩藩主・島津斉彬《なりあきら》は……実はすでに亡くなっております。このときの藩主は斉彬の甥《おい》・島津茂久《もちひさ／しげひさ》。ですが、本当に力を持っていたのは、茂久の父であり、斉彬の異母弟《おとうと》である**島津久光《ひさみつ》**。彼が藩の実権を握っていたんですね。久光は、

「幕府だけで政治を行うのはもう限界だ。公武合体の実現を急がなきゃいけない。しかしそのためには、**一橋派の復活と幕府の改革**が必要だ！　よし、京都行こう！」

と、家臣の**小松帯刀《こまつたてわき》、大久保利通《おおくぼとしみち》、西郷隆盛《さいごうたかもり》**、そしてなんと**大軍を引き連れて**京都に行きまして……（西郷さんは途中で離脱《りだつ》しちゃうけど）、

**久光**「幕府を改革したいです。『薩摩のプランを聞け！』って、朝廷から命令してもらえませんか？」

**朝廷**「なるほど。では、『勅使《ちょくし》』（天皇の意思や命令を伝えるための使者）を派遣《はけん》するので、一緒に江戸に行きなさい」

**久光**「あざす。〔京都→江戸到着〕幕府のみなさん、『勅使』の大原《おおはら》さんの話を聞いてください」

**大原重徳《しげとみ》**「いいか！　徳川慶喜を**『将軍後見職《しょうぐんこうけんしょく》』**、松平春嶽を**『政事総裁職《せいじそうさいしょく》』**（↑大老のようなポジション）に就任させろ！　あと攘夷も早く決行しなさい！」

と、無理やり幕府の人事をいじります。そこから、『政事総裁職』になった春嶽は、参勤交代を「2年に1回」から「3年に1回」に変更したり、

「京都での尊攘派のテロ行為がやばい！　治安を守るために新たなポストを創る！」

と言って、**『京都守護職《きょうとしゅごしょく》』**ってのを創り、**会津《あいづ》藩主・松平容保《まつだいらかたもり》**を就任させるなど、幕府をとことん改革していくんですね。（一連の改革を**『文久《ぶんきゅう》の改革』**と言います）。

こんな感じで、長州と薩摩が京都に進出。するとまぁ、事件が起こらないわけがありません。

改革を成功させた薩摩御一行が、意気揚々《いきようよう》と江戸から京都に帰っていた途中。生麦村《なまむぎむら》（横浜市鶴見区《つるみく》）を通りかかったときのことでした。

**薩摩藩**「ん？　前方から馬に乗った夷人《いじん》（外国人）が4人……。おい無礼だぞ。馬から降りろ。わ！　行列の中に入ってきやがった！　斬る！」

行列の中に入って来たイギリス人に斬りかかり、内1人を殺害するという**『生麦事件』**が発生。当然イギリスはブチギレて、多額の賠償金《ばいしょうきん》を幕府に要求したのですが、尊攘派は「薩摩最高ー！」と攘夷熱をさらにヒートアップさせたんですね。

京都で活動していた長州藩と土佐藩も刺激《しげき》を受け、朝廷に対して「幕府に『早く攘夷を実行しろ！』と催促《さいそく》してください！」と迫ります。その結果……

**三条実美《さんじょうさねとみ》**「どうも、勅使です」

**幕閣《ばっかく》**「(また勅使……！)」

**実美**「攘夷を行ってください。何か良い策はおありですか?」

**幕閣**「もちろん攘夷は決行します。策は……」

**家茂**「来年上洛して、そのときに詳しくお話しさせていただきます」

と、家茂の京都行きが決定したのでした。もちろん幕府、ノープランです。

出発前。家茂は和宮へ人形を贈りました。それは「這子《ほうこ》」という、病気や災厄《さいやく》を払うと言われている人形です。

出発後。和宮は増上寺の黒本尊《くろほんぞん》（阿弥陀如来《あみだにょらい》）のお札を勧請《かんじょう》し、お札をまつってお百度参りをしました。2人は、お互いの無事を心から祈ったんです。

そうして京都に着いた家茂。将軍が上洛《じょうらく》するのは、なんと3代家光以来229年ぶりのことです。

京都に入った家茂に関白から、「これまで通り政務を委任する」という天皇の言葉が伝えられます（ここで初めて「大政委任」が正式な命令となります）。しかし、「場合によっては直接諸藩に命令することがある」

ともあったので、これからも朝廷と藩は直接結びつくということ。

全然安心できねぇじゃねぇか……。

その数日後。家茂は、攘夷祈願のための賀茂社《かもしゃ》への行幸《ぎょうこう》（天皇が御所から外出すること）にお供します（天皇の行幸は237年ぶり）。

いいように連れ回される家茂。将軍の権威はいずこへやら。そして朝廷から放たれるあのクエスチョン。

——で、条約の破棄《はき》はいつになるのかな？

プレッシャーがすごい。もう逃げられない。えっと……

**慶喜**「今日が4月20日なので……」
**家茂**「5月10日にしたいと思います」

あ、バグった。と思われたかもですが、幕府側は、「条約の破棄《はき》なんて絶対無理だ。それならすぐの日程にして、朝廷に誓いだけは立てよう」と考えたんですね。
心労とストレスだけがお土産。そんな京都旅行でした。江戸に帰って来た家茂には、ぜひともゆっくりしていただきたいものです。

**家茂**「では、行ってくる」

**また行く。また京都に行く。**なぜだ？　とにかく見てみましょう。

「5月10日に条約を取り消します！」。こちらを諸外国に伝えたところ、「ふざけんな！」とキレられました。ま、当然の反応です。ただ、その5月10日深夜に、**まさかの大砲をブッ放した藩がいたんだけど、えぇ、長州《ちょうしゅう》です。**
たしかに幕府は「外国がキレて襲ってくるかもだから、そのときは追い払え」という命令は出していたのですが、長州は〝停泊《ていはく》してる船〟に大砲をドーン！　しかも軍艦でもない〝アメリカ商船《しょうせん》〟にドーン！　ムチャクチャの極《きわ》みです。

続けて23日にフランス船、26日にはオランダ船に砲撃《ほうげき》した長州藩。しかし、当然アメリカやフランスが仕返しにやってきて、長州との戦闘《せんとう》が始まります（**『下関事件《しものせきじけん》』**）。

ただ、戦争はここだけじゃありません。『生麦事件』をめぐって、薩摩とイギリスとの間でも**『薩英戦争《さつえいせんそう》』**が勃発。堰《せき》を切ったように、あちゃこちゃで戦争がスタートするのですが、
結果は**どちらもボッコボコ**。

長州は見事に完敗。薩摩も完敗……とまではいきませんが、かなりのダメージをくらいます。しかし、

**薩摩**「こりゃ外国と戦っても勝ち目はねぇぞ……戦争はもうナシ！」
**長州**「攘夷だ攘夷！　条約破棄のためなら戦争も仕方ない！」

2つの藩は、まったく違う道をたどるんですね。

このあとも長州の過激《かげき》さはフルスロットル。仲の良い公家と一緒になり、「天皇を大和《やまと》（奈良《なら》県）に連れ出し、全国に攘夷の命令を出してもらい、命令に従わ

ない幕府の役人がいたらブチのめしてやる！」なんていう、とても強引なプランを計画したら、**京都から追い出されます**。

〝戦争などの過激な攘夷〟は望んでいなかった孝明天皇。その意思をくんだ薩摩藩と会津藩などが**『八月十八日の政変』**と呼ばれるクーデターを起こし、長州&仲良し公《く》家《げ》を京都から追放したんですね（**『七卿落《しちきょうお》ち』**）。

これで、実質的に京都を支配していた長州がいなくなりました。そこで朝廷は、慶喜、春嶽、島津久光、山内容堂《やまうちようどう》、伊達宗城《だてむねなり》（P308）、松平容保《かたもり》といったメンバーを京都に呼び寄せ、「こっからどうしていけばいい？」と尋《たず》ねます。すると、

**久光**「将軍に上洛してもらい、そのリーダーシップのもと、朝廷、幕府、有力藩が協力して、会議で政治をやっていくべきです！」

と、薩摩や会津が将軍の上洛をリクエスト。孝明天皇も家茂が京都に来ることを望み、家茂の再上洛が決定したのでした。

家茂の上洛が決まったあと。和宮はお百度参りを行い、ご祈祷をして、疫病《えきびょう》よけのお守りや長寿を願うお守りを家茂に渡しました。家茂は、とても喜んだと言います。

## 家茂と和宮に訪れた運命

**慶喜**「ぜったいにダメだ!!　横浜港は絶対に閉じる!!」
**久光**「ぜったいにムリだ!!　絶対に開けたまんまにする!!」

家茂が京都に到着すると、なんかギッタギタにモメてました。

なぜ？

京都に集結したメンバーは、**『朝議《ちょうぎ》』**（朝廷の会議）に参加できる**『朝議参預《さんよ》』**ってのに任命されるんですね。んで、『参預』たちによる**『参預会議』**ってのが開かれることに。


この会議にはね、緊急テーマが2つあったんです。1つが「長州の処分《しょぶん》」について。もう1つが「横浜港を閉じるかどうか」について。すると、横浜港問題をめぐって、バトルが勃発しちゃったんですね。

条約の取り消しが無理だなんて、みんなわかっています。しかし、朝廷のパワーを必要とする幕府は、無理だとわかっていても「やる気」を見せなきゃならない。

ただ、「貿易やめる！　なので港も全部閉じる！」なんてマジでムリ。だったらせめて横浜港だけは！　と、幕府サイドの慶喜は「横浜港を閉じる！」と主張していたのでした。

その後、ケンカは止まらず『参預会議』はあっという間に崩壊《ほうかい》。

でもね、幕府からすれば、薩摩などが政治にグイッと入ってくるのを防ぐことができたので「やったー！」だったんです。

それはまぁ良かったんだけど……。

京都に残った慶喜は将軍後見職を辞めて、朝廷から

**『禁裏御守衛総督《きんりごしゅえいそうとく》』**（禁裏＝京都御所。なので「御所を守るボス」って感じ）

**『摂海防禦指揮《せっかいぼうぎょしき》』**（摂海＝大阪湾。なので「大阪湾を守るボス」って感じ）

といった、〝朝廷カラーが強い職〟に任命されるんです。

さらに慶喜は、京都守護職・松平容保と、容保の弟・**松平定敬《さだあき》**（桑名《くわな》藩主で京都所《しょ》司代《しだい》）と協力して、京都を支配するようになり、

**『一会桑政権《いちかいそう》』**（一橋、会津、桑名）と呼ばれる、独自《どくじ》の体制を築くんですね。

そんな慶喜を見て、家茂と幕府の面々は思います。慶喜よ、

**お前、なんかメチャクチャうざいな。**

とうとう幕府も一枚岩じゃなくなってきた……。今回もゴタゴタが尽きなかった京都だけど、とりあえず家茂が無事江戸に戻って来たので、よしとしましょう。

**家茂**「では、いってくる」

**もうやめて。**また行こうとしてるじゃないの。もうやめてよ。ホントに行かなきゃダメだったの？　見てみよう！

**長州志士**「納得いかねぇよ!!」

長州はね、やっぱり納得がいってません。京都から追い出されたことに。だから、

長州&尊攘派志士の一部は、こっそぉーり京都に舞い戻り、長州復活のための計画を練ってたんです。が、会津藩お預かりの**新選組**《しんせんぐみ》に見つかりギッタギタにやられます(**『池田屋**《いけだや》**事件』**)。

「もぉぉぉ我慢できない！」

なぜオレたちがこんな仕打ちを受けなきゃいけないんだ！　となった長州藩は、自分たちの無実を訴《うった》えるために、兵を引き連れ京都に進軍していったんですね。

**長州**「オレたちは悪くない！　あと松平容保を洛外《らくがい》（京都の中心部の外）に追放してほしい！　ぶっ潰してやるから！」

**慶喜**「気持ちはわかるが、とりあえず兵を退《ひ》かせなさい！　穏やかにいこう！」

**容保**「穏やかにいかなくていい！　即刻《そっこく》京都から追い出しましょう！」

立ち退くのは無理。じゃあ戦いだ。となって、御所のまわりで**『禁門**《きんもん》**の変』**と呼ばれる戦いに突入。んで、**長州ボッコボコ**。

しかも、「御所に向かっての発砲《はっぽう》」「長州が最初から戦う意志があった証拠《しょうこ》（藩主父子の書状）の発見」などから、『**朝敵**《ちょうてき》』（朝廷に背いた敵）となってしまった長州。幕府が長州を討つことが決定となり、さらに……

**イギリス**「長州が関門海峡《かんもんかいきょう》を封鎖《ふうさ》しているせいで、長崎の貿易が壊滅《かいめつ》状態だ。攘夷なんて無理だってことを教えてやろうじゃありませんか、ねぇみなさん！」

と、イギリスに誘われたフランス、オランダ、アメリカの四か国連合艦隊《れんごうかんたい》に攻撃されたもんだから、長州はバリバリボロボロ（**『四国艦隊下関砲撃事件《しこくかんたいしものせきほうげきじけん》』**）。ちなみに、**この戦争の賠償金《ばいしょうきん》は幕府に請求《せいきゅう》された**ので、幕府のお財布もボロボロバリバリです。長州マジ瀕死《ひんし》。だけど、ここからさらに**長州征討軍《ちょうしゅうせいとうぐん》**が攻めて来るってんだから、体は半分あの世です。

ところが……

**西郷隆盛**「今は国内で戦争してる場合じゃない！　長州さん！　1　藩主父子の謝罪文　2　家老の切腹　3　仲良し公家を長州藩の外に出す。これをやってくれれば戦争はなしだ！」

征討軍参謀《さんぼう》・西郷隆盛から届いた降伏《こうふく》の条件を長州がのんだので、戦争にならずに済んだのでした。

でもね、降伏はしたけど「朝敵」の長州には処分が必要。つまり、まだ「ごめん」と謝っただけで、それとは別に〝罰〟を下さなきゃと誰もが考えていたんですね。

じゃあ一刻《いっこく》も早く、幕府・朝廷・諸藩が話し合って処分の内容を決め、実行しなきゃいけません。そのためには……

「やっぱ将軍が上洛しなきゃ！」

となり、家茂の上洛が決定したのでした。

出発の日の朝。家茂は和宮と話をしたあと、江戸城をあとにしました。

和宮は武士から信仰《しんこう》された摩利支天《まりしてん》にお百度参りを始めました。

家茂が帰って来ることはありませんでした。

家茂たちは京都に到着したあと、大坂城に入り会議を始めます。その結果、

「長州の関係者（支藩《しはん》の藩主）を大坂に呼び出し、話を聞いて最終的な処分を下そう」

ということになりました。で、呼び出します。……………………来ない。

なんやかんやと理由をつけて来ない。おい長州よ、そっちがその態度なら征討する

しかないぞ……と、第二次長州征討がほとんど決まりかけるのですが、

**薩摩藩**「降伏した者を討つなんて、そこに正義はあるのかい⁉」

薩摩や諸藩はこれに猛反発《もうはんぱつ》。もぉぉ言うこと聞いてよぉと思っていたら、そこに、

**英仏蘭米**「Hello 賠償金はまだかな？」

ウソでしょ？　なんと英仏蘭米の四か国艦隊が、兵庫港《ひょうご》にいきなり姿を現すという予想外のハプニングが発生。招かれざる客、オールスターで登場です。

**英仏蘭米**「今日は幕府のみなさんに、素敵な提案を持って来ましたよ。長州と戦ったときの賠償金ですが、〝3分の2をなし〟にしてあげようと思うんです」

**老中**「ホ、ホントに！！？」

**英仏蘭米**「その代わり！『条約の勅許』『兵庫開港と大坂開市を即刻行う』『輸入税率の引き下げ』、これらを今すぐ！　クリアしてほしい（ニヤリ）」

**老中**「な……!!（いまだ得られない勅許を……予定より5年遅らせてもらってる兵庫

の開港を……今すぐなんて、ぜっっっっったい無理！）」

**英仏蘭米**「幕府が決められないのであれば、我々が天皇に会いに行く」

**老中**「そ、そそ、それだけはマジ勘弁！（緊急会議開催！）短時間で勅許と兵庫開港の承認を得るなんて無理だ！　幕府の判断で兵庫港を開く！」

**慶喜**「そんなことをすれば幕府と朝廷の関係が崩れるし、世間から反感を買うことになる！　絶対に天皇の許可が必要だ！」

独断で兵庫港を開こうとする老中。天皇の承認が必要だとする一会桑。激しい論争に答えが出る様子はありません。すると、ついに将軍家茂が、

**泣きました。**「もうどうにでもしてくれ」とつぶやいて。

さらに、

**家茂**「将軍を辞めます。将軍職は朝廷と親しい慶喜に譲ります」

**一会桑**「マジで言ってる⁉」

なんと家茂が辞表《じひょう》を作成。ちょ、ちょって待ってよ家茂さん！　というところへ

今度は、

**朝廷**「勝手に兵庫港を開こうとした老中2人（阿部正外《あべまさと》、松前崇広《まつまえたかひろ》）を解任《かいにん》する！」

朝廷が老中の解任を決定。ぜ、前代未聞がすぎる……！　と、一同が衝撃《しょうげき》と怒りに包まれているうちに、家茂は朝廷に辞表を提出して江戸に帰り出しちゃう。

幕府、**プチ崩壊**です。

慌《あわ》てに慌てた一会桑は、伏見で家茂に追いつき説得にかかります。そして、慶喜が何とか条約の勅許を手に入れ（次パートで詳しく！）、家茂は将軍を辞めることをやめたのでした。

いやぁ良かった。これですべて、一件落ちゃ……違う違う、**長州。**話は何にも進んじゃいない。スタートラインに戻っただけ。

しかし、幕府はようやく「長州の石高を10万石けずり、藩主父子は謹慎させ家督《かとく》は別の誰かに相続させる」という処分を決定するんですね。これを長州に通知したのち、期限までに「承知しました」という書類が提出されない場合は、長州領内に討ち入る――。

としたけど、期限までに回答がなかったので、**第二次長州征討**、開戦です。

幕府軍が10万を超えたのに対し、長州軍は3000～4000（兵数は諸説あり）。話にならない兵力差です。だけど、この戦いで敗北を喫《きっ》したのはなんと幕府軍。そこには……

- 長州は指揮系統《しきけいとう》が統一され戦術も優れ、新式の銃《じゅう》の扱《あつか》いにも慣れていた
- 対して幕府軍は、参加している諸藩のモチベーションが低く、戦術もさんざん

などの理由があったと言われています。

しかし、幕府軍の敗北を決定的にしたのは、**家茂の死**です。大坂城に入った翌年の5月から脚気《かっけ》をわずらった家茂は、7月20日、心不全《しんふぜん》によって永遠の眠りについたのでした。享年21。

家茂は愛されていました。勝海舟は、自分の夢である神戸《こうべ》海軍操練所《かいぐんそうれんじょ》（海軍、海軍学校）を許可してくれたり、海路による上洛を一任してくれた家茂を、「真に英主の気風あり」と日記に記し、心から慕《した》っていました。いえ、幕臣の誰もが家茂を敬い愛していたし、そしてもちろん、もっとも彼のことを愛したのは和宮であったろうと思います。

しかし、家茂の帰りを待つ和宮に届いたのは、変わり果てた夫の姿と、彼からの最後の贈り物でした。

最後の上洛の際、土産は何がいいかと尋ねる家茂に、和宮がお願いしたのは西陣《にしじん》織《おり》。家茂は約束通り西陣織を贈ってくれましたが、彼女が望んだのはこんな結末じゃなかったはずです。

**「空蟬《うつせみ》の 唐織《からお》り衣《ごろも》 何かせむ 綾《あや》も錦《にしき》も 君ありてこそ」**

（むなしくこの世に残された西陣織が、いったい何の役に立つのでしょうか。美しい模様《もよう》も錦も、あなたがいてこそそのものなのに）

和宮の遺言によって、彼女のお墓は家茂の隣に建てられました。

増上寺の発掘調査（P209）では、和宮の墓も調べられたのですが、遺体の両腕の間から1枚のガラス板が発見されたんです。よく見るとガラス板は、幕末の頃に撮られていた湿版《しっぱん》写真。そこには、長袴《ながばかま》の直垂《ひたたれ》に立烏帽子《たてえぼし》をつけた、若い男性の姿が写っていたと言います。

ところが、適切《てきせつ》な保存処理が行われなかったため、翌日には写真がただのガラス板に……。結局、今でも男性が誰かは不明のままなんですが、一番有力なのはやはり家茂という説です。

現世とは別の世界で、2人が穏やかに暮らしていることを願ってやみません。

# 第15章

## SHOGUN PROFILE

| | |
|---|---|
| 何代目？ | 15代将軍 |
| おなまえ | 徳川慶喜《とくがわよしのぶ》 |
| あだ名は？ | 豚一殿《ぶたいちどの》 |
| ゆかりの地は？ | 二条城《にじょうじょう》 |
| 生きた年は？ | 1837(天保《てんぽう》8)年～1913(大正《たいしょう》2)年 |

にがおえ

**趣味は？**
弓道
カメラ
自転車
油絵
釣り
など

**特技は？**
手裏剣

**起こったことor行ったこと**
大政奉還

**自分を四字熟語で表すと？**
初志貫徹

**頼れる人は？**
原市之進
平岡円四郎

**恋愛＆結婚**
妻・美賀子と
側室と
仲良く暮らす

**みんなにひと言！**

自分の置かれた立場に悩みながら最後まで精一杯がんばりました！

## 水戸生まれ一橋経由のラスト将軍。慶喜の唯一苦手なものが、他人との協調？

徳川慶喜《よしのぶ》は、1837（天保8）年、徳川斉昭《なりあき》の七男として、江戸の水戸藩上《かみ》屋敷で生まれます（幼名・七郎《しちろう》麻呂《まろ》or 七郎麿）。

11歳のとき、12代家慶《いえよし》の命令で一橋《ひとつばし》家を継ぐことになり、17歳のとき、あの『将軍継嗣《けいし》問題』（P309）が起こるのですが……本人はすぐに斉昭に手紙を送り「止めてもらえますか」とお願いしてるんですね。その理由は、「天下を取ることほど骨が折れることはありません。骨が折れるから嫌だってわけじゃないけど、天下を取ったあと失敗するくらいだったら、最初から天下を取らない方がよっぽどいい」といったもの。実にドライで客観的。

その後、**井伊《いい》直弼《なおすけ》に会いに行った慶喜**は、跡継ぎが家茂《いえもち》になったことを告げられると、「御血筋からいっても、ご様子からいっても、それが妥当《だとう》だ」と言って、にっこりしたと言います。うん、可愛いところもあるみたい。

しかし、ここで注目していただきたいのは、**慶喜が直弼に会いに行った理由**です。直弼が勅許なしで条約を結んだとき、斉昭たちと同じく江戸城に怒鳴り込んでいった慶喜。しかし、怒りを放った角度が、他の大人と少し違うんです。

「条約調印を許さないとは言ってない。ただ！　それを文書で朝廷に伝えるなんて失礼がすぎるだろ！　あんた（直弼）か老中が京都に行って事情を説明しろよ！」

斉昭の子として、水戸学の影響をどっぷりと受けて育った慶喜。あるとき斉昭から、「水戸藩が幕府を助けるのは当たり前だ。が、もし万が一朝廷と幕府が戦うようなことになれば、我らはたとえ幕府には背いても、**朝廷に弓を引くこと（反抗すること）があってはならない**。これは義公《ぎこう》（水戸光圀《みつくに》）のときからの家訓だ」と教えられたと言います。

つまりこの人、「開国を受け入れる合理《ごうり》的で客観《きゃっかん》的な思考」を持ちながら、「アイデンティティは尊王第一」という、かなり複雑なキャラだったんですね。

このあと慶喜は、相反する2つの考えにジレンマを感じているがゆえに、他人から見れば「意味がわからん……」という言動を繰り返し、いろんな人から**嫌われていきます**。

15代の中でもっとも異色な将軍と言われる徳川慶喜。彼がどんな将軍で、幕府はどうやって終わっていったのかをお伝えしていきましょう。

## 彼が抱えた複雑なキャラクター

さて、直弼にクレームを入れたおじさんたちと同じく、謹慎《きんしん》処分をくらわされた慶喜。次に彼が復活するのは『将軍後見職』就任《しゅうにん》のときです（しばらく家茂パートと照らし合わせながら読んでね）。

しかし、実は慶喜が就任する前にも『将軍後見職』ってのはあったんです。直前まで別の人（田安慶頼《たやすよしより》）が担当していたんだけど、久光や朝廷の要求を聞き入れたくない幕府は、「あ、そーだ！　家茂様も17歳になったから、後見はもう必要ないよね！」と、この職をなくしたんですね。ところが久光たちは、無理やり慶喜を後見職にねじ込んじゃう。

いや……だから。『将軍後見職』はなくしたって言ってんのに、話聞いてる？　と納得がいかなさすぎる幕府首脳陣《しゅのうじん》。しかも就任したのが、『将軍継嗣問題』で大奥や幕臣から嫌われている慶喜。これで彼、**さらに嫌われます**。

**慶喜**「（うーん……嫌われすぎてる。よし、ここは……）ねぇみんな！　世間は『破《は》約攘夷《やくじょうい》だ！』なんて盛り上がってるけど、やっぱ開国《かいこく》すべきだよね!?」

幕臣「お、おお！　いいこと言うじゃないか慶喜さん！」

これ以上立場が悪化するのはまずいと思った慶喜は、幕府の役人に合わせて開国派のスタンスをとっていくんですね。

ところが、家茂と一緒に上洛し、破約攘夷を「5月10日」に決めちゃうと、「やっぱ開国だよな！」なんて言ってらんなくなっちゃう。慶喜は、京都を離れられない家茂に代わって江戸に帰り、このことを老中や役人にも説明したのですが……

老中「無理に決まってるでしょ破約攘夷なんて!!　さすがに断るぞ！」

慶喜「（攘夷が無理だなんてわかってるわ！　でも……）攘夷をやると言っておかないと大政委任が消えるかもしれない！　幕府の政権を維持《いじ》するには朝廷の要望《ようぼう》を聞くしかねぇだろうが!!」

三奉行「今の国際情勢《こくさいじょうせい》を考えてください！　攘夷は無理だ!!」

孤立《こりつ》の王様です。だぁれも同調《どうちょう》してくれない。

開国を推せば朝廷が怒り、攘夷を推せば幕府がキレる。ふつうこんな状況なら、「もうやってらんねぇよ！」となりそうでしょ。でもね、

**慶喜**「もうやってらんねぇよ！」

慶喜もそうなります。で、『将軍後見職』を辞めさせてほしいと、家茂と朝廷にお願いするんですね。しかし、京都から帰って来た家茂に……

**家茂**「辞表《じひょう》は却下《きゃっか》で。これからも『将軍後見職』として働いてほしい」

**慶喜**「……わかりました！　しかし、現実的に条約を破棄してすべての港を閉じるのは不可能です。なので『横浜港《よこはまこう》だけでも閉じるようにがんばる』って方針《ほうしん》でいきませんか」

**家茂**「……わかった。その方向でいこう」

こうして家茂は、諸大名にも「横浜**鎖港《さこう》**（**港を閉じること**）をがんばる！」って方針を伝えましてね。そのあと長州が京都から追い出され、『参預《さんよ》会議』が開かれ、

**慶喜**「ぜっっったいにダメだ!!　横浜港は絶対に閉じる!!」

**久光**「ぜっっったいにムリだ!!　絶対に開けたまんまにする!!」

このケンカに至《いた》ったという感じです（P339）。

でも最初はね、慶喜も久光たちも「横浜港を〝すぐに閉じる〟ことは無理なので、〝いずれ閉じる〟ように努力する」ってことで、朝廷を説得しようとしていたんです。だけど……。

家茂（上洛2度目）に対して、天皇から宸翰《しんかん》（天皇自筆の文書）が下されたのですが、これに慶喜は度肝《どぎも》を抜かれます。だって、

**「宸翰の原案《げんあん》は、薩摩（久光）が提出した文書をベースにしている」**

ということを突き止めちゃったから。つまり、薩摩と朝廷、いつのまにかガッツリと結びついていたってことですね。

え、やだ、このままいけば、朝廷が薩摩に取られちゃうじゃないの……。

そんな事態《じたい》を阻止《そし》するために慶喜は、朝廷の望む「横浜鎖港」を、急に強く主張し始め、さらに、

「オレ、参預を辞めますね！」

と、みずから参預を辞職《じしょく》して会議をぶっ壊《こわ》し、見事に薩摩をシャットアウトすることに成功するんです。でも、

**薩摩藩**「意味わかんねぇぞ一橋（慶喜）!! 急に態度《たいど》を変えて会議を終わらせやがって！ 何を考えてるんだ!!」

**薩摩からムチャクソに嫌われます。**特に、大久保利通《おおくぼとしみち》や西郷隆盛《さいごうたかもり》なんかはガチガチに慶喜のことを嫌いになっちゃう。

そのあとすぐ、『禁裏御守衛総督《きんりごしゅえいそうとく》』『摂海防禦指揮《せっかいぼうぎょしき》』に就任し、松平容保《かたもり》や松平定敬《さだあき》と『一会桑政権《いちかいそうせいけん》』を築いた慶喜（「敵が多い幕府はもう嫌だ！ これからは天皇や朝廷の力を基盤《きばん》に京都でがんばるぞ！」という気持ちだったのでは？ と言われています）。すると、幕府のみんなから、

**さらにさらにさらに嫌われます。**

あいつ、天皇を取り込んで天下を牛耳《ぎゅうじ》ろうとしてんじゃないのか——。なんて噂《うわさ》も流れたりして、嫌われ街道《かいどう》まっしぐら。行動が裏目に出るという点ではすでに天下を取っています。

彼の嫌われっぷりが、このあとの歴史を変えた。と言っても、言いすぎじゃないかも？

## 政治を動かす異色の将軍

さて、時代は長州大ピンチの局面へ。

『禁門《きんもん》の変』→『第一次長州征討《ちょうしゅうせいとう》』→『第二次長州征討』という流れになっていくのですが、ここで幕府にも顔面蒼白《そうはく》事件が起こるんですね。

それが、四か国艦隊の突然の登場です（P345）。

最上級の無理難題《むりなんだい》をぶつけてきた諸外国。家茂が将軍を辞めると言い出し、老中が朝廷によって解任される騒動まで起こると、なんとここでも慶喜に、

「朝廷と仲の良い慶喜が、幕府を困らせるためにやったことだろ！　というか自分が将軍になるつもりなんじゃないか！」

と批判が飛んで来たんですから、彼は前世で老婆に蹴りでも入れたのでしょう。

とにもかくにも緊急事態。家茂の顔を立てるためにも、諸外国を納得させるためにも、3つの要求のうちどれか1つは達成させなきゃと、慶喜は朝廷に向かいます。

「兵庫の開港」は……難しい。ならばどうにか「条約の勅許《ちょっきょ》」だ――。

急遽《きゅうきょ》開かれた朝議《ちょうぎ》は長時間に渡りました。夜も遅くなり、何人かの公家が退席しようとした、そのときでした。

**慶喜**「国家の重大事を前に退席なさるというなら、このままじゃ済《す》ましませんよ。勅許が下りなければ私はここで腹を切るつもりです。が、そうなったとき、家臣が何をしでかすか保証《ほしょう》はしません」

**脅《おど》し**、です。で、もぎ取ります。なんと慶喜、脅迫《きょうはく》という剛腕《ごうわん》で、これまで誰も成しえなかった勅許獲得《かくとく》に成功するんですね。

家茂のメンツ、諸外国の要求、港を開く開かない、オールクリア。幕府のみんなからも「勅許獲得すげー！」と称《たた》えられ、一会桑が幕政に関わるようになったり、一会桑と親しい**板倉勝静**《いたくらかつきよ》や**小笠原長行**《おがさわらながみち》が老中に就任したりと、やっと慶喜に風が吹き始めるんです。

**申し上げる人**「申し上げます！　幕府軍！　ボッコボコです！」

凪、やみました。幕府軍が第二次長州征討でボッコボコにされ、凪、やみました。幕府軍の士気は最低。薩摩藩にいたってはこの戦いに参加せず。それどころか、仲が悪かったはずの長州を支援《しえん》しちゃってる。幕府に内緒で（『**薩長盟約**《さっちょうめいやく》』or『**薩長誓**《せい》

約《やく》』ってやつです）。そして、戦況《せんきょう》最悪の中、家茂が死去。幕府軍の全メンバーの頭の上に、「敗北」と書かれたタライが落下しております。でも、とにかく幕府は次の将軍を決めなきゃです。このピンチにリーダーシップを発揮できて、御三家か御三卿の当主といったら……もう慶喜しかいないじゃないのさ。

**慶喜**「やだ」

やなんだって。将軍になるの。

**板倉勝静**「お願いしますって！　何度も言いますが将軍はあなたしかいない！」

**慶喜**「……わかった。徳川宗家《そうけ》は相続《そうぞく》する。将軍にはならない」

え、そんなことできるの？　と、この時代の人も何人かは思ったでしょう（でも実際に慶喜はそうします）。

慶喜が頑《かたく》なに将軍就任を断ったのは、何と言っても敵が多すぎたから。あと「傾《かたむ》いた幕府のトップはあまりにもきつい！」と思ったとも言われています（諸大名の推《すい》薦《せん》を集めて将軍となり、地位と権威を盤石《ばんじゃく》なものにしようと考えていた。とよく言われるんですが、ホントのところはわからないんです）。
ともかく、将軍不在となってしまった長州征討は、これにて幕が引……

**慶喜**「長州に出陣します‼」

なんだチミは。なぜまだ戦いを続けるんだ……？
慶喜は、「ここで戦いをやめれば、征討を決めた幕府と朝廷の権威がズタボロになる。それに、自分が指揮をとれば逆転のチャンスはある！」との考えから、天皇の許可をもらい、みずから戦地に乗り込もうとするんですね。

**板倉勝静**「お、小笠原長行（老中）が敵前《てきぜん》逃亡し、小倉《こくら》を去りました！　九州諸藩の兵も勝手に戦線《せんせん》を離脱《りだつ》しています！」
**慶喜**「そっか！　じゃあ行くの中止！」

いったいなんなんだチミは。みんな心の底から驚きます。
反対の声を押し切ってまで出陣を決めたのに、自分的にダメだと思ったら即中止。柔軟《じゅうなん》と言えば柔軟。宇宙人と言えば宇宙人です。

その後、長州との休戦《きゅうせん》が成立するも、大軍を率いて長州一藩も倒せないなんて、幕府の終わり確定。出陣を中止した慶喜には幕府内から大反発が起こり、一会桑も分《ぶん》裂《れっ》状態に陥《おちい》ってしまいます。この状況に、

「大チャンスがやって来たぁぁ！！！」

と喜んだのが、大久保利通&薩摩です。

いつだって薩摩の前に立ちはだかるウザい敵ヨシノブ。今回も長州征討の中止を朝廷に働きかけていたら、その動きをことごとく封《ふう》じ込められた。だけどもいま、幕府も慶喜も完全に勢いを失っている。このチャンスに薩摩がリーダーとなって、国政の主導権を握るんだ。

ただ、恐ろしいのは慶喜のやつが将軍になること。底知れないパワーを持った慶喜が権威まで手に入れてしまったら……と大久保が思っていたら、

**慶喜**「ども。15代将軍・徳川慶喜です」

**大久保**「なっちゃった！！！」

なっちゃった。孝明《こうめい》天皇の強い希望で、ついに慶喜が将軍となっちゃうんですね。

ところが、慶喜が将軍宣下《せんげ》を受けた20日後、誰も思い描いてなかった未来が到来《とうらい》す

るんです。それが……。

孝明天皇の崩御《ほうぎょ》《そして、満14歳の睦仁親王《むつひとしんのう》（のちの**明治天皇**）が即位《そくい》》。将軍となった直後、慶喜は最大の後ろ盾を失ってしまいます。

が、しかし。慶喜の力の源《みなもと》は朝廷だけじゃありません。彼には『将軍後見職』や『禁裏御守衛総督』で培《つちか》った、抜群《ばつぐん》に高い**「政治力」**という武器があったんです。

### 【慶喜の政治力①：幕政改革】

実は慶喜、徳川宗家を継ぐ前から、フランス公使《こうし》の**レオン・ロッシュ**に力を借り、幕府の改革に取りかかっていました。

行政《ぎょうせい》面では、老中による月番制《つきばんせい》・合議制《ごうぎせい》（P111）をやめ……国内、外国、会計、陸軍、海軍の五局に担当部署《ぶしょ》を分けて、それぞれのトップに総裁《そうさい》を置き、老中首座・板倉勝静が五局を統括《とうかつ》するという、今の内閣《ないかく》のようなシステムに変えます。

軍事面では、旗本の銃隊への編入《へんにゅう》、西洋式軍制《ぐんせい》の導入など、幕府軍を一気に近代《きんだい》化《か》させたんですね。

この変化に反幕勢力は「もう一度長州に攻め込む気なんじゃ……」とびびり、長州の木戸孝允《きどたかよし》（桂小五郎《かつらこごろう》）にいたっては、「慶喜を侮《あなど》っちゃダメだ！　**まるで家康の再来を見るかのようだ……**」とびびりにびびっていたんです。

**【慶喜の政治力②：外交】**

孝明天皇の崩御でダメージを受けた慶喜ですが、開国問題だけは俄然《がぜん》やりやすくなりました。将軍になった慶喜は、英仏蘭米の公使たちと積極的《せっきょくてき》に友好関係を築いていき、**慶応3年3～4月**にかけて、各国の公使を大坂城にお招《まね》きします。

このときの話題は、期日が間近に迫った**『兵庫開港』**について《開港予定日：**慶応3年12月7日（1868年1月1日）**》。慶喜は公使たちに宣言します。

「兵庫開港は約束通り行います！」。外国と交渉《こうしょう》するのは幕府。そして、将軍こそがレペゼンジャパンだと内外に知らしめたのでした。

老中に政治を任せていた今までの将軍と違い、みずからの判断で幕政を動かしていった慶喜。彼が異色の将軍と呼ばれる一番のポイントです。……って、そんなことより**兵庫港！**　慶応3年に入ると、約束の期日はもう目の前。

慶喜は「兵庫港は必ず開く。だけど、開港の方針について意見を聞きたいから上洛してくれ！」と諸侯《しょこう》の上洛を促《うなが》し、

朝廷も「兵庫開港について諸侯に意見を聞きたいから上洛して！」と命令を出し、

薩摩の大久保・西郷・小松《こまつ》は「チャンスだ！　この会議をきっかけに、今度こそ政

治の主導権を握ってやる！」と意気込みます。

こうして、『参預会議』の再来のような**『四侯会議《しこうかいぎ》』**が開かれたのでした。

**慶喜**「兵庫開港の件ですが、こちらの期日がもう目のま……」

**久光**「ちょっと待った！　開港問題よりも、まずは長州を許してやるのが先です（10万石けずるのを取り消す。藩主父子の官位復旧《かんいふっきゅう》）」

**慶喜**「それは無理。孝明天皇や家茂様が決めたことを覆《くつがえ》すわけにはいかない」

**久光**「だとしても長州問題を先に。それに、開港をするにしても**『幕府が勅許を得ての開港』**は……マジで嫌だ！」

『四侯』も開港には反対していません。だけど、久光たちが望んだのは、**「朝廷が主体となった開港」**だったんですね。

『勅許』をもらっての開港だと、幕府が許しをもらって幕府が港を開くってことですから、中心にいるのはずぅっと幕府。外国との交渉も外交も全部幕府がやることになるので、**利益はすべて幕府のもの**。久光たちはそれを嫌がったんです。

**久光**「まずは長州の件！　そして『勅許』の開港はダメ！」

**慶喜**「絶対に兵庫開港の件が先！ 時間がないんだって！」
**春嶽**「じゃあ2つ同時に朝廷にお願いしてみたら？」
**慶喜**「それでいこう！」

で、同時にお願いしてみたら、2つとも通りました。慶喜、またもや朝議でねばりにねばり、**『勅許』をもぎ取る**ことに成功したんですね（長州を許すことには納得してないけど）。勅許が下りたってことは……**そ、久光たちの負け。**『参預会議』に続いて『四侯会議』でも惨敗《ざんぱい》です。でもね……

この慶喜の能力の高さが、〝仇《あだ》〟となるんです。『四侯会議』で敗北を喫《きっ》した薩摩は、より長州に近づき、2つの藩は強く強く手を結びます。そして、

**大久保利通**「もはや話し合いで慶喜を倒すことは不可能」
**西郷隆盛**「ならば挙兵、しかない」

ついに薩長は、**倒幕《とうばく》**。いえ、兵を挙げて幕府を討つ、**討幕《とうばく》**の計画を練り始めたのでした。

## そして、江戸時代が終わった

**後藤《ごとう》象《しょう》二郎《じろう》**「ちょおおおおっと待ってください！」

討幕マインドの西郷たちのもとへ、土佐藩の**後藤象二郎**と**坂本龍馬《さかもとりょうま》**がやって来ます。

**後藤**「今、国内で戦ってはいけません！　我々は戦争を避《さ》けるための素敵なプランを持ってきました。それがこちら、**『大政奉還《たいせいほうかん》』**！　幕府の政権を朝廷にお返しし、そのあと朝廷のもとに『議会』をつくるという、国際色《こくさいしょく》豊かなレインボープランです。これを土佐の藩論《はんろん》として幕府に提出します。それでもし、将軍が大政奉還を拒否すれば……そのとき初めて挙兵してはいかがでしょう？」

**西郷**「なるほど……。慶喜が大政奉還を受け入れるはずがない。そうすれば幕府を討つ大義名分《たいぎめいぶん》ができる。わかりました。その案に乗りましょう」

西郷たちもいったんは大政奉還に賛成しますが……ここから事態が二転三転するので、ギュギュッとまとめてお送りしましょう。

慶応3年。

**後藤**「〔9月初旬〕西郷さん遅くなりました！　ようやく大殿《おおとの》（山内容堂《やまうちようどう》）から大政奉還の許しをもらえました！」

**西郷**「あ、ごめん。やっぱ挙兵するわ（こうなった理由は諸説あり）」

**後藤**「ええ!!　ま、マジか……。こうしちゃいられない！　早く大政奉還の建白書《けんぱくしょ》（自分の意見を申し立てる文書）を提出しないと！　だけど、土佐藩の中の討幕派がメチャクチャ反対してきて出せない……！」

**永井尚志《ながいなおゆき》（慶喜側近《そっきん》）**「〔9月下旬〕なんか土佐藩が良いアイデア持ってるって聞いたよ！　早く提出してくれない？」

**後藤**「そ、そうなんです！　あるんです！　よし、やっぱ建白書出そう！」

**西郷**「〔9月23日〕あ、やめてもらえる。出すならすぐに挙兵するよ」

**後藤**「ええぇ!!　しょぼーん！！！」

**西郷**「〔10月2日〕しかし、薩摩藩の中でも挙兵に反対する声が大きくなっていて、オレたち孤立《こりつ》しちゃってる！　反対派に歩み寄るか……あのさ、建白書出してもいいよ」

**後藤**「えええええ!! じゃ、じゃあ早速！ 大殿！ 建白書を幕府に！」

**山内容堂**「はいよ。〈10月3日〉はいこれ、建白書」

**板倉勝静**「ああ、どうも。上様これを」

**慶喜**「うん。……大政奉還か……」

10月12日に幕臣、13日に各藩の重臣を二条城《にじょうじょう》（京都）の大広間に呼んで、

**慶喜**「お知らせです。大政奉還するよ！（本人の口からは言ってません）」

14日、政権返上《せいけんへんじょう》をお願いする書面を朝廷に提出。15日、朝廷が認める。

**慶喜**「大政奉還、完了！」

**西郷**「したでおい！！！」

## 慶喜、かなりすんなり大政奉還します（征夷大将軍の辞職願も提出）。

このすんなり具合には

・慶喜は「幕府の政治に限界がきているし、外国と肩を並べるためには、天皇を頂点とした1つの政権をつくるべきだ」と考えた。

・新たな政府でも慶喜が重要なポストに就くべきだと、誰もが思い、認めていた。
などなどの理由があったと言われています。

**西郷**「ショック!!　あとは攻め込むだけだったのに、まさか大政奉還を受け入れるなんて……幕府を討つ理由がなくなった！　しかし……！」

薩摩たちは折れません。薩摩・土佐・尾張《おわり》・越前《えちぜん》・広島《ひろしま》の5藩と、岩倉具視《いわくらともみ》ら公家《くげ》が協力してクーデターを起こし、将軍・幕府・摂政・関白などをなくす「旧体制のぶっ壊し」と、新たに、総裁《そうさい》・議定《ぎじょう》・参与《さんよ》の**『三職』**を置く「新政府の樹立《じゅりつ》」を同時に行うんですね（**『王政復古《おうせいふっこ》の大号令《だいごうれい》』**）。そう、これで、

**幕府も将軍も終了**。だけど、もう少しだけ本書にお付き合いくださいませ。

んでね、新政府は間髪《かんはつ》をいれず会議を開き（**『小御所会議《こごしょかいぎ》』**）、慶喜の力を根こそぎ奪おうとするんですね。

彼にはまだ、将軍にしか与えられない『内大臣《ないだいじん》』の官位と、徳川家の800万石（幕

府＋旗本）という莫大《ばくだい》な所領があります。この力をけずりたい＆新政府の収入源にしたい岩倉や大久保は、「徳川の政治が誤っていたと反省しているなら、内大臣を辞めて領地を返すべきだ（**『辞官納地《じかんのうち》』**）」という提案をぶっ放すんですよ。

会議に参加していた山内容堂は「これまで功績《こうせき》のあった慶喜公を出席させないなんて、やり方が汚いぞ！」と反論するんですが、結局『辞官納地』は決定。でも、

**会津・桑名**「ふざけるなぁぁぁ――――！！！」

ま、キレますわね。会津・桑名・旧幕臣は怒髪天《どはってん》を衝《つ》くほど怒るんですが、慶喜がそれをどうにかなだめ、彼らを連れて大坂に下るんです。

ただ、薩摩や岩倉のやり方には、新政府のメンバー（春嶽、容堂など）からも「マジでやりすぎだ！」の声が上がっていて……状況、ひっくり返るんですよ。

領地の返還《へんかん》は話し合いで決めることとなり、慶喜は内大臣を辞める代わりに、新政府の『議定』に就任することが決定。まさかの展開で、慶喜にハッピーなエンディングが転がり込んで来たのでした。

でも何が一番まさかって、このエンディング、**全部またひっくり返ります。**

江戸の薩摩藩邸《はんてい》には、土佐の**乾退助《いぬいたいすけ》（のちの板垣《いたがき》退助）**から西郷に預けられた浪《ろう》

士《し》（浪人《ろうにん》）がいまして、このころ江戸では、彼らによる略奪《りゃくだつ》や暴行《ぼうこう》などの犯罪行為が多発していました。

江戸市中の警備をしていた庄内《しょうない》藩は、浪士を必死で捕まえようとします。しかし、犯罪は止まらず、ついには庄内藩が詰《つ》めていた場所に発砲。我慢《がまん》の限界を超えた庄内藩が、薩摩藩邸を焼き討ちにするという事件が起こるんですね。

このことが大坂に伝わると、「もう、薩摩を許すことはできない――」。怒りが爆発した旧幕臣・会津・桑名は、慶喜を残して上洛を始めます。

このとき、慶喜は風邪でふせっていました。体調のせいもあってか、「『するなら勝手にしろ』という考えも少しあった」と後年《こうねん》振り返っていて、彼らのことを止めてはいません。ただ、「天皇のいる京都で戦争を始めるな」。これだけは命じていたんです。

しかし、上洛して来た旧幕府軍に薩摩が射撃《しゃげき》を開始。**『鳥羽《とば》・伏見《ふしみ》の戦い』**と呼ばれる戦争が始まってしまいます。そして、戦闘開始直後、新政府軍に与えられたのが**錦《にしき》の御旗《みはた》（錦旗《きんき》）**。これは、天皇の軍（官軍）、つまり「朝敵を討て」と命じられた軍に与えられる旗です。ということは、慶喜が……

――**朝廷に弓を引くことがあってはならない。**

だめです。朝敵だけはだめです。それだけは避けなければいけない。薩摩とは戦ったとしても、天皇に背くつもりは微塵《みじん》もありません。だから慶喜は、

**逃げます**。

容保《かたもり》や定敬《さだあき》、板倉勝静《かつきよ》など、わずかな人数を連れて大坂城を脱け出し、船で江戸へと向かうんですね。家臣も戦っている兵士も残して。

これです。昔から慶喜が悪者とされ、人気もまったくなかったのは、この行動が原因なんです。ただ、慶喜的には「朝敵ではないことをアピールするため」「戦争が長引いて多くの死者が出ることを防ぐため」という理由があっての逃亡なんだけど……みなさんはどう感じましたか？

さて、やっとの思いで江戸城に入った慶喜。

逃亡中には慶喜追討令（会桑にも）が下り、これで正真正銘《しょうしんしょうめい》の朝敵認定（ちなみに、将軍在職中に江戸城に入ったことがないのは慶喜だけ。これまた異色）。

幕臣や容保・定敬、フランス公使のロッシュまでもが「戦いましょう！」と慶喜に迫りますが、彼はこれらの意見をガン無視。代わりに、春嶽や容堂、静観院宮《せいかんいんのみや》（和宮）に、「朝敵が解除《かいじょ》されるよう助けてほしい」と頼み、自分は上野《うえの》の寛永寺で謹慎《きんしん》生活を開始します。新政府に恭順《きょうじゅん》すること（従うこと）を態度で示したんですね。

しかし、大久保や西郷は手をゆるめません。慶喜の死罪を断固《だんこ》主張し、新政府軍は江戸に攻め込もうとします。が、それを阻止《そし》したのが、旧幕府の面々でした。
山岡鉄舟《やまおかてっしゅう》（幕臣）は、慶喜の命を救うために駆《か》けずり回り、
静観院宮《せいかんいんのみや》と天璋院《てんしょういん》は、徳川家の存続のため朝廷や薩摩にかけあい、
勝海舟《かつかいしゅう》は、西郷と話し合って**『江戸城無血開城《むけつかいじょう》』**を成《な》し遂《と》げます。
彼らのおかげで死罪《しざい》を免《まぬが》れ、故郷・水戸での謹慎を言い渡された慶喜。
徳川宗家は田安亀之助《かめのすけ》（のちの徳川家達《いえさと》）が相続することになり、石高は400万石から70万石にけずられ、領地も江戸から静岡に移されることに。
こうして、**『戊辰《ぼしん》戦争』**という悲しい争いが続く中、徳川の世は名実《めいじつ》ともに終わりを告げたのでした。

創ることも続けることも、本当に難しい。しかし、トップとして「やめる」という判断は、ある意味で創業《そうぎょう》や守成《しゅせい》より困難《こんなん》なことです。だから慶喜は、とんでもない偉業を成し遂げた将軍だと思うんですね（個人的意見）。

15代の中でも、有名人の方に分けられる慶喜ですが、彼が将軍だった期間は約1年。歴代で一番短いんです。

しかし、水戸で謹慎になった32歳から（驚愕《きょうがく》の若さ）、明治もぶっ飛ばして大正2（1913）年まで生きて、亡くなったのは77歳のとき。こちらは歴代最長です。

水戸に入った3か月後に静岡に移り、61歳のとき東京に移り住んだ慶喜ですが、エピローグと呼ぶにはあまりに長い時間を、彼はいったいどう過ごしたんでしょう。

答えは、趣味です。

狩猟《しゅりょう》、鷹狩、乗馬、弓道、囲碁、絵画、写真、ビリヤード、刺繍《ししゅう》などなど。慶喜がのめり込んだ趣味は実に幅が広く、おまけに新しいものが大好きで、自転車や蓄音《ちくおん》機《き》が登場すればすぐに飛びついたそう。

妻・美賀子《みかこ》と2人の側室（新村信《しんむらのぶ》、中根幸《なかねさち》）、それにたくさんの子どもたち（10男11女）に囲まれてすごす毎日。子どもたちを連れて、散歩や花見や釣り、花火にも出かけたと言います。

激動の幕末を生き抜いた慶喜にとって、何事もなくすぎていく穏やかな日々は、かけがえのない宝物のような時間だったんじゃないでしょうか。

以上で、慶喜パートはおしまい。そして、

徳川15代のお話も、これにて終了でございます。どうも、ありがとうございました。

# おわりに

ここまで来たら、あとちょっと。いかがでしたか、15人の徳川将軍は？ と、その前に……。

すぐる画伯さん。抱きしめたくなるような将軍を描いてくださり、ありがとうございます。将軍を抱きしめたくなったのは初めてです（『1秒できゅんとする！ ほのぼのザわーるど』（宝島社）←すぐる画伯さんの書籍です）。

歴史上の人物の中で、「〝いた〟ことは知っているけど、名前も性格も何をしたのかも全くわからない」の代表が、徳川将軍だと思います。

でも、読んでいただいた通り、どの将軍もトップとしての役割を果たすために奮闘《ふんとう》してるんですよね。知名度が低い＝何もやってない、じゃありません。

また、知名度がある将軍に関しても、「彼らの目指したものや政策」を初めて知った人や、「昔と今で評価が変わった部分」に、驚きを感じた人もいたんじゃないでしょうか。

今回の将軍もそうですが、知ってみると「すごい……」って人だらけなんですよね、歴史に名を残す人物って。僕には、まだまだ知らない人物や出来事が多すぎるもんですから、新たな情報をゲットしては「これやばい！」と唸る毎日を過ごしています。ええ、わりと愉快な日々です。

でもね、情報を得たとして、そこで終わっちゃダメなんです……というタイミングで、子どもたちに向けたメッセージの続きにまいりましょう。

子どもたちへ。「はじめに」で、本のことについて誰かとおしゃべりすると、頭の中に入ってくる。ってとこまでは話しましたね。つまり、あなたの知識がどんどん増えていくってことです。

でもさ、知識が増えたところで、生活の役には立たないよね？　これは僕の予想だけど、おそらくあなたは将軍をやったことがないと思うんだ。そしてたぶん、年貢も取り立てたことがないんじゃないかな。

だから、今度は手に入れた知識を、**〝重ねて〟**みてほしいんです。「『一揆』って、今で言うとなんだろう？」とか、「生類憐みの令みたいな変なルール、現代にもありそう……」とか。今自分が生きてる世界と、どんどん重ねていって、**〝歴史を通して現代を見る〟**ということを繰り返してほしいんです。

するとね、社会で何が起きているのかがわかってくるし、自分のまわりで起こったことを正確に理解できるようになってくる。そしたらさ、なんだか人生がハッピーになりそうじゃありません？

しかし房野よ。歴史と現代を重ねるって、なんか難しそうだぞ……と思うでしょ？　うん、僕もいまだに難しいと思ってます。時間かかるのよ、この作業。

だから、一緒にがんばりましょう。あなたと僕は、勉強仲間ってことで。

それでは、このあたりでエンディングとさせていただきます。

この本を手に取ってくださり、ここまで読んでいただいたすべての方へ。

本当にありがとうございました。またお会いしましょう。

２０２３年　季春

房野史典

# 参考文献

〈論文〉

「徳川幕府の大名改易政策を巡る一考察（一）（二）」笠谷和比古／日本研究／1990、1991年

「大名城郭普請許可制について」藤井讓治／人文學報／1990年

「スペインの対日戦略と家康・政宗の外交」平川新／国史談話会雑誌／2009年

「生命倫理の視点からみた徳川綱吉の治世についての研究」阿部道生／鶴見大学紀要／2022年

「新井白石の貨幣政策論：「白石建議」を読む」寺出道雄／慶應義塾経済学会／三田学会雑誌／2013年

「新井白石の「政治算術」：「白石建議」を読む（2）」寺出道雄／慶應義塾経済学会／三田学会雑誌／2013年

「江戸幕府の行政機構」大石慎三郎／学習院大学経済論集／1973年

「災害史に学ぶ（火山編）」中央防災会議「災害教訓の継承に関する専門調査会」編／2011年

「『鎖国』という言説』補遺（1）「鎖国祖法」という呼称」大島明秀／文彩／2010年

「志筑忠雄訳「鎖国論」の誕生とその受容」大島明秀／蘭学のフロンティア志筑忠雄の世界／2007年

〈史料・参考文献〉

『続群書類従　第25輯ノ上　武家部』塙保己1編／続群書類従完成会／1923～1926年

『新訂増補国史大系38～52巻　徳川実紀、続徳川実紀』黒板勝美／国史大系編修会 編／吉川弘文館／1964～1967年

『大日本近世史料　細川家史料四　細川忠興文書』東京大学史料編纂所 編／1974年

『近世日本国民史第17元禄時代上巻政治篇　国立国会図書館デジタルコレクション』徳富猪一郎（徳富蘇峰）／民友社／1925年

『論集 幕藩体制史 第一期 支配体制と外交・貿易　第三巻 江戸幕府の構造』藤野保 編／雄山閣出版／1993年

・家綱政権論　藤井讓治

・「下馬将軍」政治の性格　辻達也

『国史大辞典12』村井益男（服忌令について）／吉川弘文館／1991年

『幕末維新史料叢書　4　逸事史補　守護職小史』松平慶永、北原雅長／人物往来社／1968年

『江戸東京博物館史料叢書　勝海舟関係資料　海舟日記（一）』東京都江戸東京博物館都市歴史研究室 編／2002年

『江戸東京博物館史料叢書　勝海舟関係資料　海舟日記（二）』東京都江戸東京博物館都市歴史研究室 編／2003年

『徳川家康　境界の領主から天下人へ』柴裕之／平凡社／2017年

『青年家康　松平元康の実像』柴裕之／角川選書／2022年

『徳川家康と武田信玄』平山優／角川選書／2022年

『徳川家康の決断』本多隆成／中公新書／2022年

『関ヶ原前夜　西軍大名たちの戦い』光成準治／角川ソフィア文庫／2018年

『関ヶ原合戦　家康の戦略と幕藩体制』笠谷和比古／講談社学術文庫／2008年

『戦争の日本史17　関ヶ原合戦と大坂の陣』笠谷和比古／吉川弘文館／2007年

『戦国武将、虚像と実像』呉座勇一／角川新書／2022年

『徳川秀忠』山本博文／吉川弘文館／2020年

『徳川家光』藤井讓治／吉川弘文館／1997年

『参勤交代』山本博文／講談社現代新書／1998年

『平戸オランダ商館日記』永積洋子／講談社学術文庫／2000年

『「鎖国」を見直す』荒野泰典／岩波現代文庫／2019年

『酒井忠清』福田千鶴／吉川弘文館／2000年

『貞観政要』呉兢 著／守屋洋 訳／ちくま学芸文庫／2015年

『明暦の大火「都市改造」という神話』岩本馨／吉川弘文館／2021年

『わくわく城めぐり　ビギナーも楽しめる〈城旅〉34』萩原さちこ／山と溪谷社／2012年

『徳川綱吉』塚本学／吉川弘文館／1998年

『徳川綱吉　犬を愛護した江戸幕府五代将軍』福田千鶴／山川出版社／2010年

『黄門さまと犬公方』山室恭子／文春新書／1998年

『図解　江戸城をよむ』深井雅海／原書房／1997年

『元禄・享保の時代』高埜利彦／集英社／1992年

『論語』金谷治 訳注／岩波文庫／1963年

『折たく柴の記』新井白石 著／松村明 校注／岩波文庫／1999年

『新井白石』宮崎道生／吉川弘文館／1989年

『勘定奉行 荻原重秀の生涯』村井淳志／集英社新書／2007年

『通貨の日本史』高木久史／中公新書／2016年

『ビットコイン・スタンダード　お金が変わると世界が変わる』S・アモウズ 著／J・モーリス 企画／練木照子 訳／ミネルヴァ書房／2021年

『長崎貿易』太田勝也／同成社／2000年

『徳川「大奥」事典』竹内誠・深井雅海・松尾美恵子 編／2015年

『徳川吉宗』辻達也／吉川弘文館／1958年（新装版 1985年）

『徳川吉宗と江戸の改革』大石慎三郎／講談社学術文庫／1995年

『徳川吉宗　日本社会の文明化を進めた将軍』大石学／山川出版社／2012年

『大坂堂島米市場　江戸幕府 VS 市場経済』高槻泰郎／講談社現代新書／2018年

『近世の三代改革』藤田覚／山川出版社／2002年

『骨は語る　徳川将軍・大名家の人びと』鈴木尚／東京大学出版会／1985年

『徳川将軍家十五代のカルテ』篠田達明／新潮新書／2005年

『田沼意次―御不審を蒙ること、身に覚えなし―』藤田覚／ミネルヴァ書房／2007年
『日本近世の歴史4　田沼時代』藤田覚／吉川弘文館／2012年
『田沼意次「商業革命」と江戸城政治家』深谷克己／山川出版社／2010年
『松平定信』藤田覚／中公新書／1993年
『松平定信』高澤憲治／吉川弘文館／2012年
『遊王　徳川家斉』岡崎守恭／文春新書／2020年
『阿部正弘　挙国体制で黒船来航に立ち向かった老中』後藤敦史／戎光祥出版／2022年
『幕末維新の個性6　井伊直弼』母利美和／吉川弘文館／2006年
『旧事諮問録 上　江戸幕府役人の証言』旧事諮問会 編／進士慶幹 校注／岩波文庫／1986年
『ハリス』坂田精一／吉川弘文館／1961年（新装版 1987年）
『和宮』武部敏夫／吉川弘文館／1965年（新装版2021年）
『和宮 ―後世まで清き名を残したく候―』辻ミチ子／ミネルヴァ書房／2008年
『一外交官の見た明治維新（上）』アーネスト・サトウ 著／坂田精一 訳／岩波文庫／1960年
『勝海舟』松浦玲／筑摩書房／2010年
『勝海舟』石井孝／吉川弘文館／1974年（新装版 1986年）
『徳川慶喜』家近良樹／吉川弘文館／2014年
『昔夢会筆記　徳川慶喜公回想談』渋沢栄一 編／大久保利謙 校訂／東洋文庫／1966年
『幕末史』佐々木克／ちくま新書／2014年
『幕末・維新　シリーズ日本近現代史①』井上勝生／岩波新書／2006年
『TOKUGAWA15 徳川将軍15人の歴史がDEEPにわかる本』堀口茉純／草思社／2011年
『ヘッポコ征夷大将軍』長谷川ヨシテル／柏書房／2018年
『なにかと人間くさい徳川将軍』真山知幸／彩図社／2022年
『徳川15代将軍 解体新書』河合敦／ポプラ新書／2022年
『新版 知れば知るほど面白い 徳川将軍十五代』大石学 監修／実業之日本社／2022年
『徳川15代の通信簿』小和田哲男／だいわ文庫／2023年
『徳川将軍15代　264年の血脈と抗争』山本博文／小学館101新書／2011年

房野史典（ぼうの　ふみのり）
1980年岡山県生まれ。名古屋学院大学卒業。お笑いコンビ「ブロードキャスト‼」のツッコミ担当。無類の戦国武将＆幕末好きで、歴史好き芸人ユニット「ロクモンジャー」を結成するなど、歴史普及活動にも意欲的。書籍や講演会で史実にもとづき面白おかしく老若男女に歴史の楽しさを伝えている。子どもたちに歴史の面白さを教える授業（YouTube『スタフリ』『探究学舎』など）も好評。歴史専門家からの信頼も厚い。著書に『笑って泣いてドラマチックに学ぶ 超現代語訳 戦国時代』『笑えて、泣けて、するする頭に入る 超現代語訳 幕末物語』『13歳のきみと、戦国時代の「戦」の話をしよう。』（幻冬舎）、河合敦氏との共著『面白すぎる！ 日本史の授業』（あさ出版）などがある。

読《よ》んだらきっと推《お》したくなる！
がんばった15人《にん》の徳川将軍《とくがわしょうぐん》

2023年４月20日　初版発行
2023年９月20日　第３刷発行

著　者　房野史典 ©F.Bouno 2023
発行者　杉本淳一
発行所　株式会社日本実業出版社　東京都新宿区市谷本村町３−29 〒162−0845
編集部　☎03−3268−5651
営業部　☎03−3268−5161　振　替　00170−1−25349
https://www.njg.co.jp/

印刷・製本／中央精版印刷



ISBN 978−4−534−06005−1　Printed in JAPAN